鄭樑生教授紀念集

鄭卉芸主編

文史哲出版社印行

國家圖書館出版品預行編目資料

鄭樑生教授紀念集 / 鄭卉芸主編. -- 初版 --
臺北市：文史哲, 民 98.3
頁: 公分
ISBN 978-957-549-839-9 (平裝)

1.鄭樑生（1929-2007）2. 臺灣傳記

783.3886   98005448

鄭樑生教授紀念集

主　編　者：鄭　　　卉　　　芸
出　版　者：文　史　哲　出　版　社
http://www.lapen.com.tw
e-mail：lapen@ms74.hinet.net
登記證字號：行政院新聞局版臺業字五三三七號
發　行　人：彭　　　正　　　雄
發　行　所：文　史　哲　出　版　社
印　刷　者：文　史　哲　出　版　社
臺北市羅斯福路一段七十二巷四號
郵政劃撥帳號：一六一八○一七五
電話886-2-23511028・傳真886-2-23965656
中華民國九十八年（2009）三月初版

鄭樑生教授紀念集

目　次

父鄭阿溪

母莊豈妹

1929 年 6 月生於楊梅秀才路（太平山下）

兄弟姐妹 由左至右 樑生 大哥韓琴 二姐娘妹 大姐香妹 五弟墙生
六弟渠生.攝於 1985 年 2 月（農曆元月初）在高山頂墻生叔家客廳

小學時期　由右至左由後至前　鄭樑生　古雲斌
陳龍彰　業發鏈　廖德亮　重松武雄　張福鑑

1944年

向ッテ上ノ順ニ右カラ

鄭榤生　古雲斌　陳龍彰

葉発鍵　廖德亮　重松武雄

張福鑑　ノ七君

昭和十九年一月寫ス

楊梅國民学校高等科第十回同級生

ノ中ノ特二親シキモノナリ

國小照片說明　寫於 1944 年

1945 年中學時期照片

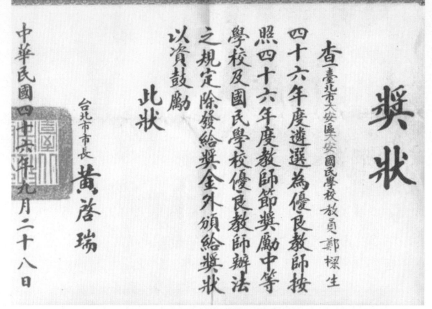

查臺北市大安區大安國民學校教員鄭楪生
四十六年度遴選為優良教師按
照四十六年度教師節獎勵中等
學校及國民學校優良教師辦法
之規定除發給獎金外頒給獎狀
以資鼓勵
　此狀

中華民國四十六年九月二十八日
台北市市長　黃啟瑞

獎狀

1957 年大安國校優良教師獎狀

1959 年結婚

1966-67 年啟明中學同事合影

1978 年 2 月 19 日田美正美教授宅旁

1978 年 11 月 3 日夜於仙台市立圖書館長魯谷久信先生家宅內起居間

1969 年前後於東北大學碩士指導豐田武夫婦仙台宅第

1980 年 9 月 28 日方教授家屋頂花園合影

1981 年 9 月 20 日西林二教授夫人及其次子合影

1981 年 9 月 24 日東北大學文學部渡邊信夫、關晃教授合影

1981 年 2 月 27 夜於野口鐵郎伉儷宅前

1981 年 9 月 29 日與東京大學史料編纂所
圖書館主任菊竹宏先生合影於其辦公室內

明史日本傳正補一書於 1981 年獲中正獎學金獎狀

1982 年 3 月 28 日仙台龜谷久信先生合影

1983 年 3 月 14 日第一屆亞太地區圖
書館學研討會與王億如女士合影

1983 年 3 月 14 日第一屆亞太地區圖書館
學研討會與鶴見大學田邊廣教授合影

1985 年 2 月 28 日台北萬壽樓宋越倫 70 華誕

1985 年 6 月 9 日北師同學會於中和舊宅舉行。邱、劉夫婦也來參加。
左起：邱創典、鄭樑生、張欽生、劉修烈

1985 年 9 月 1 日中圖退休紀念獎牌

1986 年 4 月 6 日與光嶌督教授合影於淡水紅毛城

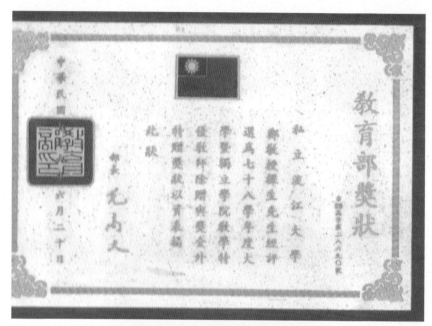

1989 年淡江大學特優教師獎狀

1992 年 7 月 21 日台北師範
同學會－王仁均夫婦

南開大學中文系系主任羅宗強來台參加中央研究院文哲所舉辦
第一屆詞學國際研討會於會場前合影，接往桃園一日遊。

1993 年 4 月 23 日鄭樑生於會後接待遊桃園石門水庫及小人國時合影

1993 年 2 月 7 日吉林清明史學術會　此為首次赴大陸參加學術會議

1993 年 4 月 1 日重慶海峽兩岸史學嘉合撰 "中華民族史"
座談研討會－首次至大擄開研討會

1994 年 9 月 13 日甲午戰爭百年紀念呂順煙台開會留念

1995 年 10 月 22 日第十屆中國域外漢籍國際學術會議與
韓國漢城延世大學名譽教授黃元九合影

1996 年 8 月 21 日
昆明歷史第三次學術
研討會～史式教授

この処 すっかり 体調 を くずし 海外 は
おろか 日本国内 の 旅行 も 困難 に なりました
南京 の 会議 いは 是非 参加 したかったの
ですが　 先生 の 御健闘 を 祈ります

2004/12/21　　　　　　山根 生

鄭　樑生　先生

Season's Greetings and Best Wishes
for
The New Year

二〇〇五年元旦

恭賀
新禧

山根　幸夫　拜

黃元九教授賀卡 IMG　　　　　山根幸夫教授賀卡 IMG

1995 年於內蒙古

1999 年 11 月於內壢自宅　自右至左　王小梅　吳慧蓮
副教授　蔡錦堂副教授邱仲麟助理教授尤昭和講師

1999 年 4 月 22 日在屋頂種菜的文學家

2002 年 1 月 16 日於中越邊境

2002 年 4 月 4 日於紅毛城　中央為筑波大學
博士指導教授田中正美教授夫婦

2005 年鄭和下西洋六百週年紀念學術研討會於南京

2006 年 3 月 27 日於印度希格利亞之餐廳
左起：何月華女士溫文育女士傅祖惠教授與鄭樑生夫婦

2006 年 10 月 30 日於九寨溝　此為生前最後一次旅遊

鄭教授樑生與我

鄭 渠 生
（鄭教授之六弟）

　　鄭教授樑生一九二九年六月十八日，出生於楊梅鎮高山頂，生後不久舉家搬遷到同鎮太平山下（現秀才路），世代務農，因此他是位典型的農家子弟，上有二位姊姊，兄弟六人中排行第四。余自懂事曾經聽左鄰右舍長輩們談起，由於父親識字不多，迷信算命先生的話，在六個兒子中，老三、老五，以及么兒老六的我，恐有「克父或夭折」之惡運，必須送給人家收養，才能解除惡運，因此在我三歲時就過繼給經濟條件遠不如自家的堂伯。

　　記得五歲時，由於難以適應養父家生活，偷跑回太平山下，時值盛夏，家人正忙著收割稻穀。當時國小四年級的老四，怕我寂寞無聊，白天偶而會牽著我的手到距住家很近的街上逛，途中教我唱鳩（ha to）、桃太郎之類的兒歌，晚上同睡在一張「架仔床」上，聽他講故事，有時會出謎題要我猜，謎語常帶有諷刺意味，當被我猜中時，兩人不禁高興地哈哈大笑起來；雖然僅僅兩個月，對我而言，是童年生活中最為快樂難忘的一段時期。在這短短兩個月中，養母曾經兩次，打著赤腳，撐著黑色大雨傘，手裡提著親手燉好的甘藍豬肉，要我飽餐一頓後一起回家，但我不為美食所惑，且抗拒回家。感嘆四哥和我本是親兄弟，由於父親誤信術

士之言，成了堂兄弟關係，有時候朋友問及兩人關係時，還需作一番解釋，更諷刺的是親生父母過世時，在訃文上還被記載爲「光華子」，老實講何謂「光華子」至今不明其意。

一九四二年我念國小一年級，他從國小畢業，上了高等科一年級，依悉記得當年學校舉辦運動會時，他參加了相撲項目，頂著光頭打者赤膊包著丁字褲好拉風。比賽在日籍老師德澄（toku zumi）口中念念有詞，向空中撒三次鹽巴簡單儀式後開鑼，當他首次出場時，我心中吶喊著頑張れ（gan ba re 加油），結果順利將對方推倒獲勝，但第二次出場不幸被對方絆倒，這是生平第一次親眼目睹他參與運動比賽。一九四五年八月終戰後，學校大部份都在停課，老四、老五和我，三兄弟同在劉姓老先生開設之私塾讀漢文，當時他讀什麼書，老實說並不清楚，但有三件事至今記憶猶新。第一件是他下課時偶而會與一位和他同年齡學員，相互各出一道算術題目交由對方解答，勝負結果如何不得而知；第二件是私塾規定每周要繳交習字作業，每次老師批改完畢領回作業時，祇有他一個人獲得朱砂筆批示拳頭般大的「滿點」，其餘的學員，只能望塵莫及自嘆不如。那時我的成績在六十五至六十七分之間，表現平平；第三件是他一遇到有空時常一本正經地念著：「平平仄仄・仄仄平」七言絕句，似乎已學會作詩的樣子。戰後景氣一片蕭條，漢文老師能維持三餐溫飽即心滿意足，所以每月僅收學費三台斤白米，這樣便宜學費，應可說是空前絕後吧。

一九四六年學校正式恢復上課，第二年四哥順利考上台北工業學校機械科（台北工專・現今北科大），我也升上國小五年級，但是承平時間不常，次年二月二十八日發生了二二八事件，一片肅殺氣氛，家人要他放棄學業回家保命。老三也剛從台南高等學校（成大前身）畢業，在回家途中突然遭到四個衣衫襤褸的軍人，

以刺刀架在他的脖子上，所幸上天保佑，總算保住了一條性命，但回來後仍生活在恐懼中，他的養母怕他身心遭受迫害，才無奈地道出收養的經過，也放棄收養後親生父母不得探訪的約定，允許暫時回到楊梅老家避風頭，慶幸從未謀面的三哥華生得以團聚在一起，這可以說是二二八事件中不幸中之大幸，也是帶給我們兄弟最大的禮物。學校恢復上課後，打從心裡不願再上私塾讀漢文，莫名其妙地被養父毒打一頓，身心受創久久難以釋懷。事隔幾天之後，忙了一個上午的工作，接近中午已筋疲力盡，餓到「肚子變背囊」，正想拿起碗筷吃中飯，這時養母忽然很生氣地罵我沒有將燒飯用木柴排整齊，並罰我不得吃中飯。突然間感覺很委曲，瞄了一下站在身旁的養父，他卻不發一語，只好低著頭，跑到屋後樹林裏痛哭一場。事隔幾天身體略感不適，母親特地來探視，關心我的身體健康狀況外，對於先前處罰的事卻隻字未提，當她轉身離開時，用左手拉著右手長袖搓了幾次眼睛，我望著她的背影，直到她離開了我的視線。這些不如意的事情放在心上讓我一直悶悶不樂。有一天在課堂上，有幾位同學在嬉戲，一時興起參與其間，不小心致使一位同學頭部不幸地碰撞教室的門鎖而流了很多血，隨即一位同宗「瑞字」輩非師範出身的老師，繃著臉不發一語火速衝進教室，不分青紅皂白，在眾目睽睽之下，用盡力量在我的臉上打了十幾次巴掌，導至臉上紅腫雙眼張不開。嚴師出高徒，是往好的方面而言，但也有可能使人身心受損或自暴自棄從此墮落。談到這位老師到底是當時的班導抑或有否給我們上過課，已無從記起，但是每次碰面時，心裡一陣糾結被體罰的那一幕就像剛發生一樣歷歷在目。在家被打僅能說是父母愛之深責之切望子成龍的心態，只能默默地忍氣吞聲。學校老師對學生應是愛的教育，如此似乎充滿仇恨的暴力相向之教導方式，實讓人

難以令人信服。這段時間在家與在校受到委屈煎熬心裡非常痛苦，猛然想再次離家出走，但是說也奇怪，每次想偷跑時，四哥慈祥關懷的眼神就會浮現在眼前，不禁停下腳步。後來養母生病，全家換洗衣服工作落在我肩上，每當提著滿籃子衣服在靠近路旁的池塘邊清洗時，時常被路過的鄰居譏笑「前世不修，兒子當媳婦」，只得認命裝聾作啞，眼淚往肚裏吞。五年級學期結束後第二天，四哥要我到照相館照相，爲了以同等學歷報考台北成功中學。當我伸手向養父要錢拿照片時，不知怎地被老人家訓了一頓。爲什麼不讓我報考，迄今不知所以然。其後四哥問我，只好一五一十告訴他，他聽了之後，默默不語，許久許久。如今回想，四哥的心意顯然是要我去台北念書以便就近照顧。由於學業成績表現尚可，學校指定我在畢業典禮上，代表領取校長獎，光榮感作崇興奮之餘，急忙到大姊家借雙鞋子穿，當她知道來意後，不但將珍藏已久的鞋子慷慨借給我外，同時連夜用麵粉袋縫製一套新衣服給我穿。年已過七旬的我每當回想這二段兄弟和姊弟情誼，總覺得一番滋味甜在心頭。

　　一九四八年以第七名成績考上楊梅初中，但是家裡並未因我考取初中，而帶來任何歡樂，反而老人家經常爲了芝麻小事「三天一小吵，五天一大吵」感到非常怪異。當爭吵過後，養母常常在夜深人靜時會發出痛苦呻吟聲，令人毛骨悚然不能安眠，使我在上課時經常打打瞌睡，有幾次被老師丟擲粉筆而驚醒。有一次學校舉辦學生作業展時，四哥特地從台北來看我的成果，並當面交待了兩件事：一件是父親生前因識字不多，而在土地之糾紛受了一點虧，要我好好讀書，以免步上後塵。第二件是畢業後不要考職業學校以免考大學時有所吃虧。讀初三時有一位美術老師曾現澄是四哥的師範學校同班同學，有這層關係，他特別照顧我。

很湊巧畢業典禮時，我又得到校長獎，老師很高興還特別邀請我到他住的宿舍飽餐一頓，當嚐到生平從未見過更遑論吃過的皮蛋時，味道新奇滑嫩爽口堪稱人間美味，農家子弟向來粗茶淡飯的我至今仍非常懷念。

　　一九五一年夏天，台北工專入學考試之前兩天下午，我正在客廳複習功課，叔父繃著臉氣急敗壞令我急速到田裏去「踏禾頭」（客語），因為考試日期將近複習功課要緊而抗拒命令，使得他老人家，大發雷霆，氣得臉色發青，極為憤怒掉頭而去。考試的時候四哥本來安排我住二姊家，到了台北找了老半天卻沒有找到，失望地拖著疲憊的身體，從民生路步行到台北火車站，原以為在候車室可以安度一宿，沒想到到了晚上十二點，被駐守憲兵趕了出來，當晚只好睡在車站前之七號公車長板凳上。考完第一天後，心想晚上該睡在那裡離考試學校比較近，正在徬徨猶疑時，四哥突然出現在眼前，令我如釋重負：今晚得以安穩的飽睡一覺了。其實四哥早已察覺我沒有到二姊家住，才趕來看我。所幸沒有辜負大家的期望，順利以班上第五名成績考上台北工專，從此以後隱然感覺到有被養父母重視視為己出，大大提升了在家裡的地位。同時兩位老人家之間的爭吵也逐漸平息，養母的病也不藥而癒。心情愉快放假時下田做粗工或「換工」割稻插秧都不覺苦，甚至穿著「水褲頭」（客語）上街買蕃薯挑著回家養豬，包辦家務所謂媳婦該做之工作，亦覺得其樂融融，絲毫不以為意。原以為從此之後可以過著沒有煩惱平淡的日子。但好景不常，已持續多年的父執輩爭產變本加厲，鬧得我耳根不得清靜，而養父在我二年級時臥病在床，一年後撒手而去；家裡一貧如洗，實無法負擔龐大的喪葬費用，所幸三位養父親生已出嫁的姊姊，及時伸出援手共同承担。爾後我娶了媳婦，有時婆媳間之不和，常為這件事

被譏笑嘲諷。在台北工專五年求學過程中最值得回憶的是，三年級時考完期中考與兩位同學徒步準備到火車站搭車回家，途中大家為迎面來了一部嶄新轎車所吸引而駐足。那台轎車也隨即停在我們面前，裏面的人搖下車窗召喚我們過去，趨前一看原來是外交部長葉公超，旁邊坐的是美國副總統尼克森。我們按照部長示意給尼克森副總統熱烈掌聲，表示對他熱情的歡迎，那時我們三個還以吞吞吐吐的英文與他寒暄幾句。這位超強大國的副元首，微笑著分別與我們握手，然後關下車窗，直奔松山機場；我們三個無名小卒做夢也沒有想到會有這樣的際遇一剎那奇蹟，高興得懸在身上的那兩顆東西，差點掉下來。

　　一九五六年服兵役時，兵舍在新竹公園內，為通勤上下班方便，暫住桂姊家，當時四哥在台北一所小學任教，同時在頭份師大專修班修學分，因此兩人見面機會較多，他剛買了一台全新腳踏車，還特地自台北以火車托運新竹給我騎用。有一天輪到值星，車子的燈光設備全被盜光，他知道之後以半開玩笑口吻對我說：「當值星官，自己之東西都顧不住，何況是守整個軍營」。事隔五十年，這句話至今仍記憶猶新。有一天他拿了一大疊文件要我依稿紙格式抄寫，同時規定字體要用仿宋體且字跡必須端正，交卷時也付了工資給我；之後一天逛書店時無意中發現抄寫的文件，竟是他的著作且老早已出版者。四哥之所以如此，可能是一方面怕我每晚沉迷於看電影喪失意志，另方面提醒我不要忘記先父要多讀書的遺言。

　　三哥執教於清大，有一年由於學校實驗室設備之不足，專程赴美奧立崗大學借用實驗室作化學試驗，當他回國那一天，四哥應是已從專修班結業並繼續修完師大學分取得學士學位之次年，我們兩人一同到松山機場接機。根據個人判斷，後來四哥會到日

本留學，應該是受到三哥鼓勵打氣有關，因為三哥是日本筑波教育大學畢業取得理學博士，且三嫂對於日語可以說比一般日本人還要精通，深深影響他赴日進修意念。他好學不倦的精神也感染著我，就像他經常告訴我「老爸說要好好讀書」之警語吧。鄉下的老人常言，四十出頭應該是致力於事業的時候，尤其是曾經讀過漢文（增廣）者，總以為「三十不豪，四十不富，五十將來……」根深蒂固觀念，對四十多歲出國留學這件事，難免或多或少有異樣眼光看待，並且會竊竊私語、指指點點。但是四哥意志堅定，毅然到日本仙台市，就讀國立東北大學並修得碩士、博士學位。進修期間，我們經常書信來往，一直關心我的家庭狀況至養母過世為止，至今仍感到沒齒難忘。坦言之赴日留學也是我生涯規劃之一，每當想起養父臥病在床，在過世前二天，從口袋裡掏出新台幣十元半新半舊紙幣一張，含著眼淚，以微弱聲音對我說：「這點錢給你，將來去美國留學」，短短幾句最後道別話，感激得淚流滿面雙腳跪在病榻前那一幕。剎那間更燃起心中隱藏多年出國留學的願望。但是當時專制極權統治時代岳父身陷彼岸當某公立醫院院長之故，飽受「抓耙仔」陰魂不散之騷擾，常有穿制服帶官帽的四六時中，蒞臨寒舍喝老人茶「聊天」與「關懷」。縱使請神仙燒符咒施法，也難以避邪驅除惡魔之纏身，只好做些功德「把酒」敬奉，也無法答謝所受「關懷」與「恩寵」於萬一；而另一個主要原因在於養母對於古諺云：「養兒防老」、「積穀防飢」信奉不疑，不能較長時間離開家裡，所以插翅想飛也會折翼，難有圓夢之時。

　　四哥的專長是歷史，我學的是土木工程，兩人研究領域南轅北轍。知道我對於橋樑工程之研究特別有興趣，在日進修期間仍然處處為我著想，寄了兩本東北大學有關橋樑工程碩士論文給我

閱讀。一九七六年四月，當時服務於公路局第一區工程處，輪值發表研究報告，長官知道我手中有些資料，要我代表參與發表，我想我只是服務在偏遠小單位的無名小卒，應不受重視而加以婉拒。後來可能上面找不到適當人選，由我代表發表，在單位主管再三鼓勵之下如期提出「鋼筋混凝土斜交版橋之理論與設計之分析研究」報告，並在眾多高學歷長官面前報告足足花了兩個鐘頭，與會長官們一致鼓勵將資料整理後在公路工程月刊上發表。為不負長官們之交待開始撰寫，時值五月在撰稿中不知是否老天爺之安排，剛好接到四哥從日本寄來「道路工程 5 月號」的影印本。翻開一看竟然有急需補強資料，真是如獲至寶，而得以順利完成生平第一次對外公開發表的論著，刊在 6～7 月份兩期工程月刊上。當年 10 月某日與平常一樣，無意間打開報紙一看，得到當年象徵全國土木工程界最高榮譽之「工程學術獎」，得主是某國立大學工學院院長，但是每份報紙都給予很多負面評語，有的批評僅是「助教升講師之論著」，更有評論是學士畢業論文程度而已；其後其得獎論文也刊登於工程月刊上。前後兩篇論述比較之下，引起一陣討論。許多同事們打電話來替我打抱不平，好友葉姓設計課長（後來當上公路局長）更直言「你較沒有名氣，公路局沒有替你推薦的緣故。這項獎該你得者而沒有得到，真為你抱屈」。當時心想自己只不過是翅膀尚未長硬之公雞初試啼聲而矣，得獎與否並不在意。但是事後回想獎金足可蓋二十五坪樓房一間時，心裏不免感覺有一點「弱削」（客語譯音）。但值得安慰的是類似這種形式橋樑的設計範本，以我的論著為基礎。這件事過後接到人事命令提升了職等與職稱以為是長官給我的補償吧。爾後以「T梁橋與中空版橋經濟價值之比較研究」作為研究之議題，提出申請補助時也順利過關。

一九七九年自行創業後第十五年，四哥送了一本他的著作之
一「日本通史」給我，當時正好接受新竹縣政府委辦規劃設計一
件景觀工程，位在竹北市崇義里，完工的時候，景觀設施尚有長
一二〇〇公尺之堤防無經費加以美化，這本日本通史給我靈感聯
想到四百年之台灣史，如將堤防每二公尺加以區隔，分做荷蘭、
西班牙、清朝與日本統治期間事跡，以插圖加註說明方式將台灣
四百年史呈現於堤防斜坡面上，只要遊客走過一二〇〇公尺堤防
邊水防道路瀏覽過每幅插圖，對台灣史就有基本概念。當時提出
這種構想時，四哥聽到僅微笑而不答，沒想到兩個月後，寄來一
包郵件打開一看，赫然發現 A4 紙張共六十張密密麻麻記載著台
灣史綱要，令我欣喜若狂。為實現這個構想，花了不少時間與主
辦課長商量，要求採納並增編經費予以完成，結果竟然以怕開罪
某政黨議員（該議員後選上新竹縣長）為由而婉拒。當時沒有再
堅持往上層反應，這是我一生之最大錯誤。不可原諒的是公司經
過數次搬遷後，台灣史綱要這麼重要的文件竟然不翼而飛，慚愧
之至，恐四哥地下有知，小弟將不知如何向您交代。

　　二〇〇五年某月我在日本產經新聞廣告版上得知，日本文部
省將昭和七年（一九三二）出版，新訂「尋常小學唱歌」重新印
刷問世，歌本計六冊，即一～六年級各一冊，每冊計二十七條歌
（發行所大日本圖書株式會社），為勾起童年回憶，毫不考慮地委
由台北某出版社向日本訂購了兩套，一套留給自己欣賞外，另一
套送給四哥作為生日禮物，當他收到後第一句話問的是多少錢，
我回答是送給你的生日禮物。後來他從出版社得知價錢後，便將
書款如數退還。之後女兒從美國帶著外孫回來，一同到他內壢家
作客，大家很高興的唱了一個下午卡拉 OK，當 say good bye 要回
新竹，一瞬間他的臉上浮現著一絲絲羨慕眼神，應該是假如當時

他有孫子可抱的話，該多幸福啊！次年六月已九十高齡的桂姊（養父三女）從美國回台，邀請他與嫂子來新竹作陪用餐，閒話家常，沒想到這是我們兄弟之間此生最後一次餐敘。桂姊臨走前對我說：「我知道你有你的立場（針對內人與養母間相處而言），但是我看到阿伯（指養父）有這麼好的後代（指我的兒女），你確實沒有丟掉阿伯的面子」云云，聽了這一席話之後，感觸到姊弟之間多年來所累積之心結，從此慶幸得以舒解。四哥一生付出心血照顧我，看著我「像似一艘破舊的船，終於通過萬山險惡，渡過湍急激流而安全到達目的地」從此可卸下他心中之重擔吧！

　　二〇〇七年二月某日忽然接到嫂子來電，帶著嗚咽說：「樑生（日語發音）因病住進醫院，怕他如有三長兩短，事前如沒事先通知親人時，會擔當不起」。次日帶著老伴一起赴台大醫院探視，但令人訝異的是病床邊竟擺了一台筆記型電腦，病中仍在寫作，敬業精神使人佩服萬分；當天他看起來氣色尚佳，沒有什麼異樣，而且很健談，開口第一句便說：「答應人家之事（寫作）從來沒有延遲過一天，這次可能會遲一、二天交卷，並已取得日方出版社諒解」，並繼續以開朗口吻說：「其實年輕時我的第一志願是想當機械工程師，但是由於二二八事變之故使我畢生之夢想破滅，也參加甲等考試，雖然成績拿到八十三分，卻未被錄取」，說完後還帶著微笑；我說：「我們鄭家兄弟都是很硬頸，在仕途上沒有那八字命，對你而言，在文學成就上已足夠光宗耀祖，至於當時甲等考試，美其名爲爲國舉才，其實這種考試是爲國民黨權貴子弟黑官漂白而所作之一種詐術，只不過是替人陪標而已，在仕途上你是生不逢時，但在文學上將留芳百世。據知三哥也曾經被評選爲優良教授，在威權時代蔣介石召見過，又是李遠哲在清大碩士班的指導教授，但李院長得諾貝爾得獎時，華視專程去訪問他，播

出的畫面各嗇到僅僅五秒鐘而已」，聽完我這番話他也笑起來。這是我們兩人之間最後一次比較長之談話，也是最後一次訴說心聲。四哥平日在家沈默寡言，但有時幽默講起笑話使人捧腹大笑，嚴肅時又令人畏懼。他插秧速度很快而且整齊畫一，猶如書法一樣精通。曾經有一位他的好友，在日本得到有關國際現勢方面博士學位，回國後特地來找我，要我代為向他致謝，因為他的博士論文是四哥協助及指導下而完成的，當向他提起這件事情時，他僅微笑而已。

關於著作方面他在留日期間，曾在國語日報上發表過數篇，使我印象最為深刻一篇是論述：川端康成（kawabata Yasunari）於 1968 年 10 月 17 日，憑藉（雪國）、（千羽鶴）及（古都）等榮獲諾貝爾文學獎後，於 1972 年 4 月 16 日在逗子海濱公寓中含煤氣管自殺，震驚世界文壇事件，作了八頁全篇幅報導而受矚目。他的著作繁多，連較親近他的我，也只能在喪禮中由治喪委員會生平介紹得知，一生默默耕耘從不在人前炫耀，這種文學家之氣慨令人懷念佩服。如今他走了，只能說無限感慨，夫復何言。出殯火化，當夜我已入睡，他依悉以極輕微腳步，緩緩走到我床前，露出笑容輕聲細語的說：「我現在很自在，也很快樂」，問他為何不先到嫂子那邊去，正待等回答時，客廳傳來鐘聲使我夢中驚醒。往事已矣，回想四哥的關懷照顧實在感恩在心頭。兄弟情誼也許不足為外人道也，但回想點滴在心頭久久不能回神。

小時候我的境遇並不好，是在打罵管教環境下長大，之所以被棄養是生父聽信算命先生的犧牲者，雖分隔在兩個家庭生活，但手足之情更加深厚，時至今日仍常回想第一次回到出生地與四哥共同生活的兩個月時光，命運作弄阻隔不了四哥對我肩負亦父、亦兄、亦友之恩情，也由於他的鼓勵與教導之下，得以完成

學業，也發表了一些學術報告，經營公司以後完成各種不同結構形式大小橋樑之設計接近兩佰座，就以此微小的成就期許能圖報四哥大恩於萬一，並告慰於在天之靈。

二〇〇八　六月

敬愛的樑生兄的生平爲人

鄭 錦 生
（鄭教授之堂弟）

樑生是我的堂兄，我知道他自幼喜歡讀書，經常手不釋卷。

因是鄉下農家子弟，故耕耘工作也絕不輸專職農夫。凡插秧、鋤草、割稻等農事，速度之快常令農夫們自嘆不如。

他從小喜歡讀書，北師畢業後執教於台北市大安國小，因教學認真被保送念師專。畢業後，回楊梅高中任教。

本身求知欲甚強，故又遠赴日本求學，得碩士學位回來在中央圖書館任職（今國家圖書館），後又繼續拿博士學位。

他不論做什麼事都是認真盡求完美。教學也如此，非常嚴格。學生們都很怕他、敬他。曾經有幾位被當的學生說，雖然被當但也心服口服。甚至有一位遠自日本來台進淡江大學求學的女學生，指定由他指導，同樣被當，但無怨言，依然繼續由他指導，直至拿到學位。

他不善言辭也不善交際，但一旦成爲朋友，便是莫逆之交。我知道他有幾個朋友，已交往將近六十多年了。他自己喜歡讀書，故經常鼓勵晚輩上進，若有晚輩往台北就讀，常自願做各種協助。

有一位就讀某大學日本研究所之學生，有一天忽然來電問我：鄭樑生教授是否我兄弟？我說：是我堂兄。他說：非常佩服鄭樑生教授。他重要的參考書籍都是樑生教授的著作，沒人可與

媲美。我聽了十分高興，亦覺與有榮焉。由於文筆極佳，凡鄭家新建祠堂、樑柱上的對聯，以及相關文字記載，均出其手。凡是前來觀賞的人，無不嘖嘖稱讚。

　　他自幼非常孝順，亦十分敬老尊賢。無論居於何處，一定懸掛雙親遺像。不管如何忙碌，清明掃墓從不缺席。

　　有一位留學日本東北大學之吳姓同學說：樑生留學期間，除了讀書，還是讀書。甚少參與各種課外活動。他認為那些都很浪費時間。難怪他能夠順利取得學位。而其所寫之論文，亦被日本文部省典藏，且在眾多著作中，有二冊（日文版）被指定為日本相關科系的大學必修課程教科書。也有兩冊被世界各國的圖書館典藏。

　　記得在民國八十到八十二年間吧！樑生兄奉命主持有關中日關係之國際學術會議，該會議所需費用龐大，參加者來自日、中、韓、港、星、印、美等國之學者。而教育部補助的經費根本不敷使用。不善言辭（只有內才而缺外才）的他，不知如何籌措經費。當我知道他極需要三十萬始能完善順利辦好，乃叫他立刻備妥開會內容及所需經費之詳細數目，以書面寄給我。然後我向日籍董事長報告此事，董事長知道我有這麼一位哥哥主辦如此有意義的事，非常感動，立刻同意如數支援。也因此使該會議得以圓滿舉辦。

　　由此亦可證明，他雖非能言善道，但他治學的認真、做事的負責，必能感動他人、而我也終於有機會報答他自幼照顧我、愛護我的深情感到一點安慰。

憶樑生同學童年的點點滴滴

古　舜　仁

（楊梅國小退休教師）

鄭樑生和我是小學六年高等科二年共相處八年的好同學。

他自小學三、四年級時就開始讀兒童讀物，尤其「少年俱樂部」是每期必讀的刊物。

起初特別喜歡看チャンパラ即類似武俠漫畫，漸漸喜散文及小說。高年級時讀了不少小說，尤其特別喜歡日本版的三國志、西遊記、紅樓夢等古典小說。小學時最要好的同學是我和黃坤煥。我們三人曾於高等科一年級時同往新竹城隍廟燒香結義，俗稱「結拜」。儀式完成後，同往火車站後面的小湖划船。屆時適逢美軍第一次空襲台灣。第一顆炸彈投到新竹南寮。我們三人驚慌得不知所措。回家時於新竹火車站巧遇三年級時的級任鄭氏滄老師（當時他已不在楊梅國小執教）。因我們都很高興，聊了好一會兒。現在想起當時的情景，還是感到很窩心。

高等科畢業後，還是日治時代。他考取台北第二工業學校（現在的台北科技大學），因民國三十六年的二二八事變，因害怕所以回到楊梅高山頂劉汝清老師開設的思熟讀漢文（用客家語），由於聰明、努力加上從日文之中國小說所獲知中國文化知識，成績斐然。短期中即熟讀四書五經、幼學等書籍，甚至會寫五言七絕詩，令劉老師十分滿意，向親友等誇耀他。

　　想起過去的好同學離開人間，深令我感慨萬分。他一輩子勤快，凡事認真。希望他現在能在另一個世間過逍遙快樂的日子。現在他走了，我只能祝福他。

憶鄭櫟生教授軼事

李 勝 火

（桃園縣、八德國中退休校長）

櫟生教授!在人生的旅程上您先下車了，當此訊息傳來莫不令人驚訝、惋惜、我失去了一位亦友亦師，教育界更失去了一位可敬的學者。

執著於文學

我有幸與櫟生兄結緣於民國 36 年就讀台北師範藝術科同班，他在求學期間是位品學兼優、五育並進的標準資優生。敬愛老師、友愛同學，認真的學習態度、努力求進的精神尤其值得效法。他就讀藝術師範科，各學科成績都表現優異，卻對術科的美術課程興趣不高，（當年北師招生，職校畢業生不得報考普通師範科，故班上對美術課程不感興趣者不在少數）在班上對畫畫有興趣的同學，總會利用假日自行加強練習素描或到野外寫生，但他對畫畫僅僅是一筆一劃、一板一眼耐心地去完成老師規定的作業，極少在課餘時間主動去加強練習，反而他在文科方面頗有心得與特長。尤其對古文、詩詞方面的涉獵，如課餘休閒時間，我們在閒聊，在爭論，他卻手裡捧著一本古文書籍獨自默默在研讀，後來他能在文學方面有所成就，諒此時就已奠定良好的基礎了。

（我常與他相互戲言:讀三年藝術科，一盒水彩都還沒有用完）。

為人中規中矩謙克守信

　　樑生兄是位非常有個性的人，天資聰穎，處事周詳，謙克守信，很少與人計較，更不願占人家的小便宜。凡事以身作則，答應負責的事項一定按時妥善完成。畢業後仍常與班上同學交往，同學會、同學家有喜喪事等都撥冗參與協助，頗受朋儕的尊敬。後來到師大深造、赴日本留學，相信始終保持一貫優質的為學態度，終能獲得豐碩的學識，樂育英才貢獻社會，留給我們無限的追思。

97.4.5

懷念老友鄭樑生

曾　現　澄

（客籍傑出美術家）

　　我友去世近一年矣。歲月不留情，我也過八十年關了。

　　想起從前鄭同學在校共寢了三年。他是向來遇事不急，總是能在微笑中度過難關，且確能圓滿處理。同學三年，從未與同學有爭。他是一位完美主義者，凡事都能處理得真善美，是一位了不起的善人。

　　後來有空時，我倆常到池塘釣魚。往往看著浮標，他都不急，偶爾也會換位置。他當釣魚是一種運動，到池邊走走。有時正是魚群要來時，他就離開池塘，說改天再來，然後慢慢地回家。釣不到魚，他也笑嘻嘻地告別，然後囑咐我再找其他能釣魚的池塘。

　　總而言之，他是最最合群的好先生，後來他赴日到筑波大學求學。而這位文學博士絕對不會看不起我們這些鄉下佬。在學校的成績，除了繪畫，其他的成績都很好。他是老好人，但是曾經聽說他曾為鄭家的公事，在鎮公所大聲抗議的消息。

　　鄭樑生是老好人，我很懷念他。現在藉這這篇文章，表達我對他的思念。

我的故友鄭樑生

張　欽　生

（台北市內湖潭美國小退休校長）

　　我想人與人之間，會成為親朋好友，在冥冥之中就註定好的。日據時代樑生兄就讀台北工業學校（現在的國立台北工業技術大學的前身）。我是讀農業學校的。我們是日據時代畢業而且在社會上做過事的。台灣光復後，因不約而同考上省立台北師範學校（現在的國立台北教育大學的前身），成為同學，最後成為終生的莫逆之交。

　　樑生兄生長於楊梅鎮高山頂鄭家莊。當時的鄭家莊多數屬於小地主兼自耕農，過著不虞匱乏的生活。他們生活樸實，樂善好施。樑生兄在這樣的環境中長大，深深受到這些美德的薰陶，長成一位有善心、刻苦自持的年輕人。

　　樑生兄天資聰穎，打從讀公學校（小學）時就名列前茅。尊翁鄭阿溪先生非常重視教育，尤其是重視祖國文化。他特地重金禮聘地方上最具聲望的飽學之士到莊裡擔任西席。兒女們白天到日本政府設立的公學校就讀，放學後在家裡學習漢學。難得的是，鄭阿溪先生德澤廣被，允許想讀漢學的族人子弟與樑生兄兄弟一起學習，使鄭家莊成為有文化水準的地方。當然，樑生兄是箇中翹楚，已經具備了相當深厚的中日文基礎。

　　樑生兄於民國三十六年再度負笈北上就讀台北師範之前，鄭

阿溪生曾勸他與其就讀師範，不如選一所好的高中來唸，將來的出路會更廣些。可是樑生兄決心終生奉獻教育，毅然決然選擇師範學校就讀。也因此之故，我才有幸與他成為同窗。回想六十多年前台灣光復不久，班上四十位同學中，除了極少數幾位由大陸渡海來投考的同學之外，清一色都是受日本教育的，沒有人有國學基礎。一般學生不但無法大量閱讀課外讀物，甚至連讀課堂內的功課都很吃力。唯有樑生兄的漢學基礎紮實，除了在課堂上聚精會神的聆聽之外，其餘的時間則不斷的大量閱讀中、日文書籍。他的閱讀速度驚人，記憶又好，加以手不釋卷，他的中、日文水準都突飛猛進。課業成績優異超群，自不在話下。記得民國六十年前後，台日兩國青年學子以文會友的風氣盛行一時。樑生兄也趕上這波潮流，和一位高校三年級學生魚雁往返十分頻繁。由於樑生兄的信函每每提到日本史跡或名勝古蹟之類事物，且知之甚詳，令對方佩服得五體投地。由此可知樑生兄的博學多聞。

　　民國三十九年樑生兄以名列前茅的成績畢業於台北師範之後，被派到台北市大安國小執教。當時的國內外局勢是第二次世界大戰結束後數年，各國都在努力恢復秩序。國內則國共內戰告一段落，國民政府播遷台灣，雖然外弛內張的局勢很嚴峻，但至少外表已無戰爭。百姓們逐漸安居樂業，也開始關心兒女的升學問題。當時大安國小雖然地處郊區，但家長對學童升學的關心和期待，與市區的家長並無二致。在這樣的情況下，樑生兄就被委以學童升學重任。他將自己的學問以及讀書方法傾囊傳授給學生。今天社會上，他有很多學生在各領域中出類拔萃，這都要歸功於樑生兄的諄諄教誨。

　　樑生兄在大安服務六年期間，手不釋卷的好學精神從沒有改變。平日下午六點放學後，處理完畢學生作業等公務後，八點到

子夜十二點就是他自修的時間。早上六點起床，數年如一日。這是我一生中所見真正做到教學認真、求學投入、刻苦自勵、嚴以律己的第一位。我雖與他同處一個屋簷數年之久，卻永遠學不到他的精神。如此勤勉的他，當然其學識與人品都與日俱進。可是他並不以此為滿足，總是想百尺竿頭更進一步。於是民國四十五年夏天，回到母校台北師範學校，申請保送國立台灣師範大學國文系再做學生。大安的師生、家長們雖萬般不捨，但對樑生兄努力進取的精神，都給予深深的祝福。

數年後，樑生兄又以優異的成績畢業於師大，被派到省立楊梅中學。他以校為家的工作態度，很快的就被賞識，聘為教務主任，協助校座兼辦行政工作。由於他做任何事都盡忠職守，到處都得到他人的賞識。民國六十年，正當被拔擢獨當一面、接掌校座之際，他卻公開聲明：他的志趣在做學問和教書，其餘的都不重要。於是他就此辭去教職，負笈東渡日本，進入國立東北大學大學院（等同於台灣的研究所）研讀日本文史。就學期間，充分發揮他一目十行、過目不忘的天賦，學校指定的功課，往往只需一般學生一半不到的時間就完成。指導教授驚訝之餘，就問他：「鄭君！你三餐吃些什麼東西，為何有如此特殊能力？」樑生兄兩年後學成歸國，被行政院以歸國學人的身分派到中央圖書館，負責日韓文室的工作。他獲得這份工作，猶如一個尋寶者被送進一座大寶庫一般。他在工作之餘，隨時可以就近博覽群書，蒐集資料。於是他就更加勤奮研讀，學識更加淵博，也開始著書了。這個消息很快地傳到東洋曾經指導過他的教授耳裡，教授高興之餘，就鼓勵愛徒再接再厲，並將研究的結果寫成論文，送到日本博士審查委員會申請審查。樑生兄得到勉勵後，更是日以繼宵的加倍努力。民國七十一年將著作送到日本筑波大學博士論文審查委員

會，接受審查。結果受到委員們的一致讚賞，授與文學博士學位。這種學位叫做論文博士，要比實際到校攻讀後所得的博士學位辛苦多了。是年樑生兄已經五十三歲了。

俗語說的好：「十年寒窗無人識，一舉成名天下知」。當時淡江、東吳、文化等多所大學搶著要禮聘樑生兄接任教席。於是他辭去圖書館工作，接受淡江大學的禮聘。六十五歲屆齡退休時，因他各方面表現優異，學校授與他終生教授的榮譽。終其一生在杏壇春風化雨、著書立說。可說是桃李滿天下，著作等身。確實是一位難得的好學者，好老師。

曾子曰：「吾日三省吾身：為人謀而不忠乎？與朋友交而不信乎？傳，不習乎？」樑生兄一生行止，堪稱此一箴言之最佳詮釋者與實踐者。他不但治學嚴謹、盡忠職守，與朋友相交也非常熱誠，信守承諾。一生言出必行，表裡一致。他的德行風範皆足以為後人楷模，並長駐親朋故舊的心頭！

送別樑生哥

邱創典謹筆 2008 年 6 月

（作者爲財政部退休公務員）

感謝上蒼，由衷地感謝上蒼，
從六十多億芸芸眾生中尋覓，
從勤儉、純樸、忠厚的鄉村中挑選，
志同道合、情投意合的四位青年，
喜結善緣，
牢牢的、快快樂樂的、一直到天長地久，

依年齡排序，您是老二，
但是，
閱讀力、領悟力、記憶力、意志力、進取力、…
您似乎永遠拿第一，
莫怪乎您一生的教育志業，
從小學、中學、大學，一直教到碩士班、博士班，
以臻於最高境地的榮譽教授，
同時，藏諸名山的著作堆起來比人高，

學校倉庫改造的小小宿舍，
是我們四人生命中最美好的園地，

謹以蔡萬霖先生的學人頌（註）
借花獻佛，最爲貼切，

學人頌

對新知的探索，
不知東方之既白，
對真理的堅持，
雖千萬人吾往矣，
對社會的關懷，
衣帶漸寬終不悔，
在這裡，
激盪智慧，
超越自我，
把不可能變成可能，
回饋這塊土地，以及
全人類

樑生哥，我永遠懷念您，

（註）「學人頌」載於中央研究院石碑

懷念鄭樑生教授二三事

黃　浩　文

　　鄭樑生教授平時給人的印象是嚴肅不苟言笑，待人寬和、不善交際應酬。而他克苦力學、力求上進、學有專精、中日文造詣深厚，著作等身、治學嚴謹、教學認真、愛護學生等精神和成就，爲識者所稱讚和欽佩不已。至於他平日言行，回憶我和他交往的印象中，最深刻的還有：

　　一、體力過人　幾年前他和我同遊黔桂地區，這時他已年邁，走起路來還健步如飛，一馬當先。有一天在走入一個山區少數民族部落時，發現屋前擺著二把薪柴在挑架上，同團的人都好奇，試圖挑起，但儘管使盡全力，無一成功，而他卻一舉挑起，面不改色，令同行的三十餘人（其中有二、三位是工人和莊稼漢）無不舉起大拇指稱讚佩服。據主人說，這擔柴重量將近一百公斤呢！樑生兄平常喜歡旅遊登山，走過了大江南北，好幾次和他一起登山，他都走在前頭，領導我們攻頂，表現出不到目的地誓不休的豪氣。這種毅力該是他青少年時耕種做活鍛鍊出來的吧！難怪在他忙碌的教學寫作生涯中，仍樂此不疲，種菜勞動不輟，體力得以保持。

　　二、教學認真嚴格　某年暑假中，我和友人登府拜訪，談話間，他的夫人李老師要他接聽學生打來的電話，起初聽到他的語氣跟平常一樣溫和，說到後來分貝越來越高，最後又以平和愉悅結束。

至於對話內容我們不得而知，想必是開始時諄諄教誨，繼而厲色兼施，最終是師生都滿意收場罷！樑生兄教學認真，面容嚴肅，學識淵博而深不可測，學生心生敬畏，也是在所難免的。他桃李滿天下，造就不少傑出人材，正印證嚴師出高徒的說法。

三、傳統詩詞的高手或許他忙於教學和專心著作，我從無拜讀過他寫的傳統詩聯。由於國學根基深厚，他在二〇〇〇年為楊梅鄭氏宗祠落成所撰的多項楹聯，可以看出功力對仗工整，含意恢弘，不是行家是寫不出來的。還有他遣字用字不避諱，據說有族人不以為然，他認為適切，也堅持不移。充分表現出擇善固執的個性。

四、接受新方法，善用新工具鄭教授著作五十餘冊，論文無數，尤其在日本史和中日關係史著墨最多，為眾所週知。就以他往生後，由夫人贈送我的那部中日關係研究論文集來說，就有厚厚的十三本，洋洋灑灑幾百萬言，內容條理分明，引經據典，旁徵側引，常有獨見，可說是他力作之一。這些作品稿件大部份是他自己利用電腦完成的。已是古稀之年了，他還能孜孜使用機器，講求工作效率，是許多相同年紀的人所不能企及的。

五、殫精竭力、奮鬥不懈去年三月中旬，我偕同內人到台大醫院探望他時已病入膏肓，形體憔悴，欣喜之餘，他堅持坐起來談話，以虛弱的音調侃侃而談，近將完成的著作，自認是嘔心之作，完成後在學術上將佔有一席之地，言語充滿著自信和成就感。不顧病情的嚴重，心中掛念的還是未出版的著作，這種為學術殫精竭力奮鬥不懈的精神，在他身上發揮得淋漓盡致了，怎麼不讓人欽佩和敬仰？

謹擇述以上數事來懷念先生八十冥辰，想起他宏願未完，而天不假年，不禁徒嘆奈何！茲以輓聯一對作結，並祝福他在西方

極樂世界逍遙自在：

　　　　樑生碩彥懷　高深造詣精文史

　　　　教授菁英澤　著作豐盈勵俊賢

鄭老師與我

莊 耀 郎

（師大國文學系兼任教授、世新大學中文系教授）

　　我認識鄭樑生老師前後共二十七年，交情始於中央圖書館同事，而後，先生待我如親人好友，我則敬先生爲師。相見之時不多，見面輒談論學術，偶爾亦言及生活往事，雖然年紀相隔一個世代，或許是生活背景及求學歷程皆有近似之處，故而頗爲相契。

　　始識先生之時爲民國七十年（西元 1981），時先生任中央圖書館（今國家圖書館前身）日韓文室主任。我當時則以研究生身份兼任漢學中心編輯，協助擘畫漢學中心的成立，發行《漢學研究通訊》季刊，刊布學術訊息，專訪學人，蒐集學術活動論文論著資料，將國內學術研究成果公諸海內外，亦聯繫國外漢學研究機構或學人，進行交流活動。因工作上之緣故，需不時至館內各單位借閱資料及期刊，訪求學術訊息，而就在訪求日、韓文資訊時結識先生。雖然在見面之前，已讀過先生所譯之《司馬遷的故事》一書，而久聞其名，然未識其人。初識之時的印象，先生身材高大挺拔、精神瞿鑠、目光炯炯、神情肅穆、工作專注，不多言。其後，緣於碩士論文之資料解讀，涉及日文論著－由小野澤精一、福永光司、山井涌等人編纂的《气的思想－中國自然觀與人的觀念的發展》（京都大學 1980 出版），和我論文寫作方向有密切的相關，又因個人日文能力不足，故爾屢次請教先生，先生皆

不厭其詳爲我譯解，前後幫我翻譯近十萬字的重要篇章資料，是我受惠於先生之始，先生助人之熱切，提携後進不遺餘力，每思及此，皆感念不已。

我於翌年（1982）回到台灣師大國文系擔任助教，先生亦於民國七十四年（1985）由公職退休，轉至淡江大學歷史系任教。當時，先生住中和南山路寓所，我則因習日文爲第二外語，央求先生教導，每個星期一個晚上，約莫三個小時，教導我日文，由初級的語文唸讀，到學術論文的判讀，前後歷經六、七年，先生於教學、研究忙碌之餘，猶不吝撥冗教導我，雖由於個人資質駑鈍，兼之使用機會不多，後來便逐漸生疏了，但我之所以能粗解日文，全是先生之功，這是另一方面的受惠，他是我的老師。

在學習日文期間，觸及許多話題，同爲農家出身，歷經農事的洗禮，其中甘苦，田中的滋味，亦最熟悉，頓時縮短了年齡的差距，而無所不談。雖治學領域不盡相同，然於治學理念的堅持，治學態度的嚴謹，治學方法的周密，先生都足爲典範。聞其所撰《明史日本傳正補》所徵引資料達一千二百多筆，真是無任欽佩，罕有其匹，其所論皆舉實考徵，指出傳統史書之不足及訛謬，一一予以正補。其入手已超越傳統史學的範圍，故而與先生後來之研究，皆在視野更寬闊的比較史學領域，立足在整個東亞文明史的視域，非孤立地看一個問題，因此，他的著作一出版，即受到海內外學界的重視，尤其以日本學界回響最鉅。

先生早年服務於中小學及圖書館，進入學術研究時間並不算長。然其勤於著述，成果驚人。聞其發病之時，猶奮筆不輟，家人勸其暫停養病，則答曰：承諾重於生命，學術重於生命，小病何必掛齒，不幸竟因此抱病而歿。而其以學問爲志業，信守承諾的處世態度於此可見，先生逝矣！也代表著一個世代學人高風孤

懷的遠去，我彷彿看到兀立在風中有如巨大雕像的身影，慢慢地隱沒，悽然寂寥之感，油然而生，倍增感懷。

　　先生不獨黽勉於學術，或許由於研究歷史的緣故，他非常關注家族的凝聚及家風的傳承，猶憶鄭氏宗祠的興建，先生為之撰聯，寫頌歌，因嘗示我過目，內容流露其對先人的崇敬和對族人的關懷，情摯意切，這大概就是所謂「歷史意識」的具體實踐吧！民國八十六年期間（1997），先生邀我同傅錫壬、劉增泉教授四人共同撰寫了《連江縣志》，即馬祖地區近代方志，先生負責總主筆及〈行政志〉、〈人物志〉，我則負責〈藝文志〉及〈文教志〉，因而有機會同遊馬祖南竿、北竿，與先生同行，由是更清楚他任事之專注和謹嚴，絲毫不苟的態度，這也是他治史學對地方關懷的具體落實。

　　民國九十六年初（2007），接到先生的電話，說他因近來寫稿多用電腦，手邊有一些多餘的稿紙要轉送給我，約我在師大門口見面。見面時除了抱一疊稿紙給我之外，就在研究室談敘許久，這是我見到先生之面的最後一次。直到先生逝世後，知悉其發病始末，方才回想，先生雖用電腦寫作，習慣上是先擬定文字稿，再依文稿輸入，仍然使用稿紙，他之所以贈我稿紙，其實是已知病情，和我見上一面罷，但他卻什麼異樣都沒說，想到這裏，真是令人傷慟不已。

　　民國九十六年三月二十六日，突接煥棋兄之來電，告知先生辭世的消息，頓時愕然，傷悼良久，便整裝南下中壢，除了到先生靈前哀思致敬外，思及先生待我如親人好友，於今我所能做的，就是將平日所悉所知，為先生撰寫行狀，悵然不知所云。歲月匆匆，忽忽已過兩載，卉芸師妹說要為先生出紀念專集，我想，關於先生在學術上的成就，和服務育，對社會國家的貢獻，已有客

觀的定論，無庸我贅言。因就個人和先生結識以來的點點滴滴，或許不足爲外人道，然而在我個人的生命中，卻是永遠的銘感在心，因憶所及，懷思鴻爪，也算是對先生景仰追思的一種方式吧！

與作者攝於南庄

我所瞭解的鄭樑生老師

羅運治
（淡江大學歷史系教授）

　　鄭老師，離開我們，好快，一年多了。在系裡每次看到一系列排得整整齊齊的《淡江史學》、《倭寇史料》、《中日關係史研究論集》……等等有關的書籍、史料，就讓我想起這位畢生爲學術、教育付出全力的典範學者教授。

　　我們對鄭老師的一生究竟有多少瞭解？他的一生，似乎是枯燥平凡，但事實上卻是多采多姿！首先，就先擇錄他本人於民國81 年在淡江任專教職時，因爲配合私立教師退休輔導委員會成立，每位專任者必須填報的資料中所述的自述吧！其內容如下：

> 鄭樑生，台灣楊梅人。幼時受殖民地教育。俟光復後，先後畢業於台北師範、國立台灣師範大學，曾執教小學、中學凡十六年。齒逾不惑，猶負笈東瀛，卒獲日本國立筑波大學文學博士學位。家本務農，且教且耕，澹於榮利。本人專治歷史，於明代中日關係史尤有所長。著有明史日本傳正補、明代中日關係研究、元明時代東傳日本的文獻、元明時代東傳日本的水墨畫、中日關係史研究論集，編有明代倭寇史料等，而明代中日關係研究一書，日本亦已有日文版刊行。

　　這段「自述」就如其本人，是如此的謙虛、簡樸、精粹，但

其內容卻是如此的豐實。在期望能對鄭老師有更多的瞭解心情下，就我的所知給予些許補充吧！

　　鄭老師在民國 18 年出生於桃園縣楊梅鎮務農的家庭中。斯時的農家乃是最辛苦窮困的勞動階層，一切靠勞力。除非自己本身有足以爲家族認爲可培植的條件，否則不會輕易讓子弟就學的。但鄭老師有本事，且在自身的刻苦努力，奮鬥而能順利完成各階段的學習成長過程。茲將其學歷列表如下：

學 校 名 稱	院系科別	修業起迄年月	畢 (肄) 業	學位
省立臺北師範學校	藝術科	36 年 9 月至 39 年 7 月	畢業	
國立臺灣師範大學	文學院國文科	46 年 9 月至 49 年 7 月	畢業	
國立臺灣師範大學	文學院國文科	51 年 9 月至 53 年 7 月	畢業	學士
日本國立東北大學大學院	文學研究科	58 年 4 月至 60 年 3 月	畢業	碩士
日本國立筑波大學	歷史人類學系研究所	67 年 4 月至 71 年 3 月	畢業	博士

　　套句傳統的說法，在每所學校得每一階段的學位，就如以前科舉時期的秀才、舉人、進士等等的「功名」，有功名當然不會忘記服務社會大眾。鄭老師對國家、社會及芸芸眾生的學子所付出的貢獻，就從下表看看他的奉獻吧！

服務機關學校名稱	職　別	擔任事務或課程	任 職			卸 職			卸職原因
			年	月	日	年	月	日	
臺北市立大安國民小學	教 員		39	8	1	46	9	30	升學
桃園縣立楊梅中學	教 員	國文	48	8	1	50	11	30	分校獨立
桃園縣立啓明中學	教 員	國文	50	12	1	53	1	31	
桃園縣立啓明中學	註冊組長	註冊	53	2	1	55	1	31	
桃園縣立啓明中學	教務主任	教務	55	2	1	57	7	31	留學

國立中央圖書館	編輯	綜理日韓文室事務	60	6	1	74	7	31	退休
淡江大學	東方語文學系兼任講師	教學	61	9	1	67	7	31	
淡江大學	東方語文學系兼任副教授	教學	67	8	1	73	7	31	
淡江大學	日文系兼任教授	教學	73	8	1	74	7	31	
淡江大學	歷史學系專任教授	教學	74	8	1	76	7	31	
淡江大學	歷史學系兼系主任	教學綜理系務	76	8	1	82	7	31	
淡江大學	歷史學系專任教授	教學	82	8	1	88	7	31	
淡江大學	歷史學系榮譽教授	教學	88	8	1	96	1		

　　從其經歷，算算歲月，前後整整是半世紀的時光。時下流行的一個說詞：「凡走過的，必留下痕跡」，鄭老師在各單位的服務過往中，除盡本份的教學、編輯等職務外，始終未忘情、離開他的研究撰述兼職，其作品之多，實難予以一一說明記述。據聞已有出版公司準備為其出版「作品、論文集」，在此就不再贅述。

　　筆者因與鄭老師同樣出身於桃竹苗地區的客家村落，且為同質性頗高的窮困農家子弟，再加上多年的相處，對其一生的心路歷程，就有特別的切身感受。記得在民國 79 年 3 月份，二人再加上系上的陳茂進老師，三人行聯袂到大陸為期將近一個月走遍半個中國的自助考察、訪問兼旅遊。途中，就所見所聞所聽的種種，與鄭老師的認知感受就特別的雷同並具共識。而鄭老師那種耿直、擇善固執，只就事論事、只問是非不問其他情況的執著，在那大陸剛剛開放探親而在大陸人情、輿情、商情、政情（早期到大陸者可自個兒體會）等等不怎麼瞭解的情況下，時時予陳老師與我二人捏幾把冷汗。就舉一例吧！在四川成都往都江堰時，三

人租一部計程車，因我倆以「客家」的「海風」話發音（誆稱廣東陸豐、海豐一帶來的遊客），使師父（司機）誤為大陸本地遊客。那知回程時，師父在休息時（趁我們遊墭的時間）由同行師父得知我們是呆胞（台胞），硬是要多加人民幣。而鄭老師怎麼說就是不肯，說好多少就多少，一毛錢也不肯多加，如此，陳老師與我亦省了一些錢。

　　鄭老師的為人個性，可從另一小事證之，鄭老師退休後，在中壢自家起造樓房外，並在旁地栽種各類蔬菜，筆者經常為其餽贈對象，一大袋紮紮實實，每類均由報紙實實在在包好，空心菜、青江菜、絲瓜、小黃瓜、‧‧‧可謂不勝枚舉。尤其那又肥、又大、又脆嫩的小黃瓜，每一條均呈現筆直，胖胖的人見人愛。問他，怎麼種出來的，他笑而不答，追問下，只回應除有道具外還要有耐心、愛心。對植物如此，對同事、同學就甭提了！

　　鄭老師一生最後階段的舞臺以淡江大學歷史系為主，在其擔任系主任時，大力推動教學系務外，亦持續且增加舉辦各類的學術研討會，除予本系增加聲望外，研究的風氣亦大為增濃，此乃因其善用經費，在多方募款開源及節約善用下，以剩下之經費開啟「淡江史學」刊物的出版，如此使本系老師增加了投稿園地。在他任內（系主任六年任期）就連續 5 期，爾後亦由他支持鼓勵，在無其他任何外來經費補助的窘境下，「淡江史學」如今已持續出版第 18 期，此情，使本校外系好多老師不由自主的發出「難能可貴」的讚嘆！

　　鄭老師教學之認真自然不再話下，選他的課是要有一些勇氣的。他的課，幾乎都排在第一節早上 8 點 10 分開始（學生不得不早起），上課時當然是嚴格要求學生專注聽課，且自設點名座位，想翹課免談。學生課前亦同老師一樣要備課，上課時同學被點到

而不知道內容出處，往往被鄭老師要求馬上到系辦或圖書館查出資料之出處再限時回到教室交差。此情，自然使學生不敢偷懶，更無混混的可能，難怪有些同學大叫吃不消，甚至還說出上課前一晚睡不好。這樣的老師，學生自有其公斷，但是，因為鄭老師的博學、執著、認真、公平且自我的要求嚴謹，是以同學還是給予高度的肯定，一般的評價是「面惡心善」，真的就是如此嗎！在此就引今年應屆畢業生鍾永龍同學在其《就讀淡江歷史系的心得》一文中，其中對鄭老師的評價，以為本文的結語。

鄭老師真乃有志上進者之楷模，年逾八十，每日在其祖田農耕，數十年不曾中斷，足見其堅毅過人，並有傳統華人勤奮實在之美德，剩下的時間也是絲毫都不浪費，教學著作毫不馬虎，充份運用人生中的每一分資源和精力為史學和其一生之理想盡心盡力，並使自己隨時保持最佳狀態，英氣不減。真可謂：「老驥伏櫪，志在千里。烈士暮年，壯心不已。」讀書人應如鄭老師一般積極進取並雄懷大志，既以所學恩澤於當世，名聲和文章亦流芳於後世。

時至今日，國家危亂，台灣偏安一隅，民生經濟漸漸衰退。外憂內患接踵而來。子弟各個養尊處優久矣，多無危機意識，如溫室花朵般，一遇挫折便鬆散懈怠，日後怎成大器。所謂：「烈士多悲心，小人愉自閒」，如果人人皆有鄭老師的上進精神和家庭教育，中華民國何愁民不富、國不強，國家雖小，定能在世界舞台上力圖發展，在各方面憑實力與諸國爭雄。鄭老師一生作育英才，推乾就濕，耗盡心血，在九十六年初春辭世。但他的文章及其治史和做人的精神是永存的，值得後輩學習。

（此段擇錄自《淡江史學》第 29 期頁 64，
淡江大學歷史學系會發行，2008.4）

濃郁而不黏稠的相知

王 仁 鈞

（淡江中文榮譽教授）

> 高風猶緬羨，
> 倏忽及周年，
> 愴恨黃梅雨，
> 零零浥晚天。
> ── 暮窗追悼口占

　　民國三十八年春，我插班進入北師藝術科二年級乙班，得有與樑生兄同窗共學的機緣。當時，我係班上少數的外省學生之一，且爲唯一來自長江流域的青年，風土習慣頗顯疏隔，又因質性內歛靦腆，除卻教室座位相鄰，宿舍蓆次相近的同學之外，幾乎只維持著知道姓名，熟悉形貌的初淺交情。幸而憑藉所謂物以類聚的天然法則，對於樑生兄沉默寡言、穩重誠懇的氣格，頗有感應，特加注意。逐漸發現他好讀書、尙勤勉的特質，也暗暗興起一份相惜的情懷；只是扼於生怯，未敢冒然趨近，於是一年半的緣會，僅框圍在發育並不健全的名份之中而已。及至畢業，空間交集的機遇既已消失，從此勞燕分飛，漸行漸遠，縱或偶有消息，也都春風拂耳，難入乎心，一斷就是睽違二十多年。

　　有道是世事難料；又說萬事相互效力。想不到這一長段鴻別渺冥的歲月，居然是我和樑生兄各自夯築著往後重聚，相交厚重

的基石。

六十六年，我調到淡江夜間部主持中文系系務，巧見他在東方語文學系兼課，這才因緣輻輳，重新恢復了聯繫。於預想之外迸灼出的火花，分外眩目，我們便跨越了時間分割的距離，即機傾衷相輸，瀰縫了闊別的青澀，好像不僅未曾被諾長的年頭分隔，而且還不停的疊積著增進交誼似的，感情立刻分外熱絡起來。

有一天，他抱了一大袋文稿，直接了當的要我仔細為他檢校一遍，剔除文字中所夾帶著的「日本皇家化」口氣之不妥詞彙。於情，承他對我的信任厚愛，既不能不接受；於理，他在學歷上有著比我更優越的背景，我又焉能自詡高明，冒然托大？值此收放兩難，進退維谷之際，虧他再三懇切委託，口氣一派真誠，終於使我不顧忌憚的答應了他。

就這樣，約略半年光景，我成了他《明史日本傳正補》的最早讀者。雖然我確亦指出類似「明國」、「明朝」之辨的一些修正意見，但更讓我見識到他在學術研究上的札實功力，進一步對他生發出由衷的敬重。接下來，他的大作《明代中日關係研究》一書，也是我有幸能最先披閱檢戡過的。

五、六年後，我幸獲第一次休假，前赴日本九州大學訪問研究。樑生兄因我的目標在書法資料的蒐尋，便一面主動發函給東京方面有關的名學者西林昭一教授，推介我與他相識，請他多加協助照應；一面更寫信給我，囑我從九州備函向對方招呼。同時，還設想到我日文程度不濟，先行為我草擬了一篇文情並茂的草稿，容我謄錄付郵。似此情分，若非醇厚真切，怎能熱忱如燄，坦懷如雪！（爰是一舉，以致促成了我和西林在解讀清人翁方綱文集手蹟上的多年合作，增添了我不少受益。這是後話，就此表過不贅。）

　　迨我回國，不久，重歸建制。他則辦妥了中央圖書館職務的退休事宜，轉接淡江歷史系的專任聘書。我倆既同在一處上課作息，便不缺碰面閒話的接觸，慢慢地，發覺他的沉默寡言，其實是他認真不苟的外飾面紗，每逢俗塵拂意，心裕時寬，他亦可娓娓不停的吐露心思，照肝照膽；而他的穩重誠懇，則基本上更係認真不苟的另一種質性面相，舉凡抿口促眉，肅顏穆態，莫非為了屏氣凝神，牢牢將注意力拴扣於一個堅固的定焦之中。

　　另外教我膺服不已的，是無論大事小事，可行不可行，只要經他仔細思考之後，便能果斷決定，馬上行動，絕少拖泥帶水不乾不淨。例如七十六年春，他在接掌系務以前，曾與我商量如何取捨。我歷數自己經驗過的甘苦，建議他能推就推，勿墜網羅。但最後卻提醒他：「如果能夠有效掌握可以運用的有限資源，扭轉慣常平板的氛圍，化阻力為助力，則受益者眾，個人的損益亦不足道矣。」他立即怵然動容，豁然釋慮，慨然定案。後來，果然在平寂已久的潭面上，掀起一粼粼，一漾漾，交織糾纏的漣漪出現。

　　綜理後三十年的生涯裏，我們之間，平素固然咫尺千里，相忘相遺；塊然獨立，自適其存；既少造訪促膝之膩，亦乏酒食徵逐之靡。唯一旦有事，必定天涯比鄰，相呴相濡，互為接應，協和暢達；未嘗不竭智規畫進退之徐疾步驟，悉心斟酌損益的棄拾方式。儘管夠不上莊子「相與於無相與，相為於無相為。」的高規格標準，倒也接近了「君子之交」的清爽要求。

　　即是以論，樑生與我，天上人間，兩無憾焉！

我與鄭教授的明史緣

吳　智　和

（中國文化大學歷史系教授）

一九七八年七月獨資創辦《明史研究專刊》時，台灣明史學界的明史學人寥寥可數，且各據一方。一九八五年三月鄭樑生教授出版巨《〈明代中日關係研究一以明史日本傳所見幾個問題為中心》，隔月我收到鄭教授親筆寄贈這本厚達七六八頁的近著。當下隨即拆閱，深受感動，有空就閱讀數頁，至是年九月八日，在鄭著田中序末、自序前的空白處，寫下讀後感：「著者此書的完成，可以稱得上總結明代中日關係之顛峰。著者沈潛中日關係史二十年，此毅力、此宏願不必再予美言推讚，此書的出版已肯定著者的心血與學術地位。著者在追尋累積史料時，國內少有學人知其人其事向'著者也能沈潛力學，如此學人風範，已值得吾人佩服。環視目前一批所謂的『學人』爭取參與學術會議，出風頭請幾句門面話，姓名披露報章雜誌，居然『名家』與鄭教授格調相去實遠。

自一九九〇年七月鄭教授出版《中日關係史研究論集（一）》之後，一系列研究論集如期寄贈，我也將私資出版的《明史研究專刊》、《明史研究叢刊》如期寄贈，漸漸地明史緣也樹立起來。一九九三年二月七日至十日在東北吉林市舉辦「海峽兩岸明史學術討論會」，七日上午閉幕式時楊暘、趙毅等推舉我代表台灣明

史學人講話，我謙讓政大歷史系主任張哲郎上台，十日大會閉幕，楊、趙等文要我上台，遂再謙讓鄭教授年長當上台講話。中國東北明史學人與我交厚，是因楊暘出版〈明代奴兒干部司及其衛所研究〉（鄭州：中州書畫社，一九八二年十二月第一版）、《明代遼東都司》（鄭州：中州古籍出版社，一九八八年十二月第一版）兩種學術力作，苦於求書不得，遂去函楊暘先生的服務單位：吉林省社會科學院歷史研究所。不意楊先生明快誠懇回函，並寄下二著，其中《明代奴兒干都司及其衛所研究》因手頭上已無存書，遂行一九八三年四月親提惠贈謝景福先生索回轉贈予我。自後與楊暘先生成為至交老友，同時也是我第一位認識的中國明史學人；後叉承其引介吉林大學歷史系梁希哲教授、東北師範大學研清史研究所趙毅教授等明史學人。一九九一年八月十六日至廿二日分別在上海、餘姚、松江等三地舉辦「第四屆國際明史學術討論會」（詳見〈明史研究專刊〉第十期，一九九二年十月，頁二九九~三一八），楊、梁、趙三位老友特地從東北千里搭火車與我在上海復旦大學會場首次見面。一九九三年二月「海峽兩岸明史學術討論會」（詳見〈明史研究專刊〉第十一期，一九九四年十月，頁二九五~三○一）是在嚴寒的冷多舉辦，鄭教授夫婦同行，先至北京再搭夜車至長春，一大早火車進站東北老友等候相接，平生首次稟受東北零下二十度的嚴冬，而鄭教授夫婦年長且耐寒不懼，一路馳至吉林市會場。會議期間，東北老友熱情款待，打理一切行程，至今回想甚為感念。鄭教授為人寡言篤行，至中國參與學術會議，買書是他的唯一嗜好，一路上言談也都是有關學術諸事，如果說：鄭教授是書人，一輩子與書作緣；而我與鄭教授同性惰，一生也與明史作緣。如今鄭教授仙逝，明史有緣人作古，頗有知音寥落之感。

憶鄭師樑生

何　義　麟

（國立台北教育大學社會科教育學系副教授）

　　鄭老師的突然辭世讓人深感悲痛與錯愕。2007 年農曆年後突然接到電話，表示要我幫忙打日文稿，希望我在春假過後去拿稿子。記憶中老師從未要求學生幫忙，正感疑惑之際，不料數日再度來電希望盡快過去。那時我還未能聯想到可能是生病了。認識老師是在 1982 年念大學二年級時，那時老師才五十幾歲，往後的歲月中彼此年齡增長，但還是很難意識到老師年紀大了，特別是老師平日身體如此健朗。還記得趕過去那天是老師去世前兩天的星期五晚上，我還帶了小女兒前往。老師一如往常坐在沙發等我，眼前桌上放著準備送我的最新著作，然而身體卻變得相當清瘦，說話時還手壓著腹部開刀傷口以抑制疼痛。即使在這樣的情況下，老師依然詳細地交代日文專書的出版計畫，及日文手稿打字時要注意的地方，並強調已經答應日本學者近期就要交稿子，不能爽約。師母說老師開刀後還在病房內趕稿，生氣地罵老師寫稿比生命重要嗎？老師竟然回答，信守承諾比生命重要。這句話應該是老師個性的最佳寫照。

　　我是第一個找老師指導的研究生。1984 年從東吳大學畢業後考上文化大學日本研究所時，因為敬佩老師的博學多聞，竟膽敢

開口要求成為首位入門弟子，現在回想起來，那是因為我年輕時
對學術研究一股傻勁與熱情吧！老師治學嚴謹與不從俗的個性，
讓希望早點畢業的學生都不敢找他當指導教授。此外，由於老師
上課認真且要求嚴格，再加上當時在職同學又多，自然很多人不
太敢選修老師的課。到了二年級時選修的同學只剩下我一人，成
為名符其實的個別指導了。這樣的上課方式對教的人和修課的人
都是很大的壓力，在研究所普及化的現今，應該很少人有這種體
驗。此外，若非真正成為入門弟子，經歷過這樣的授課方式，大
概也很難真正認識老師的治學態度與學者風範。

就讀日本研究所期間，碩士論文題目：「皇民化政策之研究」
較接近台灣史研究，與老師的研究領域有所不同，但老師的一封
介紹函卻為我開啟了研究之門。當年台灣史研究領域尚未出現，
要去中央圖書館台灣分館找資料，必須要有介紹函才得以進入書
庫，書庫的資料因常年未被翻閱而佈滿灰塵。分館的確是台灣史
料的寶庫，透過第一手史料的運用，碩士論文進行的很順利，每
寫完一節一章就交稿老師批閱。由於上課等於個別指導，老師就
把我的論文像看小學生作文一樣逐字逐句批改，不僅是標點符
號，有時甚至連筆順都要求改正。有關論文的章節架構，因為還
得到中研院張炎憲老師的指導，老師並沒有太多的意見。但是，
到了最後一章時，我寫了一節「皇民化政策的影響」，主要論點是
認為，官方不應將二二八事件歸因於皇民化遺毒，這時他終於表
達了不同的意見。他很平靜地說：你這種年紀知道什麼是二二八？
畢業後你還要當兵吧！這一節最好全數刪除。當時，只因為看了
李筱峰的『台灣戰後初期的民意代表』一書，就相當自以為是，
認為已經可以把皇民化與二二八的因果關係說清楚。在老師的堅
持下，最後悻悻然刪除了這一節。

　　研究所畢業後服兵役接著就職，然後決定要到日本留學，臨行前跟老師見面，他當面告誡說：到日本留學一定要用功讀書，學海無涯，即使整天都泡在圖書館，該研究的東西還是無法窮盡，最重要的是不可自以為是。我想這是他自己的經驗談，也是對我的印象與評語吧！進入東京大學就讀後，很少跟老師聯絡。印象比較深刻的是，寫完東大碩士論文「台灣知識分子的殖民地解放與祖國復歸」後，將碩士論文寄給老師，沒想到很快就接到他讚許的信函。這是研究鮮為人知的抗日知識分子謝南光之台灣政治史論文，不是老師專精的明代中日關係史，很意外，他竟詳細閱讀，並來信肯定並給予鼓勵。進入博士班後，由於課業繁忙再加上頻繁搬家，最後連最簡單的賀年卡都未能持續，斷了聯繫，直到 1996 年才又接到老師的信件，說要來日本參訪（老師是透過師大吳老師知道我的地址，而我那時已搬離該處，信件透過郵局轉送的服務才輾轉收到）。

　　我們約在東大本鄉校園內碰面，老師送了一份禮盒給我。原本也想依俗招待老師到近郊觀光或市區購物，然而他唯一的要求是帶他進東大圖書館，並交代幫忙影印幾本重要的參考文獻，真如信件上所說，是來蒐集資料的。我們又逛了附近的舊書店，談話內容依然不離學術研究之事，並關心我何時拿到學位（當天在東大圖書館前合影留念，這也是我跟老師唯一的一張合照）。1998年，提出博士論文後，再到淡江大學歷史系拜訪老師時，他表示將於隔年退休，但強調還有多項研究與撰寫專書的計畫，「退休」對老師而言似乎只是年紀到了而必須進行的一種「手續」，投入研究的時間和心血並不因此縮減。師生的話題不離學術研究，拜訪老師的目的不外乎拜託他寫求職的推薦信，其餘實無太多共通的話題。

　　直到結婚後，因內人同是楊梅高山頂客家人，才頓時感到與老師親近許多。閒聊中得知，老師在台北師專（筆者服務的國立台北教育大學）畢業後，最初即服務於我們六張犁新家旁的大安國小，當時景觀與現今當然天差地遠，老師有關大安國小的記憶，提供我們認識居住地的最佳田野資料。師母也常與內人用國、客語講講高山頂的事物、記憶，以及小孩子的相關話題，話題變多了，不再是硬梆梆的學術研究。然而，就在有機會與老師多親近一點的時候，老師竟如此突然地離開人世。不過，在不捨之餘我還是很感謝上天，在老師要離開人世的前一刻（雖然老師本人和我們那時都不知道）讓我來得及知道老師的出書計畫，以及撰稿的詳細情形，才可以幫忙整理一些遺稿，協助完成老師未竟事業。

　　從老師的行誼錄，以及與師母的雜談中，才得知戰後老師原本就讀台北工業學校，因二二八事件輟學返家，而後才重新考入台北師範學校。這樣的經歷可以說是二二八事件的受難者，但是他自己卻從未提起。因此，即使後來我以二二八事件為博士論文題目，進行許多人次的口述訪談，出版博士論文改寫的專書，還是沒有機會聽到他親口說出事件的親身經歷，以及事件後的感想。以其好學之精神，對於我送給他的二二八事件研究專書與相關論文，不可能沒有閱讀，但他卻從未提出質疑或補充。回想起撰寫皇民化政策研究之論文時，他曾問過一句：你看過「神宮大麻」嗎？這句話真是當頭棒喝，頓時讓我醒悟，老師雖非台灣史研究者，卻是親身經歷過皇民化運動的人，面對這樣的指導教授，必須戰戰兢兢地撰寫論文。被他否決的那段皇民化與二二八關聯性之論述，經過十幾年後再寫入博士論文，暗自認為已經超越了老師同世代畏懼的認知。然而，最後竟發現二十多年來的研究課題，尚未超出他人生的體驗，原來老師一直用其人生的智慧包容

我的自大與任性。

　　不僅在學術上博學多聞並包容後輩，老師對學生也相當愛護。記得就讀日本研究所時，有一次下課後一同搭車到台北車站附近，應該是看我穿得太單薄了吧！他竟然帶我到走成衣大賣場，然後要我進去自己挑一件外套。當下讓我愣了一陣，最後接受好意，挑了一件禦寒的大外套，由他到櫃檯結帳。老師不善用言辭表達關懷之情，而是以此行動來表示，這是最讓我難以忘懷的一件事。今生慶幸能碰到這樣的恩師，典範不應該只留在自己的心中，希望透過篇文章能讓各界更加認識鄭師樑生的人格風範。

與作者合影於東大

一位我最尊敬的長者

劉 增 泉

（淡江大學專任副教授）

一九八九年八月，我從歐洲返台，剛拿到博士學位，各大學徵聘教師的時間也已過，因而回母校輔大兼二門課，九月初毛遂自薦和鄭主任聯絡，見面之後他臨時在系裡開設西洋上古史課程，此對於一位剛畢業的我而言一直銘記在心。

鄭老師小時候受過日本教育，亦深受影響，對於學生而言，他是一位嚴格的老師，但卻是一位充滿愛心的老師，由其對後進的提攜不遺餘力，諸如邱仲麟等皆是在其細心的指導下進入台大研究所就讀，在研究所唸書期間，鄭主任即聘他回母校任教。

一位好的老師可以從其批改學生報告可以見一般，鄭老師修改學生的報告密密麻麻，他不會只是篇報告而忽視。因而真正用功的學生對於鄭老師的教學嚴謹認真是終生受用不盡的。很多學生畢業後與我談到鄭老師春風化雨的一面，點滴在心頭。

鄭老師最讓我敬佩的一點是他做學問的精神。初識他時，他正在編寫倭寇史料，爾後洋洋大觀出版，對於研究中日關係史的學子而言，是一大福音。此外他筆耕不斷，每年皆有新書出版。最近一本日本通史更是代表作。其實以鄭老師的用功及學問根基之深厚，他老早就可以成為中央研究院院士，但中研院終究是一

封閉單位，只會從自己院裡來挑選院士而忽略外在更有深度的學者。

　　鄭老師忽忽已走了一年……。乍聞其去世消息，內心震驚久久不能平息，主要是在我任系主任時期，以及之後我們常常聯繫，他的身體一向都很健康。每次來淡水上課都會拿他親自種好的荼分享給我們，在去年春節期間，我還特別打電話問候他，一切都很正常……哪知三月份卻天人永隔。當我從台北驅車直往中壢的高速公路上時，我的眼淚一直停留不止，想到鄭老師對我的照顧和關懷，一幕一幕如在眼前，對其感念之心永在心底。

　　鄭老師走了，讓我百般不捨，然而其學術著作將永存不朽。人的生命有限但學術精神卻無限，我想即使往後一百年、二百年、三百年……，鄭樑生的名字將永遠留在後世子孫記憶裡，因為他的書籍可以流傳下來，就如同司馬遷、亞里斯多德一樣。走筆至此，對鄭老師致上我最謙恭的敬意，我們都很愛戴您。

與作者攝於馬祖

中日關係史研究的先驅者

── 紀念鄭樑生教授

李　金　明

（廈門大學南洋研究院教授、北京外國語大學客座教授）

　　著名歷史學家、中日關係史研究的先驅者鄭樑生教授謝世已有一年多，據說他學生女兒正著手爲他出版紀念文集。值此之際，鄭李依珍女士來信約請我爲紀念文集寫篇文章。我與鄭樑生教授的交往不算很深，但我敬慕鄭教授嚴謹的治學精神和深厚的學術造詣。我從事的是明代海外貿易史研究，每當涉及到中日關係的問題時，免不了要參考鄭教授編著的〈中日關係史研究論集〉、〈中日關係史〉、〈明代倭寇史料〉、〈善本書的日本關係史資料〉等書，從中得到了不少教益，因此我對鄭教授淵博的學識和精益求精的學術態度早已景仰多時。此次收到鄭夫人的來信，我雖然感到意外，但還是決定把我與鄭教授初次交往的情景寫下來，以作爲我對鄭教授的深切懷念。

　　2005 年 7 月，我應香港大學中文系的邀請，到香港參加由他們與香港歷史博物館主辦的〈鄭和下西洋 600 週年紀念國際學術研討會〉。會上，我與鄭樑生教授邂逅，當時他給我的印象是清癯矍鑠，爲人低調，從不張揚，不像有些學者稍有名氣即趾高氣揚，四處顯露。因此，我們之間的距離一下了拉近了，也許是緣份之故吧，我們很談得來，在開會的兩三天時間裡，我們經常走在一

起，談學術，聊家常，大有相見恨晚的感覺。記得鄭教授曾告訴我，他出身農家，從小與農耕打交道，至今不輟。在他現在住的庭院裡，就有一塊他親自耕種的菜地，他每天澆水、鋤草，從不間斷，收穫的瓜菜除自家食用外，還分送給鄰居。我聽了之後一時很不理解，認爲像鄭教授這樣著作等身的學者，無疑要將一生中的大部分精力泡在故紙堆中，那裡還有時間去照看菜地。然而，鄭教授卻做到了，而且做得很好。從他在開會期間仍時時惦念家裡菜地的事實，使我漸漸理解了他的做法，其實他並不在乎瓜菜的收成如何，而是在陶治自己的身心，永保一個農家子女不忘本的淳樸本質。相對於今日學術界普遍存在的浮躁與急功近利，類似鄭教授這樣的學術名家，仍能不爲世俗所左，保持自己的樸實情操，的確是難能可貴，於是我對鄭教授的敬重之心更上了一個層次。鄭教授對朋友的真誠亦令我感動，當他得知我可能到台灣參加學術會議時，一再囑咐我到台灣時一定打電話給他，他將親自駕車帶我到台灣各地觀光。

從香港返回廈門後不久，我收到了鄭教授的來信，寄來了他與我合影的幾張照片並在信封上附上一張紙條，上面寫道：「金明教授：何時來台，屆時請通知，我將在十月三日至十六日到日本，但願不致撞期。」這短短數字讓我感激不盡，馬上給他回了一封信表示感謝。2006 年 8 月，我應台北“中央研究院人文社會科學研究中心海洋史中心”的邀請，到台灣參加“第十屆海洋史國際學術研討會”。一到中研院後，我即打電話到鄭教授家，可惜他不在，據他女兒講已出外旅遊。從此我們再也沒有聯繫過。

去年 3 月底，我偶然在網上看到鄭教授仙逝的消息，一時感到很突然，難以接受，但苦於兩岸相隔遙遠，不能親自前往弔唁，深感遺憾。今日得悉其學子後人正籌備爲之出版紀念文集，在我

悲痛的心靈裡總算找到了一點慰藉，鄭教授一生海人不倦，為中華民族的教育事業嘔心瀝血，理應受到人們的敬重。但願他的學術薪火能在他的學子當中代代相傳下去。

　　　　　　　李金明識於廈門大學海濱東區寓所

　　　　　　　二○○八年五月三十一日

江山萬里祖國情

── 懷念老友鄭樑生教授

史　式

（中華民族史研究會會長　重慶師範大學教授）

　　鄭樑生教授和黃大受教授一樣，也是最早參加海峽兩岸史學家合撰《中華民族史》這一學術活動的台灣學者。我和他相識於1992年。他當時擔任台灣淡江大學歷史系主任。因爲我在大陸媒體上公開發表希望兩岸合作編纂一部《中華民族史》的倡議，他不久就發函邀請我前往該校講學，兩人從此訂交。那份邀請函，我一直妥爲保存，內容如下：

　　"史式先生：素仰先生學養淵博，對中華近古史有精湛之研究。先生倡議編纂《中華民族史》一書，我們也認爲確有必要。擬請先生於 1992 年 6 月 30 日至 7 月 10 日來本校淡水校本部作有關此課題之學術報告。如蒙惠允，請即賜復，以便進行籌備工作，僅此先致謝忱。"

　　我爲什麼把這份邀請書妥爲保存，因爲這是一個見證，是以說明樑生兄在 16 年前就和我一樣，都認爲大陸人和台灣人同屬一個中華民族。我們研究歷史，最好只說中華史，不說中國史，也不說王朝史。幾千年來，要論國家興亡、王朝更替，則分分合合，變化無常，是非功過，難於評定，所以古人有"青史憑誰定是非"之嘆。若論中華民族，從來就是一個，只有客觀地探索中華民族

源流演變的歷史真相，才能綜觀千年，橫觀萬里，對於紛紛世事，根據民族大義，宏觀地評定其功過是非。

我們訂交 16 年，雖然分處海峽兩岸，見面的機會還是不少。見面的時間，長則隔一兩年，短則年年相見。見面的地方，不是在會議室裡，就是在旅遊途中。屢次會議，不是他邀請我，就是我邀請他，總之是互為賓主，次次賓主盡歡。

樑生兄是客家人。他雖久居台島，但是深知自己的祖先來自河洛，來自中原。在兩岸隔絕之時，他侷促於台灣一島，事非得已。雖然也常去海外，但那究竟不是祖國。自從兩岸開始交往以來，他對於祖國的壯麗山河，似乎有一種特殊的迷戀，只要有機會，他決不放過一次山水之遊。1996 年夏天，我們為考察滇西北的彝族地區、白族地區、納西族地區、直到世界聞名的女兒國摩梭人地區，在 10 天之內，乘坐旅遊車跑了兩千多公里，來到滇池洱海，玉龍雪山，興高山湖泊，天藍水也藍的瀘沽湖。旅途雖然十分辛苦，但他興高采烈，精神百倍。我說他這是 "江山萬里祖國情" ，他以 "深得我心" 四字作答。

15 年前，即 1999 年的 4 月，海峽兩岸史學家合撰《中華民族史》第一次學術研討會在重慶市舉行，樑生兄賢伉儷準時參加。當年的汪辜會談也在新加坡舉行。這兩個會雖然規模不同，任務不同，但是總的說來，都是為了中華民族的團結與復興。在海協海基兩會會談中斷了多年之後，由於今年台海形勢的好轉，又將繼續舉行。我想，我們有關《中華民族史》的學術會議是否也可以繼續召開，雖然黃大受教授已於 2002 年仙逝，但是當年的代表仍多健在。我正準備和樑生兄聯繫，卻先接到了台灣桃園的來信。一見到桃園這個地名，我就想起了樑生兄，但是一看到發信人的簽名不是鄭樑生而是李依珍，我就有一種不祥的預感。是怎麼一

回事？難道比我年輕十多歲的樑生兄會有什麼意外？拆信一閱，果然是：樑生兄已因癌症不治仙逝⋯⋯

　　驚聞惡耗，許多往事一起湧上心頭，恍如昨日。樑生兄和我一樣，瘦高身材，面龐瘦削卻精神飽滿，說話做事，明快而有決斷，充滿了客家人所特有的勤奮精神。他對明史、日本史、中日關係史等方面造詣甚深，教學之餘，筆耕不輟，是一位知名的科研成果極為豐富的學者。在探討許多歷史難題的時候，我發現他絕不急功近利，而是頗有菩薩心腸，能夠悲天憫人的志士仁人。舉例說，在探討明初歷史之時，他對朱元璋、朱棣父子的暴政極為反感，而對早死的太子朱標與不幸失敗的建文帝極為同情與惋惜。他以這種心情治史，必然能夠站在老百姓的立場上說話，所得的結論，必然能夠符合我們中華民族天下為公，愛人如己，〝己所不欲，勿施於人〞的民族精神。

　　樑生兄比我們早走了一步，令人惋惜。好在他這一生所作為，可圈可點，俯仰無愧，足以讓許多老友和學生感到敬佩，感到欣慰。

驚聞鄭樑生師長仙逝

楊　暘（吉林省社會科學院）

驚聞鄭樑生師長仙逝

浮為哀悼，特作遺挽，以表哀思

（一）鄭樑生教授千古

日月含悲一代學術大師撒手塵寰

草木競淚海峽兩岸千千萬萬哭良師

（二）遙送良師蕭先先生一路美好歸仙境

生乾坤賀御仙鶴西歸

別紅塵遨遊世外桃園

後學楊暘頓首再拜

吉林省社會科學院

緬懷鄭樑生教授　森田明

鄭樑生先生を偲んで

　　　　森田　明

　思いが先立と、鄭先生と私の出会いは
私が一九八五年三月から約半年間、大
阪市立大学の在外研究員として、中央研
究院民族学研究所に寄寓していた時のこ
とであった。当時やはり近代史研究所の
客員研究員として滞在されていた、国士
館大学の光岡雅彦先生の紹介におけるもので
あった。それ以来のことであるから、三

No. 2

十年以上に及ぶ長い交友関係であった。

その当時、先生は国立台湾中央図書館の

国韓文室編輯の任にあった。私にとって

は誠に好都合で、屢々先生の研究室を経

ねては、研究テーマである清代台湾社

会経済史に関する史料について、あれこ

れ親切に教えて頂いたことを思い出す。

また研究以外のことでも気軽に相談にの

って頂き、大変御世話になった。台湾に

経った当初は、私の大学に留学していた

No.3

台湾の女子学生の好意で、そのお宅へ（小
南門の近く）に飯住まいをしていたが、
いつまでも甘えているわけにも行かず、
先生に相談したところ、奥様のお勤めの
小学校の同僚の方の所有されている、台
北駅前のビルの一室が空いているという
ので、早速そこを借りることができた。
交通の便がよく、置物も便利だったので
大変有難く、出張が終るまでそこで過ご
したのであった。

No. 4

こうしたきっかけで先生の知遇を得る

ことになったので、その交友関係

が、一段と深まったのは、むしろ私の出

張期間が終り帰国してからであっ

た。私はその後も台湾史研究の資料採訪

のため、春、夏の休暇を利用して台湾を

訪れることが多かった。その上、先

生は講義などで特別の支障がない限り、

わざわざマイ・カーで空港まで出迎えに

来て下さり、食事をしながら、お互いの近

No. 5

況む語り合ったものである。

先生は周知のように台湾師範大学を卒

業後、日本の東北大学大学院へ修士課程

に進学し、更に筑波大学大学院へ博士

課程しで研鑽後、文学博士の学位を取得

されている。そうした経歴とその専攻が

日本史、同中関係史であった関係から、

業續去その方面に特に多い。その為か

日本に師友が多く、台湾の歴史学界では

異色の学者であり、一匹狼的な杉社であ

研究者

No. 6

のように思う。私たちが親交を得たの
も、そうした先生の立場と関係があった
のではと推察され、奇しくもお互い年
令が同じであったことも無関係ではない
だろう。

とまあれ、先生の研究者としての態度
は、真に過撃さのもので、お会いする度
に多くの仕事をかかえ、おかたがた後うな
いことを口にされており、怠け者の私は
常に圧倒され畏敬の念を禁じ得なかった。

No. 7

そうした努力は先生から恵贈されたのは

のだけでも、『明代中日関係史』をはじ

めとして、その後の長い間に両って慌

巻された個別論文は、優に百数十篇にも及

ぶであろう。それらの主なものは、『中

日関係史研究論集』全十三巻、『朱子学

之東伝日本與其發展』に筆にまとめられ獲い

る。晩年には大学で日本史の講義を担当

することになったので、そのテキストを

作成するため、必要な参考文献二十冊程

No. 8

のリストを送って来ら此、日本での購入

を依頼された。早速取り揃えて書店から

送ってもらったが、それから間もなく上

梓されたのが、二〇〇六年元月、三民書

局からの『日本古代史』であった。これ

が先生から頂いた最後の著作となった。

ところで、他方、先生の研究にとって

重要なのは明史の成果である。ほかでも

中国へ明へ、朝鮮、日本という幅広い東

アジアの海域史から見た倭寇研究は、先

No. 9

生ならではの最も得意とする分野であった。その研究のエッセンスは、先生々編校による田明代倭寇史料る（一―七）とし、て、広く学界に知られている。その続校に当ってては、台湾にある明清時代の喜本をはじめ、数百種の資料を長い年月をかけて、逐一閲覧、鈔録し、多大の玉衣ルやーと心強を滲がれたものである。こうした史料集が後学の研究者にとって稗益するところが、いかに大であるかは言

No. 10

う逃さない。気になるのは第七輯走頂いた

暇、先生が「原稿はまだ沢山あるのに、出

版事情の関係でなかなか捗らない」と嘆

いて居られたので、厳子の中から錢継

當が出て、一日も早い全巻の完成を切望

する次第である。」

語味変るが先生から受けた御厚意で、

今でも非常に感謝しているのは、私が一

九九〇年に国書刊行会から上梓した、『

藩代水利社会史の研究』の中国語訳を、

No. 61

世界的学術訳著の一冊として、一九九六年国立編訳館より刊行して下さったのである。特に私からお願いしたわけではなかつたが、自慢できる程の内容ではなかつたにも拘うず、研究に多忙な先生が教えてた。学をとつて下さつたことは不勉強な私に対する激励と鞭撻のためと、先生の無限の親愛と友情に深く感謝している。

ところである。

来たもう一つは、先生の淡江大学退

No. 52

任に当り、『淡江史学』第十期（一九九

九年八月）を「『鄭樑生教授栄退』紀念

号」として編まれるに当り、多くの高名な

同僚、知友の執筆者の中に、私のような

浅学な者を加えて頂き、拙論を献呈でき

たことは、私の極めて光栄とするところ

であり、先生の離慶と学誼に感激したと

ころである。

このように先生から頂いた恩徳は数多

あるのに対し、私の方は何一つお返しす

No. 13

ることも多く、慚愧に堪えない思いであ
った。そこで一つでもと思いついたのが
、河明代倭寇史料目の編校に見られる先
生の深い造詣と多大な著積を、広く日本
の日本史、東洋史等の広汎な研究者のた
めに、"日本語による明代の倭寇"の体
裁という計画であった。雑学術書という
よりは、幅広い歴史愛好者向けの啓蒙的
な内容が目標であった。幸だに東実上中
国語の原稿は出来ていたので、当初は私

No. 14

の和訳という形を考えたのであったが、

周知のように日本語に堪能な先生のこと

だから、先生自身の日本語による出版計

画としたい。早速先生に相談したところ、

日本語の文章に多少自信がないので、私

が先生の文章に添削を加え、お手伝いを

することを条件に承諾下さった。

そこで"善は急げ"とばかり前に拙訳『

台湾史研究入門』でお世話になった汲古

書院の石坂豊志社長に電話でお願いした

No. 15

ところ、彼女還暦書の一冊としての出版を快
諾して頂くことができ、原稿が早急出郷
遂ってほしいとのことだった。それが二
〇〇六年の初め頃のことで、その後一、
二章毎に原稿が届き、それに私なりに赤
を加えて、又送り返すという繰返しを行
い、二〇〇六年の稔末頃にはほぼ一通り
の作業は終ろところまでこぎつけたので
あった。荒先分からはその頃に序文との執
筆依頼も届き、僭越ちから引後けること

No. 16

にしたのだった。

あと半年もあれば推稿が完了し、二〇〇七年の秋には上梓が実現するものと、その日を楽しみにしていたのである。

ところが二〇〇七年が明けてしばらく先生からの音信が増かったが、一段落くたところだてなので、他の仕事の関係で多忙のためと気にもしなかった。その後三月十三日付の手紙が漸く届いたが、それは予想もしないが、台湾大附属病院に入院中の先生から

No. 17

であった。一月初めに体調が悪化し二十二日に入院、検査の結果胆嚢閉塞と診断されたが、旧正月のためしばらく時間をおき、三月一日当大病院に入院し、翌日胆汁流通の手術を受けたという。そして目下療養中で数日後には退院の予定との内容であった。その中には病床にあっても原稿のことを気にされ、退院したら更に見直したいとあったので、必定の静養に見直したいとあったので、必定の静養後には元通りに回復されるものと信じ切

No. 18

うていた。そのため、その後二ヶ月間係

どの何の連絡もなかったが、十分静養期間

を過ごされる私のためにも、私からはそっと

しておくべきだと考え、先生からの全快

の吉報を待っていた。（今度、明日がと）

そして遂に五月十八日付の重様からの

手紙を受取ったが、それは悲情にも訃報

であり、先生は三月二十五日にとくなら

れていたのであった。今にして思えば、

留大病院からの先生の手紙から、十日余

No. 19

リにして遊ととなられたうとにはず。この訃報を受けてしばし茫然と天を仰ぐのみであった。その直後に思ったのは、何か明化の儀葉にでかける先生の意欲と情熱を思う時、その道半ばにして世を表うねばならなかった、先生の無念さは如何ばかりであったろうか、ということであった。

同時に私にとっても、先生から恩愛を頂くことばかりが多かったのに対し、せめてその万分の一でも報いたいと計画した本書

No. 20

の出版が、永遠に見果てぬ夢に終つた残
念をはばかり知れない。

序をなお、幻となつた先生の努力の結
晶である原稿は、私の机上に残りし日の
先生との思い出とともに静かに置かれて
おり、挫折の痛恨さを語りかけている
ようである。

字となつては、先生と過ごした楽しい
時間を追憶し、なつかしい面影を偲ぶ以
外に術もない。私の台湾での念宿は、台

No. 21

北投裏のＹＭＣＡホテルであったが、先
お先生は訪ねて来て下さり、食事を共に
したり勿論、中壢のお宅にもお邪魔し
、奥様の手料理を御馳走になり、先生の
私達游の历於にこれにも話が及び、時間の
経つのを忘れてしまう事があった。又あ
る時は台北や中壢の近傍各地の観光地や
義士廟や寺観等に案内頂いたのも楽しい
思い出として忘れられない。特に仰象に
残っているのは、淡水の丘から見はる

No. 22

が素晴しい海の風景と、砲台跡の史跡を見学したあと、淡江大学の広大なキャンパスと充実した設備を限無く案内して頂いたことであった。

そのほかにも数多あるなかで、最も強烈に残っているのは、まさかこれが先生とのお別れになるとは夢にも思れなかった、二〇〇五年一月十六日から二十一日までの滞在中のことである。この時は先生も多々余裕があったのか、連日YMO。

No. 23

Ａまで出迎えに来て下さり、各地にお連
れ頃いた。ある日は各地の有名な歴史的
建造物のミニチュアのある公園（小人の
国?）で、遊んで入園者もいなかったの
で、のんびりと先生と語りながら時間
を共にできたのは、これが最初で最後で
あった。写真は当日撮影したもの）。
次の日、先生は珍らしく私にでと行
ってみたい新はないかと尋ねられたので
、とつさに思い出したのが九份であった。

No. 24

九份はかの有名な映画「非情城市」の舞
台となった地として、日本の観光にも取
り上げられていたので、一度ぜひ行ってみ
たいと思っていたのだった。基隆まで鉄
道で行きそこからバスに乗って九份に着
いた。そこは狭い急な坂の町であったが
、レトロな街並みや、歴史的な面影や情
緒があり、町の上から見下ろす眼下可太平洋
の景色などを満喫し、先生の親切に深く
感謝したのであった。

No.25

淋しく悲しいが、もはや先生はこの世にはいない。結う台湾に行って去、先生に会えないと思うと、当今は台湾に行く気が元気ないと思うと、当今は台湾に行く気がしないのが正直な気持である。とりとめもないことを書き連ねてきたが、私にとってはかけがえのない先生との元にしての、恩い出をとして一生大切にしたい。

幽明境を異にした悲嘆と(寥寂)は余りにも大きいが、今はただ先生から長い間にあたって頂いた恩徳に深く感謝することと

No. 26

またゝ心から先生の御冥福をお祈りする

のみである。　合掌。

（二〇〇八・五・三一）

緬懷鄭樑生教授（譯文）

森　田　明

（大阪市立大學名譽教授）

　　現在回想起來，我與鄭教授的邂逅，是自一九八五年三月起的半年間，我以大阪市立大學在外研究員的身份到中央研究院民族學研究所出差時的事。當時，我是以近代史研究客座研究員的資格待在台灣，透過光嶌督教授的介紹認識鄭教授的。自那時起，我們之間的交情超過三十年以上之久。那時，鄭教授在國立台灣中央圖書館擔任日韓文閱覽室編輯，這對我來說正是個好機會，於是多次造訪鄭教授的研究室，針對我的研究主題 —— 清代台灣社會經濟史 —— 的相關史料向他請教，鄭教授也相當親切地回答我的疑問。另外除了研究之外的問題，我也常找鄭教授商量，真的幫了我不少忙。剛到台灣時，我接受了曾在我任職的大學留學過的一位台灣女學生的好意，暫時借住在她家（在小南門附近），不過也不太好意思叨擾太久，於是找鄭教授商量。正好鄭夫人任職的國小有一位同事，在台北車站前的一棟大樓有一間空房間，我便立刻向鄭夫人的同事租下這間房間。這裡不僅交通方便，購物也相當便利，真的非常舒適。在出差結束之前，我一直住在這裡。

　　就在這樣的契機下，我獲得鄭教授的知遇之恩，而這段友情開始加溫，則是在我結束出差工作回到日本後的事。在這之後，

　　我爲了採訪台灣史的研究資料，常利用春季、夏季的休假時間來台訪問。這時候，只要不影響課堂授課，鄭教授總會特地開車到機場來接我，一邊吃飯，一邊聊聊彼此的近況。

　　眾所皆知，鄭教授在台灣師範大學畢業後，便到日本的東北大學大學院（碩士課程）深造，其後又繼續在筑波大學大學院（博士課程）鑽研學問，並拿到博士學位。由於鄭教授的經歷以及專攻與日本史、中日關係史相關，因此他在這方面的研究成果也相當豐富，在日本擁有諸多師友，在台灣歷史學界可說是一位相當特別的學者，也是個異端分子。我能與鄭教授成爲好友，或許與鄭教授的特殊立場有關，也或許與我們兩個恰巧同年齡不無關係吧。

　　無論如何，鄭教授身爲研究者的真摯態度，每次見面時他總是忙著工作，聊些我未曾涉獵的知識，總會令懶散的我感到相當佩服，尊敬之心油然而生。

　　鄭教授的努力結晶，如鄭教授所惠贈的《明代中國關係史》，以及之後在漫長的時間裡所發表的單篇論文，加起來竟多達一百數十篇。這些研究成果主要有《中日關係史研究論集》全十二卷、《朱子學之東傳日本與其發展》等，鄭教授也一併惠贈給我。鄭教授晚年時在大學講授日本史，爲了寫教科書，於是列了一張多達二十冊的必要參考書目的書單寄給我，委託我在日本購買。我立刻搜集齊全後，便請書局幫我寄過去。之後過沒多久，教科書便出版上市，此即二〇〇六年六月從三民書局寄來的《日本古代史》。這也是鄭教授惠贈給我的最後一本著作。

　　另一方面，在鄭教授的研究中最爲重要的是明史的研究成果，其中又以從中國（明朝）、朝鮮、日本等範圍廣大的東亞海域史上所見的倭寇研究，是鄭教授最擅長的領域。其研究的精髓，

就是由鄭教授所編校、廣爲學界所知的《明代倭寇史料》（一～七）。在編校這部史料時，必須花費漫長的歲月將台灣的明清時代的善本書等數百種資料逐一閱覽、抄錄，付出相當龐大的經歷與心血。這部史料集對後來的研究者的裨益之大，自然不用我多說。令人在意的是，當我收到第七輯時，鄭教授曾感嘆：「原稿數量這麼龐大，卻因出版方面的問題而無法順利出刊。」因此，衷心期盼其門下弟子有人能承其遺志，早日將完成全卷出版。

　　換個話題來談。直到現在，有一件事我仍然很感謝鄭教授的盛情相助，此即我在一九九〇年由國書刊行會出版的著作《清代水利社會史研究》由鄭教授翻成中文，在一九九六年作爲世界學術譯書由國立編譯館刊行。特別是這並非我拜託鄭教授幫忙的，書的內容也不足掛齒，忙於自己的研究的鄭教授仍然不辭辛勞地指給予指導，並給予才疏學淺的我激勵與鞭策，對於鄭教授的無限愛情與友情，我由衷地感謝他。

　　另外還有一件事，適逢鄭教授從淡江大學退休之時，《淡江史學》第十期（一九九九年八月）爲〈鄭樑生教授榮退紀念〉特輯，在諸多執筆者當中，除了有鄭教授的著名同僚與知己之外，也包括才學淺薄的我。我能有這個榮幸獻上拙論，真是感到無比光榮，此外也感謝鄭教授的關照與學誼。

　　我受到鄭教授諸多恩惠與關照，但卻沒能夠回報他，我真的感到萬分慚愧。從《明代倭寇史料》的編校，可看出鄭教授的深厚造詣以及龐大的學識積蓄，我突然想起鄭教授的計畫，即爲了日本廣大的日本史、東洋史書的研究者出版日文版的《明代倭寇》，與其將本書作爲一本純學術書籍供研究者參考，鄭教授更希望這本書能成爲廣大歷史愛好者的啓蒙讀物。事實上，這本書的中文原稿已經完成，當初鄭教授曾提議由我負責譯成日文，不過

鄭教授精通日文是眾所皆知的，便決定由鄭教授自行譯成日文後再出版。我立刻與鄭教授討論，由於鄭教授對自己的日文寫作不大有自信，最後以我協助修改文章為條件，鄭教授這才答應。

　　正所謂「行善要及時」，二〇〇六年初，我致電給之前曾出版過拙譯《台灣史研究入門》的汲古書院社長石坂叡志先生，希望他能將《明代倭寇》作為汲古選書系列予以出版，石坂社長很爽快地答應了，並希望在原稿完成後立刻寄過去。之後鄭教授每完成一、二章就將原稿寄給我，由我加以批改後再寄回，如此重複這個過程。到了二〇〇六年年底時，終於完成大概的作業程序。當時，鄭教授請我撰寫〈序文〉，我斗膽僭越接受這項任務。約莫過了半年完成草稿，預計二〇〇七年秋天出版，我非常期待那天的到來。

　　然而到了二〇〇七年初，我卻沒有收到鄭教授的任何消息，或許是鄭教授出版工作告一個段落後還有其他工作要忙，因此沒有特別在意。不久，我收到鄭教授在三月十三日寄來的信，出乎意料地，這封信是鄭教授從台大醫院寄來的。來信內容寫到，鄭教授在一月初時身體狀況惡化，於是在一月二十二日住院檢查，檢查的結果為膽管閉塞，於是過了農曆新年後，在三月一日在台大醫院住院，隔天接受膽汁流通手術。目前正在療養中，預定幾天後出院。信中還提到，雖然他人躺在病床上，但心中仍然掛念著原稿，待出院後還要重看一次原稿，相信只要好好靜養病情就會恢復。因此，在這之後的二個月完全沒有聯絡，我猜想鄭教授現在正需要充分的時間靜養，每天都在等待鄭教授康復的好消息。

　　終於我收到了鄭夫人在五月十八日寄來的信，但沒想到卻是訃報，說鄭教授已在三月二十五日逝世。現在回想起來，就在我收到鄭教授自台大醫院寄來的信之後，過了十天鄭教授就去世

了。看到這則訃報，我頓時感到一片茫然，仰天長嘆。在這之後我所想到的是，鄭教授投注其熱情與幹勁在《明代倭寇》這本書上，卻在中途就撒手人寰，鄭教授的內心會是多麼地懊悔啊。同時，受到鄭教授這麼大的恩情與關愛的我，至少能回報鄭教授萬分之一的恩情也好而計畫這本書的出版，然這個計畫卻成了無法完成的夢想，只是空留遺憾。

直到現在，已成為幻影的鄭教授其心血結晶的原稿，和我與鄭教授的回憶一同靜靜地躺在我的書桌上，像是在訴說著挫折與悔恨。

如今，我只能追憶與鄭教授一同度過的愉快時光，緬懷他那令人懷念的風采。我到台灣時，經常住在台北車站的台北青年國際旅館，鄭教授常到我那裡來訪，除了一同用餐之外，我也會到鄭教授位居中壢的宅邸打擾，品嚐鄭夫人燒的一手好菜，鄭教授也會跟我聊聊他私生活的點點滴滴，聊到忘記時間。另外，鄭教授也曾帶我到台北以及中壢附近參觀各地的觀光勝地、義民廟以及寺廟等，那段美好回憶我永遠也忘不了。我印象最深的是，從淡水的丘陵上所看到海邊的美麗風景、參觀砲台遺跡、淡江大學的廣大校園以及其充實的設備資源。

除此之外，在這些回憶中令我印象最深刻的，是在二○○五年一月十六日到二十一日這段期間到台中訪問，我做夢也沒想過這天會是與鄭教授天人永別的一天。那時，鄭教授比較有空，連續好幾天到台北青年國際旅館接我，並帶我到各地參觀。有一天，我們到展有世界各地知名的建築物的迷你模型的公園（小人國）觀光，由於當天遊客很少，所以在當天才能與鄭教授悠閒地聊天，這是第一次也是最後一次與鄭教授相處這麼長的時間（照片是當天拍攝的）。

　　隔天，鄭教授很難得地問我想去哪裡參觀，我立刻就想到九
份。九份是有名的台灣電影「悲情城市」的背景舞台，日本的雜
誌也曾經報導過，所以我一直想來九份參觀看看。搭火車到基隆
下車後，轉搭巴士坐到九份。那裡是個狹窄且坡度陡峭的小鎮，
復古的街道，充滿歷史風采與情懷，從街道往下看，太平洋的景
色一覽無遺。我對鄭教授的親切致上深深的謝意。

　　雖然寂寞，雖然悲傷，但鄭教授已經離開人世了。一想到來
台灣再也見不到鄭教授一面，老實說，我暫時沒有心情到台灣來。
雖然我寫得有點不著邊際，不過鄭教授對我來說是個無可取代的
人，我們之間的緣份以及回憶，我會一輩子好好珍惜的。

　　雖然鄭教授已在黃泉路上，令人感到無限地悲嘆與寂寥，如
今我只能誠摯地感謝鄭教授長久以來對我的恩情，同時由衷地祈
求鄭教授能安享冥福。合掌。

（二〇〇八、五、三一）

2005 年 1 月中旬與森田明教授合影於小人國

「世界の大學圖書館めぐり」
1986 刊抜粋
第二節　台灣、香港

　　中国人は世界の各都市にチャイナタウンを形成し、その伝統と風俗を守って生活していることは良く知られている。華僑と呼ばれるこれらの人々とは別に政治的な理由で本来同じ中国人が別々の主権のもとで生活しているケースがある。それは台湾と香港である。香港は英国の直轄植民地であるが、99 年の租借期間が切れる 1997 年には香港島と共に中国に返還する協定が中英両国間で結ばれた。一方台湾の方は中華民国として独自の国家体制をっており、かつて吾国の統治下にあったことも香港とは異っている。

　　1983 年 3 月 13 日から 18 日まで、台北において第 1 回のアジア太平洋地区図書館学会議（The First Asian-Pacific Conference on Library Science）が開催され、慶応の津田良成教授と私の 2 人が日本代表として参加した。参加者は日中韓の 150 人の他に 16 の国から 56 人のオブザーバーも加わった。私はこの会議で "Technical Processing in East Asian Language" という標題で発表をしたが、その主旨は東アジアの漢字文化圏諸国すなわち日中韓における書誌情報の流通と標準化について欧米とは別のあり方があるとして目録の問題をとりあげた。私の書名主記入論に

対し、予期に反して台湾の参加者からは何の反響もなく、本会議の基調報告者であるイリノイ大学のデーヴィス（Charles H. Davis）博士のみがフロアから「最近ではアメリカの図書館界でも著者主記入論は聞かれなくなった」と発言し、あとで握手を求めてきた。そして私にとって予想外の喜びは、延世大学の李載喆図書館学教授以下韓国の代表のかたがたが私の考えに大賛成したことと、隣席の香港中文大学図書館長の簡麗冰女史が机を叩いて賛成の意を表してくれたことだった。延世大の李教授は版されたばかりの「韓国目録規則」第 3 版を寄贈され「NCR 新版予備版」と規を一にするものであることを強調された。

会期中とそのあと、3 つの図書館と 1 つの博物館を訪れたが、博物館は勿論台北の故宮博物院であり、図書館は国立中央図書館、国立台湾大学図書館、国立師範大学図書館の 3 つである。故宮博物院の晴しさは聞きしにまさるものであったが、特別に案内された書庫には見わたすかぎり、四庫全書で埋っており、圧倒された。秦孝儀院長招待の宴席も豪華でニュージーランドのオークランド大学ダレイ図書館の数えたところでは 14 種類の料理がでたとのことであった。国立中央図書館の日韓文室主任の鄭樑生博士は東北大学で日本中世史を学び筑波大学で博士号をとられた方で、桃園空港到着からずっとお世話になった。次に国立師範大学は今回の ASPAC 会議の会場となったところであるが、会期中、図書館を見学に行った。近くであったので紹介もなしに訪れたが、司書の呉美美さんが親切に案内して下さった。図書館は古めかしいルネサンス風の建物（当時新館建築中）で入口の正面に出納台があり傍に目録カードがあった。蔵書は 46 万 2 千冊（1978）内、中文 60%、西文（洋書）

30%、日文（和書）10%である。そして特に興味をもったのは、和漢書の目録カードの排列が字画順であったことである。これはあとの台湾大学図書館でもそうであった。

　　国立台湾大学図書館は旧台北帝国大学附属図書館で、鶴見大学の武田虎之助先生が戦前在職されたところでもある。会期中、陳興夏館長に見学をお願いしたところ快よく承諾され、連絡の労をとって下され、ご自身は会議で忙しいからと雨中タクシーのところまで送っていただいた。椰子の木の並木のある構内は、いかにも異国的であったが、図書館の前に立ち、さらに中にはいって見る程に、私がかつて永年勤務していた東京大学附属図書館になんとよく似ていることか。あとで伺った図書館組織にしても東大の小型判で、旧帝大の面影をそのまま残しているようであった。館内は女性司書の王純瑾さんに案内していただいた。総館と呼ぶ中央図書館は 2 層、閲覧席は 1,094、蔵書は 30 万冊（内、中文 37%、日文 20%、西文 43%）、職員は 60 名とのこと。8 つの主な分館を含め 27 の分館分室があり全蔵書は 123 万 5 千冊。全職員は 120 である。洋書は一般は LC 分類、医書は HLM 分類、目録規則は AACR 件名は洋書のみあり LCSH を使用。和漢書については分類は中国図書分類法により、目録規則は国立中央図書館中文図書編目規則に拠っている。そして排列は師範大図書館と同様字画順であった。本館見学後すこし離れたところにある分館の 1 つである研究図書館を訪れ、曹永和主任の説明を伺った。こちらは大学院図書館で建物も新しく建てらてたものであった。曹主任はわれわれと全く変らぬ日本語で現状を説明された。

　　この会議は韓国ソウルニ本部を置く「アジア大平洋区文化

社会センター」（Cultural and Social Center for the Asia and Pacific Region）と国立中央図書館の供催になるもので、もともと日中（台湾）韓 3 国が中心となるもので、ソウルには旧知の川名一成氏が広報官として常駐していた。しかし様々の事情から日本からは前記のように 2 名だけ 韓国からは 鄭度淳センター長、企画官の金秀岩氏の他 5 名の発表者で、中国側は、当然本土からは 1 名の参加者もなく、台湾の図書館関係者がほとんどで、それに数人の米国籍を主とする在外中国人とオブザーバーとして、各国から代表者が参加した。そして私の印象としては中国側の参加者の多くは米国籍かアメリカで教育を受けた人のようであった。これは会議の用語が英語であったこともあるが、現在の台湾の図書館界の風潮を示すように思える。そして会議のテーマが “Library Automation and Resource Sharing” であったことから当然であるが、漢字の機械処理が中心となり、いくつかの発表があった。その中で米国の RLG の Haeger 氏の CJK プロジェクト（中・日・韓の書誌情報の一括機械化）の発表は様々の問題を含むものであり、3 万 3 千の漢字のコンピュータ処理についても熱心に論ぜられた。しかしその論議の華かさに比べ、台湾大図と師大図のわずかな見聞によるものとは大きな開きがあり 台湾の図書館界の現実を踏まえたものとは考えられない。会議の世話に忙しく、会議では後方の席で黙して語らなかった人々との交流がなかったことと、なんといっても中国本土のライブラリアンの姿が見えなかったことが、私にとって残念なことであった。しかし会議そのものは、大変みのり多いものであったし、会の進行、接待等は至れり尽せりで、主催者側の努力に心からなる敬意を表したい。

「世界各大學圖書館一覽」
1986 年刊摘錄

第二節　臺灣，香港

　　眾所皆知，中國人在世界各地都市會建立中國城，並遵照其固有傳統與風俗在此生活。這些本是同根生，被稱爲「華僑」的中國人，卻因某些政治因素而各自生活在不同的主權之下。此即臺灣與香港。香港爲英國直轄的殖民地，中國與英國之間曾簽訂租借協定，到了 1997 年，由於 99 年的租借期滿，香港與香港島遂回歸中國。另一方面，臺灣則以中華民國爲國號，建立獨立的國家體制，與香港不同的是，臺灣曾經歷過日本統治時期。

　　1983 年 3 月 13 日到 18 日這段期間，在臺北舉辦第一次亞洲太平洋地區圖書館學會議（The First Asian-Pacific Conference on Library Science），日本代表由我以及慶應大學的津田良成教授代表參加。參加人數除了日、中、韓的 150 人之外，尚有來自 16 個國家 56 位觀察員。在會議上，我的發表主題爲 "Technical Processing in East Asian Language"，其主旨在於針對日中韓的書誌資訊的流通及標準化與歐美各國所採取的方法不同，來探討目錄方面的問題。出乎意料的是，臺灣的參加者對於我所提出的書名爲主記入論沒有任何迴響，只有本會議的主要發表者伊利諾依

州大學的戴維斯博士（Charles H. Davis）從聽眾席上提問：「最近在美國圖書館界也很少看到作者為主記入論了。」，會後還跟我握手。而更令我喜出望外的是，來自延世大學的圖書館學教授李載喆以及其他韓國代表，皆對我的看法相當贊同，鄰座的香港中文大學圖書館長簡麗冰女士也拍桌表示贊成。延世大學李教授還贈送我一本甫出版不久的《韓國目錄規則》第 3 版，並強調統一「NCR 新版預備版」規則。

　　會議期間以及會議後，我拜訪了三間圖書館及一家博物館，博物館指的當然就是臺北的故宮博物館，而這三間圖書館即國立中央圖書館、國立台灣大學圖書館與國立師範大學圖書館。故宮博物院的典藏豐富百聞不如一見，尤其是我所參觀的書庫，全部放滿四庫全書，相當驚人。院長秦孝儀所招待的筵席也相當豪華豐盛，據紐西蘭的奧克蘭大學圖書館長達雷的計算，共計上了 14 道料理。**曾在東北大學專攻日本中世史，並取得筑波大學博士學位的國立中央圖書館日韓文閱覽室主任鄭樑生博士，在我抵達桃園國際機場後就受他不少照顧**。接著前往這次 ASPAC 會議的會場 ── 國立師範大學，在會議期間，我參觀了師範大學圖書館。由於地點很近，因此就直接前往參觀，圖書館員吳美美小姐很親切地帶我到處參觀。圖書館的建築為古老的文藝復興風建築（當時新館仍在修建中），在入口處的正面設有出納台，旁邊置有目錄卡。館內藏書共 46 萬 2 千冊（1978 年），其中中文佔 60%，西文（洋書）佔 30%，日文（和書）則佔 10%。最令我感興趣的是，和漢書的目錄卡是以筆劃順來排列的，這點與之後參觀的台灣大學圖書館相同。

　　國立臺灣大學圖書館原為舊臺北帝國大學附屬圖書館，在戰前，鶴見大學的武田虎之助教授曾擔任館長。會議期間，我請陳

興夏館長帶我前往參觀，陳館長二話不說就立刻答應，不僅幫忙
聯絡，由於會議事務繁忙，陳館長還在下雨天親自送我去搭計程
車。走在台大校園的椰林大道，令人感受到一股異國風情。我先
站在圖書館前，然後進入館中，彷彿身處在長年任職的東京大學
附屬圖書館內。就連圖書館組織也像是東大的縮小版，仍留有舊
帝國大學的風貌。館內參觀是由女圖書館員王純瑾小姐負責導
覽。中央圖書館爲二層建築，稱爲總館，有 1,094 個閱覽席，藏
書共計 30 萬冊（其中中文佔 37%，日文佔 20%，西文佔 43%），
共有 60 名職員。整個圖書館包括八個主要分館，共有二十七個分
館與分室，總藏書共 123 萬 5 千冊。全館職員共 120 人。洋書一
般使用 LC 分類，醫學書籍使用 NLM 分類，目錄規則使用 AACR，
件名只有洋書，使用 LCSH。和漢書的分類乃根據中國圖書分類
法，目錄規則乃依照國立中央圖書館中文圖書編目規則來編排。
其排列方式與師範大學圖書館一樣，乃根據筆劃順排列。參觀完
總館後，我又前往分館之一的研究圖書館訪問，聽曹永和主任詳
細說明。這棟研究圖書館爲研究所圖書館，才剛興建好不久。曹
主任並以相當流利的日文解說圖書館現況。

　　這場會議是由設置在韓國首爾的「亞洲太平洋地區文化社會
中心」（Cultural and Social Center for the Asian and Pacific Region）
與國立中央圖書館共同主辦，原本是以日、中（臺灣）、韓三國爲
中心，駐留在韓國擔任宣傳官的，是我的老朋友川名一成。然而
因爲諸多原因，因此日本只有前述的二位參加者；韓國方面有鄭
度淳中心長、企劃官金秀岩等五位發表者；中國方面，當然沒有
來自中國大陸的參加者，幾乎清一色都是臺灣的圖書館人員，此
外還有幾位美國籍的華人擔任觀察員，以及來自各國的參加者參
與會議。根據我的印象，中國方面的參加者大多爲美國籍或是接

受美國教育者。這或許是這場會議以英語爲主要用語的原因，也顯示出現在臺灣圖書館界的風潮。本次會議的主題是"Library Automation and Resource Sharing"，有幾位發表者的主題都是以漢字的機械處理爲中心。其中，以美國的 RLG 的 Haeger 先生所發表的 CJK 計畫（中・日・韓書誌資訊的全面機械化）包含了各式各樣的問題，並針對 3 萬 3 千個漢字之電腦處理也做了相當熱心的論述。不過，比起這場熱烈的議論，我在台灣大學圖書館以及師範大學圖書館的見聞心得實在微不足道，稱不上是根據台灣圖書館界現況所發表的意見。無法與忙於會議議程，會議時在後方保持沉默的參加者做進一步的交流，以及會場中看不到中國大陸的圖書館人員，讓我深感遺憾。不過，這場會議讓我收穫良多，在此向負責會議進行、接待以及主辦單位的努力致上由衷的敬意。

追悼文

田中健夫
（東京大學名譽教授）

　鄭樑生さんは篤学の士である。一九二九年台湾に生まれ、台湾師範大学を卒業後、日本に留学して東北大学で修士課程、筑波大学で博士課程を修められた。東北大学では豊田武、筑波大学では田中正美、野口鉄郎ら諸教授の指導を受けたという。一九八一年には文学博士の学位を筑波大学から受けられた。

　私が初めて鄭さんの来訪を受けたのは、東京大学史料編纂所で、鄭さんからお話を伺うようにとの豊田武先生の紹介があったからである。その同時、鄭さんは『明史』「日本伝」の研究に熱中していたが、東京でなければ見られない史料などについて便宜を払うようにとのことであった。豊田先生はまた私著『中世対外関係史』（東京大学出版会、一九七五年）を鄭さんに示されて熟読をすすめられた。鄭さんと私は、研究の分野を共有する同志で、鄭さんが新しい著書、論文を発表すれば早速い私の許まで送ってくれ私もまた同様に研究成果を届けるその批判、感想を迎いだ。田中正美教授が「研修中の鄭さんは、文字通り寝食を忘れて研究に没頭する生活を送られた。その学究としての真摯な姿勢にわれわれはおのずから深い敬意を禁じ得なかった。」と書いた通りであった。

　しかし、ふり返ってみると、私と鄭さんが同一の時間を直接に過したのは永い時間ではなかった。鄭さんが、たまにも東京に見えた時とか、一九八三年と記憶するが、台北で催された中国、韓国、日本の研究者が一同に会した時に私も参加したことが貴重な機会だった。鄭さんの生活態度は、常に礼儀正しかったが、研究態度も、まったく同様で真剣、厳密な実証、公正な史観などからは多くの貴重なものを勉強させてもらった。

　永年尊敬してきた異国の友を失うのは、まことに耐えがたく、苦しいことである。心からご冥福をお祈りし、鄭さんの仕事を日本の友人たちにも伝えてゆくことを誓うものである。

追悼文

田中健夫
（東京大學名譽教授）

　　鄭樑生先生是位博學多聞的學者。一九二九年生於台灣，臺灣師範大學畢業後即到日本留學，在東北大學攻讀修士課程，在筑波大學攻讀博士課程。鄭先生在東北大學接受豐田武教授的指導，在筑波大學則接受田中正美、野口哲郎等教授的指導。一九八一年在筑波大學拿到文學博士的學位。

　　我初次接受鄭先生的來訪，是在東京大學史料編纂所時，經由豐田武教授的介紹與鄭先生會面。當時，鄭先生正熱衷於研究《明史》〈日本傳〉，但資料只有在東京才找的到，因此希望我能幫個忙。豐田教授還向鄭先生介紹拙著《中世對外關係史》（東京大學出版會，一九七五年），並推薦他熟讀這本書。鄭先生與我是在同一個研究領域上的同志，當鄭先生有新的著作、新論文發表的話，一定會立刻寄給我，而我也同樣會將研究成果寄給他，並接受他的批判與感想。正如同田中正美教授所寫的，「正在研修中的鄭先生，如同字面所述，每天過著埋首研究而廢寢忘食的生活。他那身為學者的真摯身影，不由得引發我們對他的敵意。」

　　不過現在回想起來，我與鄭先生一同度過的時間其實並不長。偶然間在東吳校園碰見鄭先生時，是在一九八三年在台北舉辦的中國、韓國及日本學者共同參加的研討會，那次我也參與出

席，是個相當難得的機會。鄭先生的生活態度十分循規蹈矩，其研究態度同樣也非常認真，他對研究的嚴密考證以及公正的史觀等，都讓我獲益良多。

失去長年以來相當尊敬的異國友人，對我來說是件難以忍受且非常痛苦的事。我由衷地祈禱他能安享冥福，並誓言將鄭先生的研究工作傳達給日本的友人瞭解。

鄭　樑生博士を悼む

野口鐵郎

　三〇年にもなろうという長いあいだ、欠けることなく送られてきた新年の賀状が、ことしは、どうしたことかまだ届かないなと思いながらもいつしか麦秋を迎えた頃に、ご夫人から鄭樑生先生が道山に帰されたというご連絡を戴いた。賀状も含めて年に何回か書信を往復し、出刊される都度ご投与賜わる新著には、裏表紙などに必ずといってよいほど近影が印されていたので、長いことお会いしていなかったことさえも忘れていた。だから、年余を経て後の情報であったのに、わたしにとってはまったく寝耳に水のことであって、びっくりの一言に尽きる。

　鄭先生に初てお会いしたのは、一九七九年秋の頃で、先生は台北の中央図書館に勤務されながら博士論をを執筆なさっていたと記憶している。以後、台北であるいは東京で、かなり繁く交流する時期をもった。そのような時の話題は、もっぱら学問上の疑問点などであって、研究熱心で真面目なお方であるという印象を強く植え付けられたものである。ご専門の日中の政治的・文化的な歴史的交流に関する話題に、浅薄な知識しか持ち合わせないわたしは、全力を傾けて対応しても適わなかったと記憶している。そうしたご努力が、その後の先生の多くの著作に実を結んだ。九〇年代前半に、当時お勤めであった淡江大

学で何回かの国際学術大会を主宰なさったが、招待をうけても貧弱な研究発表しか用意できなかったわたしを支えて下さったばかりでなく、学界における主導的役割を立派に完遂されて、研究者間での評価を高からしめたのでる。

　とはいえ、先生は堅苦しいだけの学究ではなく、世故に疎いわたしに比べて、周囲に気を配って周囲に快さを与え続ける性質をもっておられた。所用でわたしが台湾を訪れることをお知りになると、多用であっても案内役を買われて、わたしの希望に沿ってあちこちを訪ねて下さったし、ご自宅にお招き賜ってご夫人の手料理をふるまって戴いたこともあった。また、先生が来日なさる時はもちろん、東京を経由して外国に旅行なさるときにも、たとえ短い時間でも会うことができるようにスケジュールを調整なさった。日本語の達者なご夫人がご友人とともに拙宅を足場にして東京見物をなさった時には、愚妻までもおつきあいをさせて貰った。

　思い出してみると、先生との交流では、わたしが世語を蒙ったことのほうがまさしく多い。わたしの人生にとって、まことに得難い台湾の友人であり、恩人の一人であった。充分に感謝の意を表する時間をわたしに与えずに足早にこの世を去ってしまわれたことに、いまさらながら残念に思いながら、心からの研悼の念を捧げる。

　もはや帰らぬ堺を越えられてしまった先生は、もはや苦も労も昇華した世に棲まわれて、ちょっと小首を傾けて人の話に耳を貸し、穏やかな笑顔を湛えながら著述に時を過ごしておられるに違いない。そんなお姿が目に浮かぶようである。

　あらためて衷心から哀悼の意を尽くし、ご冥福を祈る。

悼　鄭樑生博士

野口鐵郎

（櫻美林大學名譽教授）

　　在這漫長的三十年來，從不曾間斷過的新年賀卡，不知怎地今年卻毫無音訊。不知不覺已來到初夏時分，突然接到鄭夫人的通知，說鄭教授已歸道山。除了賀卡之外，我們一年總會書信往返個好幾回，每逢新書出版時，寄來的新書封面內側總會印上鄭教授的近照，親切的讓人快忘了我們已經好久不見。正因如此，過了這麼多年卻突然接到訃報，這對我來說有如晴天霹靂，絕非震驚二字所能形容。

　　我與鄭教授的初次會面，記憶中是在一九七九年的秋天，鄭教授當時在台北的中央圖書館一邊工作，一邊著手寫博士論文。自那時起，不論是在台北或是東京，我們開始有頻繁的交流。當時所聊的話題，幾乎都是與學問上的疑點有關，也因此鄭教授熱心研究與認真的態度深植我心。當我們談到有關鄭教授所專攻的中日政治、文化上的歷史交流的話題時，僅略懂皮毛的我，即使竭盡所能也無法應對如流。鄭教授歷經一番努力後的心血結晶，全記載在日後鄭教授的諸多著作裡。九〇年代前半，當時在淡江大學任教的鄭教授曾主辦過好幾屆國際研討會，不僅邀請我出席，還支援我貧乏的研究發表內容，也成功地完成主導學界的任務，在學者間獲得極高的評價。

　　話雖如此，鄭教授並不是一個沉悶死板的老學究，與不懂人情世故的我相較之下，他善於觀察周遭的氣氛，爲周遭的人帶來愉快的氣氛。只要得知我因公務來台訪問時，不管有多忙，鄭教授總會擔任我的導遊，應我的要求帶我到各地觀光，甚至還招待我到家裡品嚐尊夫人的手藝。當然，鄭教授來日本訪問時，或是到東京轉機前往國外旅行時，就算停留時間再短，也一定會調整行程表挪出時間跟我見面。日語相當流利的鄭夫人與友人一同到寒舍拜訪並到東京觀光時，也一定會帶內人一起出遊。

　　回顧我與鄭教授的交往過程，一直以來都是我受到他極大的照顧，在我的人生當中，鄭教授是個難能可貴的友人，同時也是我的一大恩人。在我還沒來得及向鄭教授表示我的感激之意時，他卻早一步離開人世，直到現在，我仍然深感遺憾，深深地向他獻上我由衷的哀悼之念。

　　早已遠離塵世的鄭教授，現在應該住在勞苦都已昇華的世界，想必他又會一邊側耳傾聽他人的談話，臉上掛著溫和的笑容，一邊從事寫作吧。我腦中不禁浮現鄭教授這樣的身影。

　　再度致上我由衷的哀悼之意，祈求他能安享冥福。

鄭樑生教授的生平與爲學

明代研究學會

　　今年三月二十五日，本學會監事鄭樑生教授（1929-2007）突然辭世，學會同仁皆極驚愕，亦感哀悼！於此，謹簡述其生平與爲學以誌念之。（以下述及鄭教授時，均統稱「先生」）

一

　　先生於日據昭和四年（1929），生於桃園楊梅鎮高山里鄭家雙堂屋。鄭家世代以農爲業，父鄭玉溪、母莊荳妹膝下育有子女八人，先生排行第六。日據時期，先生於楊梅公學校暨高等科，接受小學及初中教育。臺灣光復次年（1946），進入臺北工業學校（即後來之臺北工業專科學校，今已升格爲臺北科技大學）就讀，後因民國三十六年（1947）之「二二八事件」中輟。先生返鄉後，嘗於私塾就讀，同年考上臺北師範學校藝術科。畢業後服務於臺北市大安國小，後獲保送臺灣師範學院專修科。修業期滿後，返鄉執教於楊梅初中，後擔任啓明中學教務主任。在職期間，又考取臺灣師範大學國文系夜間部，白天爲人師，夜間爲人徒，不辭辛苦，終於民國五十三年（1964）獲學士學位。

　　其後，在師大老師的鼓勵下，於民國五十七年（1968）考取留日獎學金，遠赴日本東北大學攻讀歷史學碩士。依東北大學學則規定，外籍生須由大學三年級讀起，待語文基礎紮實，始得進

入研究所修習課程。先生遂要求參加研究所入學考試，並以優異成積被錄取，直接攻讀研究所。於兩年半內即撰成碩士論文《明史日本傳正補》，於民國六十年（1971）獲碩士學位，旋返國任職於中央圖書館（今國家圖書館）。當時，中央圖書館位於植物園內，該處原爲日本之神社。先生返國時，適館長欲尋人整理日文書籍及資料，先生遂受命擔任主任一職，一手擘畫成立日韓室。在中央圖書館任職期間，獲赴日本東北大學繼續攻讀博士學位。當博士論文《明‧日關係史の研究》完全之時，適指導教授豐田武先生因病去世，東北大學乃專案提請文部省，文部省責成筑波大學擔任口試單位，由田中正美先生擔當指導教授，先生乃於民國七十一年（1982）獲筑波大學文學博士學位。

　　先生在中央圖書館日韓文室任職期間，又執教於中國文化大學日本研究所、東吳大學日文系、淡江大學日文系等，教習日本史等相關課程。後經淡江大學歷史學系前主任李齊芳教授登門造訪，延聘其至歷史系開授日本史、中日關係史課程。民國七十四年（1985），服務公職滿三十年退休，復被淡江大學歷史學系聘爲專任教授。民國七十六年至八十二年（1987-1993），又兼系主任一職。在擔任系主任期間，舉辦多次中外關係史國際學術研討會，並在經費拮据之下，創辦歷史系之學報《淡江史學》。民國八十六年（1997）屆齡退修，又被校方聘爲榮譽教授，直至今年因病仙逝。

二

　　先生一生求學若渴，上面已經提及。歷史本非其本業，自赴日求學習歷史之後，一生致力於中日關係史研究，而旁及日本史。赴日期間，先撰成《明史日本傳正補》一書，該書以《明史‧日

本傳》爲綱，比對《明實錄》、《朝鮮實錄》及有關史料、論文，
逐條詳細訂正，補充其脫落與訛誤之處，可見先生於史料校定用
力之深。其後於《明史日本傳正補》基礎上，完成博士論文《明・
日關係史の研究》一書，引用史料豐富，除《明史》、《明實錄》、
《籌海圖編》、《江南經略》、《倭變事略》等常見者外，更利用鄭
舜功《日本一鑑》等稀見材料，對於有明一代之中日關係，包括
朝貢（堪合）貿易與明代海禁政策、明日的外交交涉、由前期倭
寇（嘉靖以前的倭寇問題）到嘉靖大倭寇等問題，以及豐臣秀吉
的侵韓戰爭等做了全面的討論，同時也將明日關係置於東亞世界
之中，參考了琉球、朝鮮等國的史料，大大的擴張明日關係的視
野，可說是臺灣學者研究明代中日關係中最重要的作品。無怪學
界評價「此書之完成，可以稱得上總結明代中日關係研
究之巔峰，在國際上研究此專題之眾多學人中，不作第
二人想」。[1]

　　其後，先生持續進行中日關係史之研究。由於其任職於國立
中央圖書館日韓文室，得接觸中央圖書館豐富館藏，並常前往日
本搜集相關資料，故不斷有論文問世。而其研究主要圍繞在以下
兩個方向：

（一）明代倭寇問題

　　先生於完成《明代中日關係研究》大作後，仍持續鑽研明代
倭寇問題，陸續在《國立中央圖書館館刊》（後改爲《國家圖書館
館刊》）、《漢學研究》、《淡江史學》等刊物上，發表倭寇問題相關
論文二十餘篇，後皆收入《中日關係史研究論集》（以下簡稱《論

---

1 吳智和，〈評《明代中日關係研究 ── 以明史日本傳所見的幾個問題爲中
　心》〉，《明史研究集刊》8 期，頁 284-285。

集》）之中。這些論著並非僅是《明代中日關係研究》舊作之內容重談，在史料利用上不斷增益，如利用侯繼高《兩浙兵制考》、朱紈《甓餘雜集》，及各地方志與《嘉靖公牘集》等等，其中《嘉靖公牘集》更是台灣所未見者。

先生在倭寇問題的研究上，還特別處理倭寇對明朝財賦、對江南地區人口所造成的影響，臚列各督撫之財政措施與方志所載死於倭亂之人數。而於嘉靖朝對倭寇問題的處理猶著墨甚多，特別是在短短幾年禦倭總督、巡撫更迭頻繁的嘉靖三十年代，欲釐清江南北、浙東西、閩粵贛等主要受災區的主事官員與活動，一向為倭寇研究者視為畏途。先生相關資料嫻熟，又不厭其煩加以考證，對於一人、一事，必採擇大量史料，補歷來史家之闕，釐清各方說法的真疑。此對於後學之幫助甚大，受業弟子吳大昕（現就讀臺灣師範大學歷史學研究所博士班）即曾談到其撰寫碩士論文時，受益於先生之梳理者匪淺。

除撰述之外，先生並以一人之力，收集其所見大量資料，出版倭寇研究的重要資料集《明代倭寇史料》。其中，一至三輯收錄《明史》、《明實錄》相關資料，四至五輯收錄浙江、福建、廣東、南直隸等地方志所載倭寇史料，更在第六輯開始增加文集內容，深度與廣度日新月異，查閱起來相當便利，早已成為研究倭寇問題必備之書籍。惜第七輯出版後，先生乍然鶴歸，不能續此一偉大工作，實令人感到遺憾。

（二）近世中日、中琉交流史

先生對明代中日關係的研究，並非僅關注於軍事、商業等對立的問題上，更從交流互惠的方面進行考查，《元明時代東傳日本的水墨畫》，與《元明時代東傳日本的文獻：以日本禪僧為中心》

兩書，從學術、藝術兩方面，討論宋元明時期中國文化輸入日本
的過程與影響，特別是日本禪僧接受中國儒學的問題，中間涉及
文獻、文物的東傳，及思想的流布等。認爲「中日兩國開始交通
以來，中原文物便經由各種途徑東傳扶桑，給明治維新以前之日
本的政治、思想、宗教、教育、日常生活與行爲規範，以及文化
上莫大影響」[2]。強調中日兩國文化上的交流，陳述中日兩國交往
的過程，實非一般明代中日關係史僅陳述倭寇的活動強調對立者
可比擬。除了以上兩書之外，後續又對五山禪林等有許多發明與
考察。

　　對於明日貿易中重要的勘合，先生亦提出獨到見解。由於勘
合的實物現已不存，長期以來，對於勘合的形狀究都依賴《戊子
入明記》中所付〈大明勘合符〉的殘影進行研究，因此多認爲勘
合與其底簿共兩聯。然而鄭先生在日攻讀碩士時，便主張勘合實
際上應爲三聯，也就是明朝存根、日本存根與貢船所持三部分，
並以現行三聯單作說明。然而此一說法爲日本學者所質疑，認爲
〈大明勘合符〉之殘影中兩個半關印皆在左側，不符鄭先生所舉
三聯單形式。鄭先生對於這些質疑，搜遍明與清初各式勘合，配
合田中健夫所提出的勘合制作過程，重新提出對勘合的合理看
法，即關防是蓋在勘合與底簿之間，因此不論關防在左在右，並
不影響勘合的形狀。

　　另外，先生還有一研究之領域，即中琉關係，亦有不少論文，
足以補充小葉田切以來之中琉關係研究，特別是貢期、雙方貢使、
貢物，與中琉朝貢貿易，與雙方有所衝突時明朝之處理方式，並
對冊封琉球國王、王后的禮制與等級有詳細之分析，體現出表面

2　鄭樑生，〈漢籍之東傳對日本古代政治的影響〉，《中日關係史研究論集》第二
　輯，頁1。

上看似親密的中琉外交，實際上有其複雜問題。凡此，均請參見附錄所錄各文。

三

先生至淡江大學任教後，因爲執教中日關係史、日本通史，故除中日關係史相關論著之外，又有《日本通史》、《日本史：現代化的東方文明國家》、《日本古代史》等書之出版，立論柄持其對中日關係史一貫之研究態度，以中國人角度觀察一海之隔的日本歷史，亦不爲屈筆，充滿民族意識觀。又，其幼年受日本教育，日文學養極佳，如其讀高等科時，即閱畢日文版《水滸傳》、《三國演義》等小說，及古日本漢文詩詞等。後來攻讀大學學位，又選讀中文系，爲其翻譯日文重要著作提供學界參考埋下重要因緣。所翻譯之《清代雍正朝的養廉銀研究》、《宋代文官俸給制度》、《清代水利社會史研究》等書，對相關研究者之貢獻即相當大。

先生講授日本史、中日關係史，因熟稔相關史籍與研究成果，上課滔滔不絕，且趣味盎然、條理清晰。先生稟性謙遜、謹守分際，系上明史一課，自王成勉教授離職後，多年無人講授，其自認學養不足，始終不願開課。惟擔任系主任期間，必修課史學方法無人講授，先生乃勉爲其難。先生既已決定開課，此雖非其專業，輒大量閱讀相關研究，手書編爲講義，於課堂上戮力講授，民國九十一年（2002）出版之《史學方法》即本於此。先生幼時受日本教育，中年又赴日攻讀學位，日文造詣亦極佳，但終身未嘗或忘其爲中國人。據其淡江大學弟子回憶，先生上課每提醒學生勿忘國族。某次，有學生撰寫報告，抄錄相關研究，襲日人稱中國爲「支那」。先生即於課堂上明示：

中國是「支那」？我問你，你是哪一國人？你是中國人？
還是日本人？一點國家民族的觀念都沒有，別人錯，你也
跟著錯？[3]

　　先生提攜後進不遺餘力，而於貧寒子弟尤所愛護。淡江
歷史系若干學子，如邱仲麟（現爲中央研究院歷史語言研究
所副研究員）、吳政憲（現爲中興大學歷史學系助理教授）
等人，皆曾親受其接濟之惠。先生重視守時守信，上課從不
遲到，亦每以此告誡學生。其擔任淡江大學系主任時，常清
晨即開車至，文學院大門時或未啓。而於教學、撰述亦未嘗
懈怠，直至病逝前猶寫作不輟。先生自小隨父兄耕稼，終身
於農事勞動未嘗中斷，雖職務繁忙亦必親身爲之，故其身體
一向健朗。晚年參加明代學會邀集赴大陸與會之歷次活動，
皆健步如飛逾於常人，不意竟於今年因癌症過世。

　　先生自言其爲學，受其父親訓勉甚多，其於後輩亦諄諄教誨。
本身律己甚嚴，平常寡言笑，亦從不輕言人之失。其授課極爲認
真，甚少閒話。待人嚴而不峻，而每有風趣之言。先生曾對其學
生言，學者一生須對一定研究方向努力不懈研究，不可爲他事所
移，方能有大成就。此亦可以爲先生一生治學之寫照！

3　參見
http://tw.myblog.yahoo.com/nccu86153012-tkurchyw20070223/article?mid=92
7&sc=1.

鄭樑生教授著作目錄

一、專　著

1. 《明・日交涉と中國文化の流入》，仙台：東北大學，1971。
2. 《日本の國號》，臺北：名人出版事業公司，1978。
3. 《明史日本傳正補》，臺北：文史哲出版社，1981。
4. 《元明時代東傳日本的文獻 —— 以日本禪僧為中心》，臺北：文史哲出版社，1984。
5. 《明代中日關係研究 —— 以明史日本傳所見的幾個問題為中心》，臺北：文史哲出版社，1985。
6. 《明・日關係史の研究》，東京：雄山閣，1985。
7. 《明の對外政策と明・日交涉》，臺北：名人出版事業公司，1985。
8. 《元明時代東傳日本的水墨畫》，臺北：文史哲出版社，1986。
9. 《中日關係史研究論集》1-13 輯，臺北：文史哲出版社，1990-2004。
10. 《日本通史》，臺北：明文書局，1993。
11. 《朱子學之東傳日本與其發展》，臺北：文史哲出版社，1999。
12. 《史學方法》，臺北：五南圖書公司，2002。
13. 《日本史：現代化的東方文明國家》，臺北：三民書局，2003。
14. 《日本古代史》，臺北：三民書局，2006。

二、編　著

1. 《國立中央圖書館館藏日文期刊目錄》，臺北：國立中央圖書館，1971 年。

2. 日本簡明百科全書編纂委員會，《日本簡明百科全書》，臺北：華岡出版社，1972。

3. 鄭樑生監修，《日本民族學博物館》，臺北：出版家文化事業公司，1983。

4. 鄭樑生、王芳雪、江琇英編，《臺灣公藏日文漢學關係資料彙編》，臺北：國立中央圖書館，1985。

5. 《明代倭寇史料》1-7 輯，臺北：文史哲出版社，1987-2005。

6. 鄭樑生、傅錫壬、劉增泉編，《續修連江縣志》，連江：連江縣政府，2004。

三、翻譯（含編譯）

1. 源氏雞太著，鄭樑生譯，〈鶴龜老師〉，《文壇》153（1973），頁 192-242。

2. 衣川強著，鄭樑生譯，〈宋代都市的歲賦〉，《食貨復刊》4:2（1974），頁 44-47。

3. 衣川強著，鄭樑生譯，〈以文臣爲中心論宋代的俸給〉，《食貨復刊》4:5（1974），頁 44-56。

4. 衣川強著，鄭樑生譯，〈北宋與遼的貿易及其歲贈〉，《食貨復刊》4:9（1974），頁 32-47。

5. 植松正著，鄭樑生譯，〈元初江南的徵稅體制〉，《食貨復刊》5:4（1975），頁 35-54。

6. 衣川強著，鄭樑生譯，〈五代北宋的府州折氏〉，《食貨復刊》

5:5（1975），頁 29-49。

7. 植松正著，鄭樑生譯，〈彙輯《至元新格》及其解說〉，《食貨復刊》5:7（1975），頁 32-48。

8. 衣川強著，鄭樑生譯，〈宋代的左藏與內藏〉，《食貨復刊》5:12（1976），頁 34-66。

9. 荒井健著，鄭樑生譯，〈《滄浪詩話》與《潛溪詩眼》〉，《書和人》295（1976），頁 1-8。

10. 佐伯富著，鄭樑生譯，《清代雍正朝的養廉銀研究》，臺北：臺灣商務印書館，1976。

11. 衣川強著，鄭樑生譯，《宋代文官俸給制度》，臺北：臺灣商務印書館，1977。

12. 青木正兒著，鄭樑生、張仁青譯，《中國文學思想史》，臺北：臺灣開明書店，1977。

13. 鄭樑生編譯，《司馬遷的世界 —— 司馬遷的一生與史記的世界》，臺北：志文出版社，1978。

14. 司馬遷著，鄭樑生編譯，《史記的故事 —— 中國最偉大的一部傳記史書》，臺北：志文出版社，1978。

15. 伯音格林 （Bergengren, Erik）著，鄭樑生譯，《諾貝爾傳》，臺北：志文出版社，1978。

16. 世界文明史、世界風物誌聯合編譯小組編譯，《絢爛的中國文化》，臺北：地球出版社，1978。

17. 鄭樑生、吳文星、葉劉仙相編譯，《中國歷史地名大辭典》，臺北：三通圖書公司，1984。

18. 井奉信著，鄭樑生譯，《日本國會的立法過程》，臺北：國立編譯館，1995。

19. 森田明著，鄭樑生譯，《清代水利社會史研究》，臺北：國立

編譯館，1996。

20. 水野明著，鄭樑生譯，《東北軍閥政權研究 —— 張作霖、張學
　　良之抗外與協助統一國內的軌跡》，臺北：國立編譯館，1998。

四、論　文

1.〈倭寇〉，《東吳大學日本語教育》3（1978），頁 29-36。

2.〈明・日國交の初めで〉，《東吳日本語教育》6（1980），頁
　　21-30。

3.〈明朝と征西將軍府における交涉〉，《東吳日本語教育》6
　　（1981），頁 21-30。

4.〈明朝海禁與日本的關係〉，《漢學研究》1:1（1983），頁
　　133-162。

5.〈日本元龜以降の國內事情〉，《東吳日本語教育》8（1983），
　　頁 1-4。

6.〈明代勘合貿易〉，*Proceedings of the Conferences on Sino-
　　Korean-Japanese Cultural Rerasions*（臺北：太平洋文化基金
　　會，1983），頁 581-599。

7.〈方志之倭寇史料〉，《方志學國際學術研討會論文專號》第二
　　冊（臺北：漢學研究中心，1985），頁 895-914。

8.〈元明時代東傳日本的醫學與醫書〉，《中央圖書館館刊》19:1
　　（1986），頁 135-148。

9.〈中國地方志と倭寇史料〉，《日本歷史》465（1987），頁 43-60。

10.〈宋元時代東傳日本的《大藏經》〉，《中央圖書館館刊》20:2
　　（1987），頁 63-83。

11.〈元明時代東傳日本的經史子集〉，《第一屆中國域外漢籍國際
　　學術會議論文集》（臺北：聯合報文化基金會國學文獻館，

1987），頁 407-450。

12.〈日本五山禪僧對宋元理學的理解及其發展 ── 以《大學》爲例〉，《中央圖書館館刊》21:1（1988），頁 91-111。

13.〈日本五山禪僧對宋元理學的理解及其發展 ── 以《大學》爲例〉，《第二屆中國域外漢籍國際學術會議論文集》（臺北：聯合報文化基金會國學文獻館，1988），頁 581-619。

14.〈嘉靖年間明廷對日本貢使策彥周良的處置始末〉，《漢學研究》6:2（1988），頁 191-211。

15.〈明萬曆年間朝鮮哨報倭情始末〉，《淡江史學》1（1989），頁 47-66。

16.〈明代中琉兩國封貢關係的探討〉，《第二回琉中歷史關係國際學術會議報告 ── 琉中歷史關係論文集》（那霸：琉中歷史關係學術會議實行委員會，1989），頁 225-250。

17.〈佚存日本的《全浙兵制考》〉，《國立中央圖書館館刊》22:1（1989），頁 119-131。

18.〈佚存日本的《全浙兵制考》〉，《第三屆中國域外漢籍國際學術會議論文集》（臺北：聯合報文化基金會國學文獻館，1989），頁 289-314。

19.〈善本書的明代日本貢使資料〉，《國立中央圖書館館刊》22:2（1989），頁 129-138。

20.〈漢籍之東傳對日本古代政治的影響 ── 以聖德太子爲例〉，《中外關係史國際學術研討會論文集 ── 思想與文物交流》（臺北：淡江大學歷史學系，1989），頁 15-28。

21.〈佚存日本的《罋餘雜集》〉，《第四屆中國域外漢籍國際學術會議論文集》（臺北：聯合報文化基金會國學文獻館，1989），頁 265-288。

22.〈明治「教育勅語」與日本近代化：由明治時期的小學課本內容之變遷看日本的軍國主義教育〉，《淡江史學》2（1990），頁 177-202。

23.〈佚存日本的《經國雄略》〉，《第五屆中國域外漢籍國際學術會議論文集》（臺北：聯合報文化基金會國學文獻館，1991），頁 331-334。

24.〈日本五山禪僧的中國史書研究〉，《中央圖書館館刊》23:2（1991），頁 151-170。

25.〈王忬與靖倭之役：1552.7-1554.5〉，《淡江史學》4（1992），頁 43-66。

26.〈宋代理學之東傳及其發展〉，《國立中央圖書館館刊》25:1（1992），頁 99-124。

27.〈明代中日兩國外交管窺〉，《第二屆中外關係史國際學術研討會論文集》（臺北：淡江大學歷史學系，1992），頁 211-226。

28.〈張經與王江涇之役 ── 明嘉靖間之剿倭戰事研究〉，《漢學研究》10:2（1992），頁 333-354。

29.〈元明時代中日關係史研究之過去與未來〉，《民國以來國史研究之回顧與前瞻國際研討會論文集》（臺北：國立臺灣大學，1992），頁 1057-1077。

30.〈琉球在清代冊封體制中的定位試探──以順治、康熙、雍正三朝爲例〉，《第四回琉中歷史關係國際學術會議論文集》（那霸：琉中歷史關係學術會議實行委員會，1993），頁 219-243。

31.〈日本五山禪僧的二教一致論〉，《淡江史學》5（1993），頁 85-102。

32.〈胡宗憲與靖倭之役（1555-1559）〉，《明史論集》（長春：吉林文史出版社，1993），頁 319-349。

33.〈日本五山禪僧接受新儒學的心路歷程〉,《中國與亞洲關係學術研討會論文集》（臺北：淡江大學歷史學系,1993）,頁107-140。

34.〈日本五山禪僧的「仁義」論〉,《國立中央圖書館館刊》26:2（1993）,頁113-131。

35.〈日僧中巖圓月有關政治的言論〉,《淡江史學》6（1994）,頁93-110。

36.〈胡宗憲與靖倭之役〉,《漢學研究》12:1（1994）,頁179-202。

37.〈明嘉靖間靖倭督撫之更迭與趙文華之督察軍情（1547-1556）〉,《漢學研究》12:2（1994）,頁195-220。

38.〈日僧義堂周信的儒學研究〉,《國立中央圖書館館刊》27:2（1994）,頁143-161。

39.〈甲午戰爭前的中日兩國動態〉,《甲午戰爭與近代中國和世界：甲午戰爭100周年國際學術討論會文集》（北京：人民出版社,1995）,頁277-301。

40.〈日本五山禪僧之《論語》研究及其發展〉,《第七、八屆中國域外漢籍國際學術會議論文集》（臺北：聯合報文化基金會國學文獻館,1995）,頁313-344。

41.〈日本五山禪林的儒釋道三教一致論〉,《漢學研究》13:2（1995）,頁99-117。

42.〈明廷對琉球貢使的處置〉,《第五屆中琉歷史關係國際學術會議論文集》（福州：福建教育出版社,1996）,頁345-386。

43.〈明東南沿海地區倭亂對明朝財賦的影響〉,《中日關係史研究論集》第七輯（臺北：文史哲出版社,1997）,頁127-166。

44.〈豐臣秀吉的對外侵略〉,《淡江史學》7-8（1997）,頁139-164。

45.〈佚存日本的《四書》與其相關論著〉,《國立中央圖書館館刊》

36:1（1997），頁 139-168。

46.〈五山禪林の老莊研究〉，《國史談話會雜誌》38（1997），頁124-138。

47.〈日本五山禪林的「中庸」研究 —— 以中論、性情論爲中心〉，《淡江史學》9（1998），頁 143-162。

48.〈再論明代勘合〉，《淡江史學》10（1999），頁 1-18。

49.〈清廷對琉球遇劫貨船的處置始末〉，《第七屆中琉歷史關係國際學術會議論文集》（臺北：中琉文化經濟協會，1999），頁349-364。

50.〈明代中韓兩國靖倭政策的比較研究〉，《第七屆明史國際學術討論會論文集》（長春：東北師範大學出版社，1999），頁178-194。

51.〈明代倭亂對江南地區人口所造成的影響 —— 嘉靖三十二年－三十五年〉，《中日關係史研究論集》第十輯（臺北：文史哲出版社，2000），頁 123-170。

52.〈明代倭寇研究之回顧與前瞻 —— 兼言倭寇史料〉，《淡江史學》11（2000），頁 79-104。

53.〈明清兩朝對琉球官生的處置 —— 以《琉球入學聞見錄》所見爲中心〉，《第六屆中琉歷史關係學術研討會議論文集》（北京：中國第一歷史檔案館，2000），頁 424-454。

54.〈靖倭將軍俞大猷〉，《淡江史學》12（2001），頁 89-119。

55.〈寧波事件（1523）始末〉，《淡江史學》13（2002），頁 135-168。

56.〈五山禪林の儒學 —— 仁について〉，《國史談話會雜誌》43（2002），頁 39-52。

57.〈鄭舜功《日本一鑑》之倭寇史料〉，《第九屆明史國際學術討論會暨傅衣凌教授誕辰九十周年紀念論文集》（廈門：廈門大

學出版社，2003），頁 284-309。

58.〈靖倭將軍戚繼光〉，《淡江史學》15（2004），頁 119-150。

59.〈明嘉靖間的倭亂與靖倭官軍〉，《淡江史學》16（2005），頁 95-126。

60.〈私販引起之倭亂與徐海之滅亡（1546-1556）〉，《第十屆明史國際學術討論會論文集》（北京：人民日報出版社，2005），頁 564-578。

61.〈日本中世禪林的儒學研究〉，《開創：第二屆淡江大學全球姊妹校漢語文化學學術會議論文集》（臺北：臺灣學生書局，2005），頁 221-260。

62.〈乙未割臺始末〉，《兩岸史學：海峽兩岸關係史與臺灣史學術研討會論文集》（武漢：湖北人民出版社，2005），頁 143-163。

五、書評及其他

1.〈吉川幸次郎全集〉，《書和人》199（1972），頁 5-8。

2.〈陳固亭先生遺著四種〉，《書和人》208（1973），頁 1-3。

3.〈《五山文學新集》簡介〉，《書和人》212（1973），頁 5-8。

4.〈川端康成的生平與著作〉，《書和人》222（1973），頁 1-8。

5.〈賴世和與《圓仁入唐求法巡禮記》〉，《書和人》237（1974），頁 11-18。

6.〈林泰輔與《論語源流》〉，《書和人》246（1974），頁 5-8。

7.〈日本漢學家狩野直喜及其《中國文學史》〉，《書和人》255（1975），頁 1-8。

8.〈小川環樹與其《中國小說史研究》〉，《書和人》257（1975），頁 1-8。

9.〈《唐大和尚東征傳》── 中國佛教東傳的一幕〉，《書和人》

270（1975），頁 1-8。

10.〈日本漢學者神田喜一郎的著述生活〉,《書和人》305（1977），
　　頁 1-8。

11.〈日本當代史學家島田正郎的學術生活〉,《書和人》347
　　（1978），頁 11-18。

12.〈《水滸傳》裏的兩個宋江〉,《書和人》347（1980），頁 11-18。

13.〈《朝鮮通交大紀》簡介〉,《韓國學報》2（1982），頁 119-124。

14.〈《明史研究》簡介〉,《明史研究通訊》1（1986），頁 84-85。

15.〈漢學研究之回顧與前瞻國際會議紀實〉,《漢學研究通訊》10:3
　　（1991），頁 202-210。

16.〈漢學研究之回顧與前瞻國際會議紀實〉,《漢學研究通訊》10:4
　　（1991），頁 319-329。

17.〈第二屆國際華學研究會議紀實〉,《漢學研究通訊》11:1
　　（1992），頁 11-14。

18.〈第二屆國際華學研究會議紀實〉,《漢學研究通訊》11:2
　　（1992），頁 118-121。

19.〈壬辰之役始末〉,《歷史月刊》59（1992），頁 24-36。

20.〈日本的武士與切腹〉,《歷史月刊》77（1994），頁 34-40。

21.〈山根幸夫與其《明清時代之華北定期市場研究》〉,《國立中
　　央圖書館館刊》28:2（1995），頁 127-144。

22.〈太平洋戰爭期間日本政府的思想統制〉,《歷史月刊》91
　　（1995），頁 81-86。

23.〈評水野明著《東北軍閥政權研究》〉,《國立中央圖書館館刊》
　　85:1（1996），頁 175-198。

24.〈森田明與其《清代水利社會史研究》〉,《國立中央圖書館館
　　刊》87:1（1998），頁 89-114。

25.〈評太田弘毅著《倭寇 ── 商業‧軍事史的研究》〉,《淡江史學》14（2003）,頁 297-323。

26.〈評松浦章著《清代中國琉球貿易史研究》〉,《淡江史學》17（2006）,頁 107-140。

（邱仲麟、吳大昕整理）

哲人日已遠

── 永懷鄭教授

張 仁 煦

（NASA 美國國家航空暨太空總署　JPL 噴射推進研究室研究員）

　　讀高中時天天搭公車由中和到台北市上學，常常在早晨時會注意到一位學者模樣的先生，不僅因為我們幾乎同一個時間到達車站，搭同一班車，在同一站下車，而且，我倆總是最後上車的人。在那個沒有捷運，更別提捷運文化的年代，公車到站，乘客蜂擁而上是常態。而這位學者與我兩個不太“正常”的人，會注意到彼此，實是很自然的事，這便是鄭教授予我結緣的經過。讀高中已是三十年前的事了，但鄭教授給我留下的溫柔敦厚學者的第一印象，卻歷久彌新，數十年如一日。

　　和鄭教授熟捻之後，常受邀和鄭教授一家人出遊。印象最深刻的一次是楊梅的池釣之旅。猶記得那天天氣晴朗，我們一大早便興沖沖地由台北出發。這是我第一次裝備齊全地去釣魚，因此格外興奮。不幸的是，當天去的魚池，由於剛大量餵食過，雖有滿池的魚，對我們的魚餌卻是碰也不碰。在池邊坐了三小時，沒有人釣到一條魚。我偷偷望著鄭教授，盼望他會和我作一樣的打算，換個魚池，或乾脆打道回府，也強過在這兒呆坐。沒想到鄭教授竟如老僧入定，心無旁騖地看著水面上的浮標，真把我這“一心以為鴻鵠將至”的毛頭小子急壞了。後來是同行的劉經理說：

「張同學第一次釣魚，可別讓他空手而歸啊！」於是一行人在午餐後換了魚池，我終於如願以償地釣到了生平第一條魚。這也是我第一次見識到鄭教授的耐心與毅力。

之後真正地了解到鄭教授治學的熱忱與作研究的專注，則是在高中畢業、大學聯考後的那個暑假。當時在中央圖書館工作的鄭教授正計畫為文史學者編一套論文索引，需要一位工讀生將論文資料抄錄在一片片的小卡片上，於是我便成了鄭教授辦公室的一員。這是我第一次打工，看在錢的份上，自然是努力不懈地拼命抄寫著，而鄭教授則是辛勤地寫著他的書稿。一整天下來，兩人往往沒說過幾句話，甚至有幾次，還是我肚子餓了，抬頭一看時鐘，才發現我們倆都誤了午餐時間。這就是作學問時的鄭教授。後來才知道，鄭教授曾長時期天天工作達十六小時之久。〝作學問沒有捷徑，唯有全力以赴，努力不懈〞正是鄭教授經常對我的鼓勵。現在回想起來，我再學術上能有今天的一點成績，除了父親的栽培，鄭教授的身教，可說是為我做了最好的示範。

大學畢業後，讀研究所、當兵、出國，漸漸地和鄭教授失去了聯繫。五月時接獲卉芸的來信，才知道鄭教授已經去世。這段日子來，常常想起鄭教授，而每次憶及他老人家，總讓我想起電影〝新天堂樂園〞的情節……，年輕的男孩受到老師傅的鼓勵與啟發，遠離家鄉，投身摯愛的電影工作，終於闖出一片天地，而再次得到老師傅的訊息，竟是老師傅過世的消息……。

鄭教授，謝謝您為我所做的一切。您雖然已經離去，但您留下了桃李滿天下，等身的著作，以及一位學者的風範。即便我知道自己即使窮一輩子之力也無法企及這樣的境界，我仍將永遠以您為典範，在專業學術上，全力以赴。

我所認識的鄭樑生老師

王　小　梅

　　大家都公認鄭老師學識淵博，治學無間，深受中外學界敬重。在學校的時候，我對鄭老師的感覺和大多數學生們一樣，覺得老師態度嚴肅、治學嚴謹、對學生要求嚴格，後來接觸多了些，才發現老師在課堂之外截然不同的另一面。

　　1992 年我插班進入淡江大學歷史學系二年級就讀，選修了鄭老師的日本通史課程；面對不苟言笑又身兼系主任的鄭老師，同學們都有些忐忑不安。第一節課才開始，老師便問大家：「『五穀』與『六畜』爲何？」乍聽之下似乎是個簡單的問題，但仔細想想，才發現自己並不確定答案；後來方知，這是老師慣用的震撼教育，目的是希望我們能多注意生活細節與基本常識。經過一學期之後，我對看來嚴厲的鄭老師不再害怕，所以大三時除了必修的史學方法之外，我還選了老師的中日關係史，大四下學期又選了開在文學院共同科的日本漢學研究；就學期間共修讀了四門鄭老師所開的課程，是我大學受業最多的一位老師。

　　我曾在圖書館中發現一本厚厚的《明代倭寇史料》，作者正是鄭老師，心裡十分佩服；後來瞭解更多老師的生平事蹟，對他勤奮努力的人生態度就更加欽佩了。老人家歷經許多困難才有後來的成就，對現在大學生的求學態度和生活習慣難免有些看不慣，而許多學生對他的教法也適應不良，因此師生間有時會產生一些

誤會。鄭老師認爲學生到學校，最重要也是唯一的任務便是讀書，但有些學生則花了更多時間和心力去打工或玩社團；老師覺得「師父領進門，修行在個人」，他說我們學了一年的史學方法，至少要在形式上具備寫論文應有的格式，要我們多看論文和社論，把基礎打好……等等，但很多學生只覺得上課沉悶，不覺得自己已被「領進門」，故而感到一無所獲；老師根據自己的經驗和心得，要我們閱讀《昔時賢文》、《三字經》、《千字文》等先人的智慧結晶，但許多學生卻覺得他食古不化，無法體會老師的用心，令人遺憾。

　　畢業後我留校擔任助教，與老師的接觸更多了些。剛進系裡服務後不久，有天老師突然把我叫到系辦外面，問我：「妳有『腦膜炎』嗎？」我傻傻愣著，他連問了幾次，我才聽懂是在問我有沒有「男朋友」，原來是想幫我介紹呢！可能當時家姊剛患過急性腦膜炎，加上他口音又重，所以我才會聽錯得那麼離譜，日後想起仍不禁啞然失笑。事隔五年，老師又想介紹一位在銀行工作的男生，但對他的好意我總是辜負，他曾爲此抱怨：「上次要介紹那個妳不要，人家現在都一個小孩了……」對於老師的厚愛，我只能說聲抱歉，但他的關懷之情，我始終銘感五內。

　　以星座來看，老師應屬雙子座，而我也在許多方面發現他屬於這個星座的特質；例如，老師對新的事物充滿好奇心，六十多歲才學電腦的他，後來論文的 key-in 幾乎全不假手他人，令人萬分佩服。老師曾送我二隻親手製作的「天鵝」，是將廣告紙摺成一個個小配件後組合起來的裝飾品（底部的空間還可以放些小東西），起初我以爲是師母做的，沒想到他卻有點兒得意地說是他自己做的；收到這樣的禮物，心裡真是感動。另外，老師也愛吃各種零食唷！有時他到辦公室來，會塞給我巧克力、三明治餅乾、維他命 C 嚼錠之類的小點心，也會送我一些小禮物（例如清晨摘

來的三朵玉蘭花）。這樣的鄭老師，相信見過的人不多，我覺得自己十分幸運，能夠接觸到老師親切有趣的這一面。

鄭老師親手製作的天鵝

　我和幾位老師曾在鄭老師喬遷新居時前去拜訪，那裡是他與師母頤養天年的人間樂土，環境舒適，令人欣羨。老師帶著我們參觀五層樓的住家，特別是頂樓那一片他自己親手闢建的菜園，除了可以自給自足外，還能藉著農事強身健體。老師身心素健，生活向來規律，對養生又十分注重，例如他不吃油炸的食物，也不吃加太白粉的東西，看來非常硬朗，萬萬沒想到矍鑠如他，竟會突得重病；未幾竟傳來老師與世長辭的消息，令人難以置信，不勝唏噓。

　老師畢生操持方正，著作等身，作育英才不知凡幾；哲人去遠，但他的精神典範將長存吾輩心中。時值老師八十冥誕，謹以此文聊表追思，以資悼念。

看似嚴肅，實則熱情之恩師

王　福　順

（東吳大學日文系 63 級畢業生　修平技術學院通識中心主任）

　　夜深人靜，獨自在書桌前，回憶大學求學時代的點點滴滴。生性較木訥、內向的我，自小在鄉下長大，雖好動，喜歡球類等運動，但與人之人際關係互動，則較不擅長。尤其與老師之互動，更是如此。而大學時代則是個人的重大改變時期，而能與恩師鄭樑生教授的師生緣，更是令學生既感激又感覺不可思議！

　　感激的是，老師用獨特的見解與教法授課，迄今，學生在教壇上教學，受老師影響而受用無窮；感覺不可思議的是，眾所周知，鄭老師是個治學嚴謹、不苟言笑的學者型老師。平常上課，相當嚴肅，一般學生是不太敢親近的。尤其在尊師重道之民國 60 年代的保守環境裏，更是如此。所以，班上的同學，可說是既敬又怕。而我可能是擔任班代之關係，有些班上之連絡事項，不得不與老師接觸。剛開始也是一樣，怕怕的，怕稍一不小心，是不是會被鄭老師糾正一下。這種戰戰兢兢之心情，至今仍記憶猶新。

　　但隨著接觸的頻繁，慢慢地了解到，鄭老師在嚴肅的面孔底層，實則有一份對學生無比之關心與熱忱。雖然，當時，只是一週二小時的「日本歷史」課，由於年少不懂事，比較不喜歡念書，授課內容，現今大致已忘。但事隔三十年之後，學生繼續進修博士課程，卻與史學有關，這似乎在冥冥之中，也是師生緣之一種

延續吧！

　　俗云：「一日為師，終身為父」，雖然畢業後，實際與鄭老師見面不多，但總是在每年教師節及農曆春節，會捎個信向恩師祝福及報平安。但自今（98）年起，可能無法如願了，雖然生離死別是人生必走之路，但總覺得恩師在國立歷史博物館日韓文室裏，對學生之諄諄教誨，猶在耳際，這份恩情，終身難忘。老師，希望您在天國一切安好，學生會永遠懷念您！

從清宗人府玉牒檔案談清帝血統

── 為紀念 鄭樑生 教授而作

劉　耿　生

　　淡江大學歷史學系 鄭樑生 教授，是一位享譽海峽兩岸的著名歷史學家，他在中日關係史及明史學術領域的研究成果，博大精深，燦日皓月。我們是 1993 年初，在北京認識的，一見如故，頗有相識恨晚之感，我立即被鄭教授那謙謙君子之風和造詣不凡的學識所吸引，尤其二人多次談判明清檔案，總意猶未盡。可惜天不假年，鄭教授過早地離開了我們，莫名悲痛，謹以此文作為我對 鄭 教授的悼念。

一、清宗人府對玉牒的纂修

　　中國古代皇帝的族譜，稱為“玉牒”。“玉牒”在我國起源很早，殷商時代的甲骨譜牒中，即有殷王世系的記錄。尤其自唐朝以後，歷朝為了“名分，別遠近”，以保持皇族血統的純正，皆十分重視纂修和保管玉牒，目的不外是為了作為承龍襲爵位和財產的檔案憑證。所以，中國無論是皇家玉牒，還是豪門望族家譜、族譜，皆歷史悠久，極為發達。

　　我國滿族修譜本源遠流長，滿清入關後，清廷為了明確劃分皇室宗族的封爵等級，維護皇族內部團結，穩定皇族各支派的襲封秩序，定期分配俸銀和俸米，以及其它方面權益，並加強本民

族意識，幾乎一族一譜，其重視修譜程度，超過了漢族，伴隨著八旗制度之始終，修譜在熬個清代終久不衰，皇室尤重纂修玉牒。

由於歷史的原因，清以前的玉牒原件皆已不存，現在中國第一歷史檔案的確清宮玉牒二千六百余冊，乃我國唯一完整系統保存至今的皇室族譜，它細緻入微地反映了愛新覺羅家族歷歷史，尤其對于研究清皇族史、宮廷史、檔案史、人口學、民族史等等，有較高的史料價值。本文即根據清宮玉牒寫格案文獻，探微索引，研究清宮玉牒記載的清帝血統等有關問題。

研究清代玉牒，首先要了解清宗人對的情況，它是管理皇族任務的機構，清沿明制，於順治的年（1652 年）設立，掌管皇族屬籍及纂修玉牒等任務。清廷爲抬高皇族地位，將宗人府位列內閣，六部之上。

宗人府將皇族成員依照與皇來的親疏關系爲標準，分別遠近，由清朝第一代皇帝太祖努爾哈赤之父顯塔克世算起，近支指他的直系本支，嫡傳子孫，也包括當朝皇帝兄弟之子女，即皇，亦算在內，稱爲"宗室"；清帝的伯叔之支爲遠支，只算皇族中沾親帶故者，稱爲"覺羅"。

無論是宗室還是覺羅，凡皇族成員所生的子女，繼嗣、婚嫁、封爵、授職、升調、降革、獎懲、撫恤、教育、贍養、士地、刑名、祭祀、朝會、行禮及死亡等等，都要這冊報宗人府，宗人府再依據各族報的材料，登記檔案：宗室的登入黃冊，覺羅的登入紅冊，"存者朱書，最者墨書"。順治十二年議准，每到十年，開設玉牒維，匯纂成玉牒。玉牒編成，玉牒綰即撤，稱爲倒開之綰。

玉牒以帝系爲統，以長幼爲序，各份男名、女名，以滿文，漢文書寫，分直格、橫格，直格玉牒表示輩分，記載宗支、房次、

封職、姓名、生卒年月日時，母妻生氏；橫格玉牒表示支系，專記宗支、房次、姓名、輩序在宗室玉牒中，每一輩首列皇帝，由近支推及遠支，爲了避諱皇帝名，必須用小堤黃綾蓋上，或者只寫皇帝年號或廟號，不寫皇帝名字，體現了嚴格的等級尊卑觀念，充分反映了封建的綱常倫理。

宗室真格玉牒每頁畫十六行竪格，一般一至二格記載一個人名項，反映同一輩宗室覺羅男女的詳細情況，原則上每一輩修訂一冊，但也有幾代合訂的特厚玉牒，記載了歷代清帝及同輩宗室覺羅子孫情況，有關皇帝記載尤詳，包括姓名、封爵、授職、生井年月日時、享年、生母姓氏、妻妾姓氏及岳父姓名、職銜等，以及被立爲皇太子之年月、即位年月日、謚號、廟號和後妃的普封情況。

橫格玉牒記載了以顯祖到文宗各代皇子的後裔情況，每頁畫有十三行橫格，每橫格代表一個輩分，輩分最高者寫于卷首第一橫格，其子孫後代依據輩分遞降，只記姓名、職銜、封號，較文直格玉牒內容簡單。橫格玉牒也包括宗室和覺羅兩種。

玉牒纂成，繕錄三份，分存紫禁城內乾清宮、皇史宬（嘉慶十二年移存景內壽皇殿）和禮部（乾隆八年移存盛京敬典間），乾隆二十五年改爲繕寫兩部，分存于皇史宬和盛京，另錄副本及“備查檔”存宗人府，下屆纂修時即以副本爲底本。

清亡後，宗人府依然存在，只是以皇宮移往東華門外光祿寺內，仍管理皇族高務。1920 年又設玉牒處，1921 年最後一次，清代共修玉牒二十八次，而宗人府一直到 1924 年溥儀被逐出宮，才告結束。

下面，就清宮玉牒和其它檔案，分析清帝血統，會發現自順治帝開始，清帝已不是純滿族血統，這是中華民族各族大融合的

產物，也是一件很有趣的高情。

二、順治皇帝的血統

　　清兵入關時，滿族只是個共計有二百萬左右人口的小民族，清帝非常擔心本民族被漢族同化，因而制訂許多禁令，權力阻止各氏族間的文化交流，維持滿族舊有習俗，尤其嚴禁滿漢通婚。但是，清王朝又是一個以滿蒙、漢上層貴族和官僚聯合統治為上層建築的多民族統一國家，這個民族文化共同體的形成是不可逆轉的歷史潮流，落後的、過時的文化習俗，必然被先進的、更為科學的文化習俗所取代，這是一個不以個人意志為轉的客觀規律。

　　清王朝自入關起，滿洲人漢化的進程日益加速，不僅表現在文化習俗、宗教信仰、道德觀念和生活方式等方面，在血統上亦不可避免地發生變化，即使皇帝，亦在其中，這是個好現象。

　　但是，一些漢族沒落文人，以自己愚腐的觀念，為達到醜化清帝之目的，在清末民初的一些野史稗聞中，經常繪聲繪色地將某位清帝說成是漢人之後，如說雍正皇帝是年羹龍之子，乾龍皇帝仍海寧陳氏之子等等。這些傳聞又經今日影視作品肆意誇張、散食，被廣大缺乏清史知識的人接受，幾成正不壓邪之勢，盡管史家已經考證清楚，但仍敵不過文龍作品的渲染，就有必要利用清檔撥亂返正。

　　可以負責任地說，從清宮玉牒及有關檔案看，清朝十二帝，除了太祖努爾哈赤和太宗皇太極父子為純滿族血統外，從順治皇帝開始，爾後的皇帝先後融入了蒙古族和漢族（八旗漢軍）血統。以清初嚴禁滿漢通婚的禁令視之，歷史仿彿跟愛新覺羅的子孫們開了個大玩笑。

　　早在努爾哈赤、皇太極時代，為了集中精力打擊明朝間鼎中

原，減少後顧之憂，他們對蒙古族上層王公貴族採取籠絡手段，其中一項重要措施就是滿蒙通婚，清帝的公主多人下嫁古王公或其嫡子爲福晉，也有幾位清帝娶了蒙古貴族之女爲后，例如：皇太極娶蒙古科爾沁貝勒莽古思之女博爾濟吉特氏爲后，即教端文皇后；順治皇帝的廢后蒙古族的博爾濟吉特氏；同治皇帝的阿魯特氏，即那位不幸的孝哲毅皇后等等。玉牒中記載，皇太極之教端文皇后又將自己的侄女嫁給皇太極，即後來的孝庄皇后，鼎鼎大名的庄妃。

　　關於庄妃的身世，玉牒載，她姓博爾濟吉特氏生於明萬曆四十一年二月初八（1613 年 3 月 28 日），卒于清康熙二十六年十二月二十五日（1668 年 1 月 27 日），蒙古科爾沁部貝勒寨桑之女，天命十年二月初二日（1625 年 3 月 10 日）由其兄吳克善台吉伴至后金，嫁給皇太極爲妻，時年十三歲，生三女。

　　崇德元年（1636 年）皇太極改號稱帝，封博爾濟吉特氏爲永福宮庄妃，崇德三年正月三十日（1638 年 3 月 15 日）庄妃生皇九子福臨，福臨六歲即位後，年號順治，尊生母庄妃爲皇太后，後來她的嫡孫玄燁稱帝，年號康熙，尊她爲太皇太后，因她任庄妃謚號孝庄，故史稱"孝庄文皇后"。

　　孝庄文皇后在清初正治舞台上很有作用，爲蒙古族，因而順治皇帝身上有滿族血統和蒙古族血統各占二分之一。

三、康熙皇帝的血統

　　研究康熙皇帝的血統，要從他母親的血統說起。天命建元，努爾哈赤建立後金汗國，實行了任用降金漢官政策遼東大姓佟家一門附金降滿，獲得后金寵信，尤其佟圖賴之女嫁給順治皇帝，是爲孝康章皇后，生子玄燁，即康熙皇帝，不僅使佟氏家族在清

前期興旺發達，位居八大姓之首，且使清帝血統自此注入了漢族血脈。

但是，有的學者認爲佟氏家族點屬滿族，本文在探討康熙血統之前，有必要先弄清他母親佟氏應屬那一族。

在中國第一歷史檔案館保存有清嘉慶八年〈鑲黃旗漢軍頭甲喇翼貴佐領世職家誼〉記戴佟養性之堂弟佟養真的情況，這一支和康熙皇帝的血統有關：

佟養真本名佟養正，因避清世宗育禛書，在雍正以後的譜牒中，將"真"改爲"正"。佟養真在天命四年由撫順率眾投奔努爾哈赤，他們最早屬於"正藍旗漢軍頭甲喇之勛舊佐領"，後奉命駐守鎮江城（今遼寧省丹東市附近）。天命六年七月二十日，中軍陳良策暗通明將毛文龍，叛降明軍，佟養真及其長子佟豐年被毛文龍所殺，雍正元年賜佟養真光祿大夫，諡"忠烈"，封一等公。

佟養真次子佟圖賴，明萬歷三十三年（1605年）生於撫順，卒於清順治十五年（1658年）六月，漢軍鑲黃旗人，其女佟佳氏，爲順治皇帝孝康章皇后，佟佳氏初入宮爲妃，於順治十一年（1654年）三月生皇三子玄燁，康熙二年（1663年），佟佳氏卒，年僅二十四歲。

佟氏族譜明確記載，佟圖賴有二子：佟國綱、佟國維，康熙皇帝之生員佟佳氏乃佟國綱之胞妹；佟國維之妹又嫁給康熙爲后，堂姐妹普嫁順治、康熙父子。佟國維第三子乃大名的隆科多；佟國維之孫松阿彥娶雍正皇帝同母妹溫宸公主，稱和碩額駙，可見佟家寵眷甚殊，望冠椒房，有"佟半朝"之稱。

關於佟養性、佟養真的民族成分，在中國第一歷史檔案館內保存的〈鑲黃旗漢軍譜檔〉（襲字30號）中記載得十分清楚：崇

德七年，分漢軍爲八旗，將佟養性、佟養真帶來之族 1028 人，又 446 名，編成 X 個佐領由佟養性之子佟國占、佟養真之子佟圖賴共掌佐領，隸漢軍正藍旗。崇德八年，佟圖賴升爲漢軍正藍旗固山額真；康熙八年因佟圖賴之女（佟國維之妹）成爲康熙皇帝之孝懿皇后，佟國綱一支其所管佐領由漢軍正藍旗被抬入滿洲鑲黃旗漢軍頭甲喇第七佐領，在譜牒中記成隸屬漢軍鑲黃旗，是漢族。但是，爲什麼後來有的學者認爲佟家是滿族人呢？

儘管佟養真家族出了三后一妃，寵眷日隆，但畢竟是漢軍旗，在滿族人面前低一等，佟國綱不滿足這種狀況，於康熙二十七年奏曰：

> 臣先世本系滿洲，曾蒙太祖皇帝諭令，與佟佳氏之巴都哩、蒙阿圖諸大臣考訂支派，敍族譜，今請仍歸滿洲。

同年四月，戶部議及：

> 佟國綱疏言："臣族本系滿洲，請政爲爲滿洲旗下"。

應如所請，將舅舅佟國綱等，改入滿洲冊籍，但鑲黃旗舅舅佟國綱等一佐領，及正藍旗之十佐領，鑲紅旗同族之三佐領下，所有文武官員及監生、壯丁，爲數甚眾，不便一并更改，仍留漢軍旗下。從之。

戶部在此提到的"佟國綱疏"，在清國史館有保存，錢大昕並抄錄下來，內容爲：

> 初養正之歸也，例入漢軍。康熙二十七年國綱上疏言，臣家本系滿洲，臣高祖達爾哈齊貿易邊境，明人誘入開原，比太祖高皇帝遣使入明，臣叔祖佟養性備述家世，求使者代奏，即蒙太祖諭云："朕福金（晉）佟佳氏，塔本巴顏之女，爾佟姓兄弟分散入漢之故，故朕知久矣"。臣家族既明，請賜改隸滿洲。

　　因佟國綱之妹爲康熙皇帝生母，故康熙朱批只准佟圖綱本支"改稱"和"改歸"大不相同，佟國綱奏請的"改歸"亦叫"歸旗"，是承認其族原來本屬滿洲，後來因故變爲其它族，現在應歸回本旗，爲此加以改正；而熙批的"改稱"，是將漢軍旗升格，被抬入鑲黃旗，亦稱"搶旗"，"抬旗"只給其名，而無其實，只是使佟國綱一支在名譽上享受滿洲旗人待遇，是一種政治上的恩寵。可見佟國綱家族本爲漢人，只走康熙皇帝人爲地將其由下五旗之正藍旗漢軍升格爲上三旗之鑲黃旗。康熙二十七年後，其子孫照滿洲缺補放官員，即個衙門需要滿族官員，佟圖綱後人可以先任。

　　由此可知，康熙皇帝因其祖母教庄文皇后爲蒙古人，因此康熙身上有四分之一蒙古血統；因其親生母親佟佳氏爲漢軍旗，因而康熙身上還有二分之一漢族血統。

四、嘉慶皇帝的血統

　　清仁宗名顒琰，即嘉慶皇帝，乾隆皇帝第十五子，生於乾隆二十五年（1760 年）元旦即皇帝位，四年正月親政，卒於二十五年（1820 年）七月。

　　中國第歷史檔案館藏清宗人府玉牒記載，嘉慶皇帝生母孝儀純皇后，本是漢軍旗魏氏，她的父親爲內務府管領清泰，魏氏初爲乾隆之貴人，後來封爲令嬪，累進至令貴妃，因生顒琰，乾隆又封她爲令皇貴妃，她於乾隆四十年正月去逝，年四十九歲，諡號令懿皇貴妃，嘉慶登基，冊封她爲孝儀皇后，又仿照康熙二十七年將佟氏家族抬旗之例，令后族政姓魏佳氏，由漢軍旗抬入滿洲旗籍。

　　嘉慶皇帝身上有二分之一漢族血統，對於這一點，未見後賽

有何異議。

　　玉牒還記載了其他幾個皇帝的生母情況，皆爲滿族人，只是同治皇帝之皇后阿魯特氏爲蒙古族，但未生育。

　　注釋：

　　1.〈宗人府則例〉卷二，中國第一歷史檔案館藏。

　　2.〈國搬耆獻類徵〉卷四十二,〈佟圖賴傳〉。

　　3.〈聖祖實錄〉卷一百三十五。

　　4.錢大昕〈潛研堂文集〉卷三十七。

「臺北電燈株式會社」之研究

（1896.11～1898.2）

吳 政 憲

（中興大學歷史學系助理教授）

一、前 言

　　1952 年柯文德、盧承宗〈日治時代臺灣之電業〉將日治時期第一家電力公司歸功於 1903 年土倉龍次郎利用南勢溪設立水力發電廠，並說這是「本省電業之創始。」[1]1989 年臺灣電力公司爲慶祝臺灣電業一百週年，《臺灣電力發展史 — 臺灣電業百週年紀念特刊》亦遵循前人研究，將第一家歸功於 1903 年的土倉氏設立的「臺北電氣株式會社。」[2]上述兩書皆具有相當代表性，尤其柯文經常爲其它研究引用，但都未觸及 1896 年成立的「臺北電燈株式會社」（以下簡稱臺北電燈）。

　　1997 年，臺灣電力公司資深工程師林炳炎在其《臺灣電力株式會社發展史》書中對第一家電力公司是這樣描述的：「1895 年日本入台之初，有規模的電氣事業還沒有，住在台北的實業家土倉龍次三郎、荒井泰治、木下新三郎、柵瀨軍之佐等人，企圖在淡水河上游作落差利用，即在龜山建設 500KVA 水力發電所，組

1　《臺灣之電力問題》（臺北：臺灣銀行經濟研究室，1952.5），頁 150。
2　臺灣電力公司，《臺灣電力發展史 — 臺灣電業百週年紀念特刊》（臺北：該公司，1989.7），頁 111。

織臺北電燈株式會社。」[3]

首先，柯文與《臺灣電力株式會社發展史》弄錯了第一家電力公司的設立時間。第一家應該是 1896 年的「臺北電燈株式會社」而非 1903 年的「臺北電氣株式會社」；林文雖發現臺北電燈與臺北電氣之差異，但將二家成立先後不同的公司混爲一談，土倉設立的是「臺北電氣株式會社」而非「臺北電燈株式會社」。不過林文又補充說：「1896 年 11 月 24 日台北電燈株式會社山下秀實等人申請在基隆河畔興建火力發電所，與上述的水力發電是兩組人馬，他們間關係如何尚不清楚。」[4]事實上，「兩組人馬」沒有太多瓜葛，從臺北電燈股東名冊來看，除了山下秀實名列兩家股東之外，其它股東多半沒有重疊。[5]可見臺灣既有的電力研究中，對於初期的歷史相當模糊，語焉不詳。

從 1952 到 1997 年，45 年的累積，學界對日治時期第一家電力公司尚且語焉不詳，依此分期的電力發展自然也不符合史實。其實，這些研究視野不足處皆有脈絡可尋，因爲戰前的電力研究也沒有注意到臺北電燈的存在；輾轉傳抄，積非成是，於是多數資料皆以 1903 年爲開端。隨著時間的推衍，臺北電燈的全貌並未隨著歷史研究「量」的增加而反映「質」的強化，反而快要消失殆盡。其次，電力發展向來不是歷史纂述的重心，往往被當做「背景敘述」來引用，對原始資料的觸覺不是那麼靈敏，甚至根本不

---

3 林炳炎，《臺灣電力株式會社發展史》（臺北：臺灣電力株式會社資料中心出版，1997.3），頁 24。

4 林炳炎，《臺灣電力株式會社發展史》（臺北：臺灣電力株式會社資料中心出版，1997.3），頁 24。

5 《臺灣總督府公文類纂》乙種永久保存，第 42 卷，（1897）明治 30 年，〈臺北電燈株式會社起株主名簿〉。1903 年倡立臺北電氣的大股東土倉龍次郎、荒井泰治、柵瀨軍之佐等人多半沒有參與臺北電燈的設立，臺北電燈股東名冊上也沒有列名。

用史料。

　　事實上，臺北電燈是日治時期首次民間資本創設電力公司的嘗試，其籌建到解散，反映的就是當時電力技術在臺灣的軌跡。透過臺北電燈的活動內容，也能瞭解當時臺灣的城市消費能力，社會經濟狀況，乃至日治初期抵臺日人的資金活動狀況等等。換言之，臺北電燈不只是個臺灣引進新能源的投資嘗試，亦為投射時代條件侷限下的指標企業。

二、「在臺日資」的原始資本累積

　　臺北電燈因時代需求而起，也因時代侷限而告終。它反映的不只是一家公司的興衰榮枯，更是當年特殊時空環境交織排列下的產物與不可避免的結局。

　　1998 年，黃紹恆〈日治初期在臺日資的生成與累積〉一文檢討了涂照彥、矢內原忠雄、波形昭一等對於殖民時代日資研究上的肯定與不足。對於上述研究集中於第一次世界大戰及焦點較多的在臺日資提出新的研究視野，特別是前人研究未詳或失之言簡意賅的部份 —— 歸納日治初期（1895～1910）在臺日資生成的背景，確有創見。尤其黃文中許多表格都已顯示 —— 臺北電燈可說是當時最早「在臺日資」的代表作，顯見這家公司有其特殊歷史意義。但黃文對日俄戰爭前後著墨較多，如同黃文對前人研究概況的分析，本文想嘗試進一步深化之可能。本文繼承黃文宏觀的研究成果，嘗試對在臺日資的生成提供更精緻的觀察。尤其臺北電燈正值史料缺乏的 1896 年底～1898 年初，所謂在臺日資的組成陣容與主要人物，實際上也歷經了一段篩選與排列的隨機過程。甚至可以說：臺北電燈的失敗是日治初期在臺日資羽翼未豐前的第一次挫敗。臺北電燈的失敗，除了黃文中不可忽略的金融

條件與外部因素（初期在臺日資的派系對立）之外，其實還有技術條件及內部因素待發掘。[6]

　　甲午戰爭後，臺灣雖然割日，總督樺山資紀也自基隆登陸（1895 年 6 月 16 日），但迎接日軍的卻是臺灣住民的抵抗，加上不利的衛生條件，日軍付出慘重的「接收」代價。隨著軍事的勝利，新移民者來到「天南美麗之洲」的臺灣。[7]接著臺北城內開起了一家家的旅館，接著是餐飲店、理髮店、雜貨店。但是這些投資者對臺灣狀況並不瞭解，例如《臺灣起業案內》廣告就說：「此書可供起業家參考，地理介紹詳盡，更有世人未知的歷史大秘密。」[8]顯見對新移民者而言，臺灣充滿任何可能的投資機會，無論好與壞。

　　臺北是抵臺日人的主要聚集地，「臺城內外，莫不爭先營業，或稅或售，新建市屋，挨戶櫛比，日則車喧馬騰，紛至沓來；夜則明燈齊燃，與羊天星斗，遠望若接。」[9]這些人的身份、目地、動機、資產、背景都十分多元。他們承攬水泥、大麥、精米、啤酒、醬油等業務，以及提供日本駐臺軍隊與總督府人員所需糧食與後勤，汲汲於事業擴張，累積資本，「電燈」也是這一波創業熱潮下的產物。

　　當時在臺日資大部分是由土木事業起家的。所謂的殖民地建設，其實就是土木建設。這從當時報紙廣告中一半以上都是工程

---

6 黃紹恆，〈日治初期在臺日資的生成與累積〉，《臺灣社會研究季刊》第 32 期（臺北：臺灣社會研究雜誌社，1998 年 12 月），頁 167-176、194。

7 《臺灣新報》第 117 號，1897 年，明治 30 年 1 月 18 日，3 版，淡水生，〈臺北城裡的感〉。

8 《臺灣新報》第 8 號，1896 年，明治 29 年 7 月 26 日，4 版，〈廣告〉。

9 《臺灣新報》第 89 號，1896 年，明治 29 年 12 月 18 日，1 版，〈雜報·街市日興〉。

招標可以證明。至於工程內容則包羅萬象，舉凡各官衙廳舍建築、港口設計、道路橋樑、治水堤防、鐵路工程、器械製造等皆屬之。由於總督府無法每項工程都採取直營，大部份工程都要外包，即便直營也需要中、下游廠商提供人力與物料，這些關係的聯結就是日後「在臺日資」的前身。工程承攬的複雜性，使得當時社論說：「絕難斷言臺灣土木事業沒有醜事。」當然得標廠商也享有一定程度，甚至是可觀的利潤。[10]例如　島盛的「　島商會」、近藤喜惠門的「近藤商會」等都是靠承攬工程起家的。這些初期在臺日資累積一定資本後，才有餘力將觸角擴展到其它投資領域，這些人後來也都成為臺北電燈（也包括部份其它產業）的大股東。

　　當然，除了土木工程之外，「人」也是不可忽略的主體。身為殖民母國的官吏，也需要滿足食衣住行的需求。為了建立殖民地運作的標準時間系統，讓每一個機件能相容並進，於是有鐘錶（時計）店；在「風土病」猖獗的臺灣，需要安全的投資環境，於是有消毒水的需要；為了照顧大量移民者舊有的飲食習慣，同時基於對臺灣衛生條件的不信任，於是有餐館（料理屋）的出現，最初幾年這類餐館開的很多，隨著景氣波動，陸續進入倒閉與合併的調整期；[11]為了建立殖民者的外在識別系統，需要從頭到腳的制服，展現秩序與紀律，於是有帽子店、服裝（洋服）店趕製衣物，尤其每年年底是旺季，服裝店往往雇請大量臨時工，連夜趕工；[12]為了撫慰殖民者的不安與生理需求，於是煙草業也頗為興

10　《臺灣新報》第 215 號，1897 年，明治 30 年 5 月 29 日，2 版，〈臺灣經營と土木事業〉。

11　《臺灣新報》第 69 號，1896 年，明治 29 年 11 月 25 日，3 版，〈飲食店〉、〈料理店〉。

12　《臺灣新報》第 67 號，1896 年，明治 29 年 11 月 21 日，2 版，商事一斑，〈洋服裁縫店〉。

盛。於是為了照明，自然也有電燈公司的需要。

以當時情況而言，基本上這些物質是與基層民眾生活脫節的，這是上層少數人（包含統治者）才有的享受與待遇。一旦初期發展達到飽合停頓後，市場交易萎縮，商家收入減少，自然有「不景氣」之嘆。

三、臺北商工會 vs.紳商協會

論者將臺北電燈視為「臺北商工會」與「紳商協會」衝突下的結果，但史料證明：「臺北商工會」與「紳商協會」會員有部份重疊，顯然兩會並非單純的、壁壘分明的零和關係，而是模糊的、不斷排列組合的隨機關係。

日治初期，短短 4 個月間（1896.6～1896.10），臺北就出現四個商工會組織。日籍的有山田海三為首的「臺北商工會」（以下簡稱商工會，1896.6），山下秀實原本是商工會一員，但該年 9 月荒野精抵臺後，在官商協助下，另立「紳商協會」（1896.10），並整合蔡達卿「艋舺士商公會」（1896.9）與葉為圭「大稻埕士商工會」（1896.9）於其下，漸與山田海三產生對立關係。[13]由於紳商協會與商工會目標重疊，為避免商工會日、臺勢力的衝突，支持解散派（山下秀實）與反對解散派（山田海三）相持不下。於是山下退出商工會，成立臺北電燈；山田繼續待在商工會，成立「臺北米穀市場」，彼此帶有濃厚的「對抗意味」。[14]事實上，最初幾年，商業團體分合快速，似乎缺乏凝聚力，彼此也並非壁壘分明，

---

13 趙祐志，《日據時期臺灣商工會的發展（1895-1945）》（臺北：國立臺灣師範大學歷史研究所碩士論文，1994 年），頁 10。

14 黃紹恆，〈日治初期在臺日資的生成與累積〉，《臺灣社會研究季刊》第 32 期（臺北：臺灣社會研究雜誌社，1998 年 12 月），頁 194。

因此用「對抗」一詞，有待商榷。即便對抗，也可能只是山下與山田兩個人間的對決，而非兩個團體的對立。

圖 1　荒野精訃聞廣告

說明：荒野精於 1896 年 11 月 28 日病逝臺北。由訃聞可見山下秀實與李春生同屬紳商協會。

資料來源：《臺灣新報》第 51 號，1896 年，明治 29 年 11 月 1 日，4 版廣告。

1896 年，荒野精抵臺，艋舺士商公會李春生、蔡達卿、葉為圭負責接待，雙方交換中日貿易上的意見。[15]主角荒野精主張內臺人士共同創業，因為「漢人敏於商而迂於工，日人精於工而疏於商，二者若能撮合為一，一則可資長補短，大興工藝之業；一則可制東亞之商權，勿使異色人種得壟斷亞洲之商利。」[16]這是第一個官方參與，日籍商紳為主的商工會，號召力極強，並吸附其它團體成員加入。

紳商協會主旨為：「促進日臺協和與親睦。」會員有臺籍 15

---

15 《臺灣新報》第 23 號，1896 年，明治 29 年 9 月 21 日，3 版，〈荒尾氏の招待會〉。

16 《臺灣新報》第 31 號，1896 年，明治 29 年 10 月 4 日，1 版，〈荒尾精君演說筆記（續）〉。

名，日籍 12 名，共 27 名（後來增至 30 名）。[17]臺北電燈股東 48
名，已經超越了「紳商協會」會員人數的組織；就股東數論，臺
北電燈是項專業投資，而非完全屬於某團體的外圍組織（或投
資）。

　　大約在 1896 年 7 月，有兩件電力公司企劃案送進總督府審
核。一件是山下秀實所提出，依附商紳主要有近藤喜衛門、　島
盛、廣瀨鎮之、賀田金三郎、淵上鄉右衛門、長野源吉等諸氏；
另一件是由松尾寬三所提出，依附的商紳有久米民之助、　谷嘉
助、井上次郎等諸氏。這兩件企劃案送進總督府後，立刻面臨一
個迫切問題：由於這是第一家電力公司設立審核，悠關日後臺灣
電力發展計劃。因此，是否要讓臺北這個固定市場內出現兩家公
司，甚至是自由競爭，降低彼此獲利率。與其如此，不如尋求合
併之可能，只要能在持股比例上尋得共識即可。經斡旋後，雙方
同意合併，臺北電燈於焉誕生。[18]遺憾的是目前既有研究中，對
此重大轉折完全陌生。這個「合併」可能也反映了總督府的電力
政策：不願見到市場自由競爭，成為日後許多電力合併案的濫觴。

　　合併後產生的臺北電燈，內部有山下秀實的「山下派」與松
尾寬三的「松尾派」，稱為「二派一團」。就人數而言，山下派 7
人，松尾派 4 人；就持股數而言，山下派 900 股，松尾派 380 股；
就幹部而言，山下派擔任了主要幹部，松尾派僅有久米民之助一

---

17 《臺灣新報》第 71 號，1896 年，明治 29 年 11 月 27 日，1 版，〈東陽協會
　　の月次會〉；第 74 號，1896 年，明治 29 年 12 月 1 日，2 版，〈紳商協會の
　　月次會〉。為達此目標，會名在 1896 年 11 月改為「東陽協會」。每月繳會費
　　4 圓，幹部 4 名，日、臺各半互選；山下秀實與　島盛為日人幹部，臺籍則
　　為葉為圭、蔡達卿。為利溝通，設有翻譯員。
18 《臺灣新報》第 433 號，1898 年，明治 31 年 2 月 23 日，2 版，〈臺北電燈
　　會社解散由來〉。

人；就參與度而言，山下派股東皆本人認購，松尾派則託人代辦。
因此無論從人數、持股數、擔任職務、參與度來看，山下派皆具
有主導性地位。另外，山下派與松尾派相加不超過 1280 股，未達
總股數之 50%。換言之，臺北電燈想要成功，單靠這二派還不夠，
還需擴大資金的來源。

四、臺北電燈股名冊分析

就在這種社會經濟情況下，山下秀實有鑑臺北為首善之區，
商工發達，理應施設電燈，於是邀集 48 名股東向總督府申請，成
立臺北電燈株式會社。他在申請書中提到：

> 臺北為臺灣首府，不乏建築莊嚴之官衙民屋，近來內地渡
> 臺者倍增，伴隨商工業之發達，建造更加盛大，郵便電信
> 鐵道商店旅宿遊廓各店需要夜間燈火的事業不少，為此及
> 避免（油）燈之繁雜危險，有設立電氣燈之需要。[19]

引進電燈是世界潮流，歐美與中國不論，同一時期的越南西
貢也都由法國人引進電燈，「擇地設柱，夜如白晝」，[20]連越南都
開始進行建設，來往東北、南亞航線必經的臺北（臺灣）豈能屈
居人後。

---

19 《臺灣總督府公文類纂》十五年永久保存，第 2 卷第 7 門，（1897）明治 30
　年 4 月 30 日〈松尾寬三外二十名臺北に電燈會社設置方願こ關スル一件書〉。
20 《臺灣新報》第 332 號，1897 年，明治 30 年 10 月 16 日，1 版，〈電燈爭設〉。

表 1 臺北電燈股東名冊

No	申購日期	股數	原　籍	寄　籍	姓　名	備註
1	1.9	150	鹿兒島縣鹿兒島郡西武田村	臺北北門街 1 丁目 21 番戶	小濱和夫	
2	1.10	20	城縣張島郡	臺北建昌街 1 丁目 25 番戶	訪隸	
3	1.12	180	東京市來片町	臺北市北門街 1 丁目 21 番地	山下秀實	⊕ ▲ △
4	1.20	2	長崎市	基隆崁仔頂街 5 番戶	長谷川音松	
5	1.20	20	鳥取縣日野郡霞村 36 番地	臺北北門街 3 丁目 20 番地	恩田義敬	
6	1.20	3	山口縣阿武郡 127 番地	臺北縣基隆郵便電信局內	原田慶弘	
7	1.20	180	大阪市	臺北北門街 3 丁目 20 番地	近藤喜惠門	⊕
8	1.22	5	大阪市北正岩井町	臺北府前街 4 丁目 15 番戶	柳丈太郎	
9	1.22	3	愛知縣額田郡岡崎町	臺中縣鹿港彰化病院內	奧田小三郎	
10	1.25	50	熊本縣大江村	臺北文武廟街 15 番戶	伊丹正庸	
11	1.26	50	高知縣高知市	臺北西門街 90 番戶	小　德太郎	
12	1.27	100	東京市	臺北府前街 4 丁目 21 番戶	谷嘉助（江頭六郎 代）	◎
13	1.27	10	愛知縣名古屋市關鍛治町 44 番地	臺北縣臺北西門街 3 丁目 9 番地	服部甲子造	△
14	1.27	5	高知縣	臺北縣深坑街警察分署內	鈴木丈次郎	
15	1.31	180	福井縣	臺北府前街 4 丁目 15 番戶	澤井市造	
16	1.31	1	東京市下谷正三崎町 36 番地	臺中縣鹿港郵便電信局	高谷彥三郎	
17	2.3	1	佐賀縣佐賀市寺町 3 番地	臺南縣枋寮郵便電信局	北岡正誓	
18	2.3	2	東京市佐久間町 3 丁目 10 番地	臺南縣枋寮郵便電信局	中　正佐	
19	2.7	5	鹿兒島縣	臺北西門街 1 丁目 50	杉田平助	

				番戶		
20	2.7	2	石川縣金澤市	基隆和興頭街 43 番戶	?崎博	
21	2.7	1	佐賀縣中通村 122 番地	臺北縣芝林街國語學校第一附屬學校內	牟田裟裟一	
22	2.7	5	愛知縣	臺北西門街	平松雅夫	
23	2.15	2	東京市	臺北衛戍病院內	上原庄左公門	
24	2.15	180	京都市	臺北六館街 1 丁目 69 番戶	島盛	⊕ ▲ ▼ △
25	2.15	50	兵庫縣神戶市榮町 5 丁目	臺北六館街 1 丁目 69 番戶	小倉嘉一郎 （?野良吉 代）	
26	2.16	180	東京市	臺北六館街 1 丁目 69 番戶	大倉文二	
27	2.17	20	大阪府西成郡	臺北新起街 1 丁目	鐵田米吉	▼
28	2.17	50	愛知縣愛知郡	臺北府前街 3 丁目 15 番戶	天野光五郎	▼
29	2.17	50	兵庫縣神戶市	臺北建昌街 2 丁目 39 番戶	小松楠彌	
30	2.17	50	鳥取縣鳥取市	臺北西門街 3 丁目 30 番戶	安田當幣 （中 孝治 代）	
31	2.17	50	鳥取縣岩美郡	臺北西門街 3 丁目 30 番戶	木村安藏 （中 孝治 代）	
32	2.25	50	鹿兒島縣鹿兒島市	臺北建昌街 3 丁目 24 番戶	濱田良之輔 （村山治兵衛 代）	
33	2.25	180	愛媛縣松山市	臺北府前街 2 丁目 23 番戶	賀田金三郎	⊕ ▲ ▼
34	2.26	180	群馬縣利根郡	臺北府前街 1 丁目 47 番戶	久米民之助	◎
35	3.1	25	大阪市	臺北建昌街 2 丁目 43 番戶	大谷圓 （平井八郎 代）	
36	3.2	100	佐賀縣	兵庫縣神戶市	松尾寬三 （井上次郎 代）	◎ ◎▼
37	3.8	180	富山縣	臺北府前街 2 丁目 13 番戶	廣瀬鎮之	⊕ ▲ ▼
38	3.8	50	大分縣	臺北府前街 2 丁目 13 番戶	廣瀬貞文 （廣瀬鎮之 代）	
39	3.8	50	山形縣西村山郡西山村	臺北府前街 2 丁目 13 番戶	佐藤里治 （廣瀬鎮之 代）	
40	3.10	50	鹿兒島縣鹿兒島市伊勢村	臺北六館街 1 丁目 35 番地	竹下三二	

41	3.10	50	滋賀縣彦根町	臺北大稻埕港邊街 14 番戶	田邊七郎	
42	3.11	50	兵庫縣	臺北北門街 1 丁目 55 番戶	田邊直之	
43	3.11	80	東京市	臺北建昌街 1 丁目 55 番戶	江頭六郎	△
44	3.11	148	北海道	臺北建昌街 1 丁目 60 番戶	小川忠明	
45	?	10	神奈川縣橫濱市千歲町 2 丁目 15 番戶	臺北縣臺北府前街 4 丁目 25 番戶	山田喜作	
46	?	5	岡山縣岡山市東中山下 63 番戶	臺北縣臺北建昌街 1 丁目 60 番戶	森本住三郎	
47	?	3	長野縣南安臺郡東穗高村 528 番地	臺中縣鹿港彰化病院內	太田登一郎	
48	?	3	山口縣阿武郡 127 番地	臺北縣基隆郵便電信局內	原田爲直	
	合計	3000	股東共 48 名			

說明：3000 股中僅記錄 2800 餘股。

姓名前有「⊕」號者，爲「山下（秀實）派」成員。

姓名前有「◎」號者，爲「松尾（寬三）派」成員。

姓名前有「▲」號者，爲紳商協會會員。

姓名前有「▼」號者，爲臺北米穀市場股東或幹部（均持股 50 股以上）。

姓名前有「△」號者，爲臺灣協會會員。

資料來源：《臺灣總督府公文類纂》乙種永久保存，第 42 卷，（1897）明治 30 年，〈臺北電燈株式會社起株主名簿〉；《臺灣新報》第 74 號，1896 年，明治 29 年 12 月 1 日，2 版，〈紳商協會の月次會〉；第 328 號，1897 年，明治 30 年 10 月 12 日，2 版，〈五十株以上の株主〉；第 341 號，1897 年，明治 30 年 10 月 27 日，2 版，〈臺灣協會發起會〉；第 433，號1898 年明治 31 年 2 月 23 日，2 版，〈臺北電燈會社解散由來〉。

1897 年 2 月，媒體報導最新動態說：「邇來臺地風氣日開，商務大興，近如創立電燈事務會社此係極大利益，舊時雖有小試，

但祇在撫署（指劉銘傳時期），所有商民之欲求通用，費具萬金而不可得也。今承事者（指山下秀實）欲以日臺人聯絡聲氣，招股合資，不限來者資格，由一而百，均堪入股，大小悉隨。……現下興辦，不久即普放光明，共遊不夜之天，彼來此往，免假鄰壁之輝。……將來股價三倍，利市漲價可待。」[21]文中勾勒臺北電燈未來願景，充滿期待。但是最初並沒有臺人認購股票，且因經濟不景氣，48 名股東紛紛讓渡持股，最後股東僅剩 20 餘名，資金需要奧援，山下秀實乃向同為紳商協會的李春生、辜顯榮尋求資金，少數臺人也開始買入臺北電燈股票。[22]

　　由「表」來看，12 名大股東分別來自日本 10 個地方，相當分散。只有山下秀實、　谷嘉助、大倉文二 3 人來自東京市。由於臺北電燈是由山下策劃，相對於「臺北倉庫會社」由大阪、神戶等士紳為主的創設，[23]臺北電燈可說是東京地區為主的股東主導，這種因內地地緣及抵臺時間不同而分別設立不同公司（據點）的特性確實存在。比較「臺北倉庫會社」則是以阪神地區為主的商紳主導，有一半資金都在日本內地募集。[24]這是日治初期臺北市場資金匱乏之使然與必然。

　　根據 1896 年底統計，日本抵臺移民由高到低依序為熊本、鹿兒島、長崎、東京、大阪五地，總人數合計 721 戶，4006 人。

21　《臺灣新報》第 124 號，1897 年，明治 30 年 2 月 7 日，1 版，〈電股興采〉。

22　《臺灣新報》第 249 號，1897 年，明治 30 年 7 月 10 日，3 版，〈臺北電燈株式會社（續）〉。

23　《臺灣新報》第 370 號，1897 年，明治 30 年 12 月 3 日，2 版，〈倉庫會社の創立〉。

24　《臺灣新報》第 311號，1897 年，明治 30 年 9 月 21 日，2 版，〈倉庫會社の內幕〉。主要股東有塚本喜三郎、福田常三郎、松下與三郎、立石榮吉、古幡直助等，資本額 5 萬圓，計劃一半在內地募集。詎料福田、松下、古幡先後赴日後不回，任由股東催促不理。

[25]這些來自日本各地區的商紳，爲在異地立足，互相扶持，各自組成內部凝聚、外部團結的組織，如大阪地區商紳組成「大阪府商工業家懇親會」等。[26]臺北電燈大股東的「原籍」與「寄籍」，是個很好的觀察項目。

表 2 臺北電燈 12 名大股東「原籍」一覽表（持有 100 股以上）

原籍	姓名（持股數）	原籍	姓名（持股數）	原籍	姓名（持股數）
東京市	山下秀實（180） 谷嘉助（100） 大倉文二（180）	京都市	島盛（180）	大阪市	近藤喜衞門（180）
福井縣	澤井市造（180）	鹿兒島	小濱和夫（150）	愛媛縣	賀田金三郎（180）
群馬縣	久米民之助（180）	佐賀縣	松尾寬三（100）	富山縣	廣瀨鎭之（180）
北海道	小川忠明（148）				

資料來源：《臺灣總督府公文類纂》乙種永久保存，第 42 卷，（1897）明治 30 年，〈臺北電燈株式會社起株主名簿〉。

表 3 臺北電燈股東臺北「寄籍」一覽表

寄籍	人數（持股數）	寄籍	人數（持股數）	寄籍	人數（持股數）
府前街	9（975）	西門街	6（170）	臺北縣	4（9）
北門街	5（580）	臺北大稻埕	1（50）	基隆	3（7）
六館街	4（460）	文武廟街	1（50）	臺中縣	2（4）
建昌街	6（373）	新起街	1（20）		

說明：松尾寬三寄籍未在臺灣（在兵庫縣），上原庄左公門寄籍在臺北衞戍病院，均未計入。

資料來源：《臺灣總督府公文類纂》乙種永久保存，第 42 卷，（1897）明治 30 年，〈臺北電燈株式會社起株主名簿〉。

---

25 《臺灣新報》第 23，號1896 年，明治 29 年 9 月 21 日，3 版，〈臺北縣管內寄留內地戶數人口〉。

26 《臺灣新報》第 331，號1897 年，明治 30 年 10 月 15 日，5 版，〈廣告〉。

　　以廣瀨鎮之（180 股）為例，原是淺野水泥在臺灣的代表，恰巧水泥是建設硬體不可或缺的原料，讓廣瀨鎮之累積初期資本；　島盛（180 股）在大稻埕成立了「　島商行」，專門代理日本瓦業務，恰巧這也是硬體不可或缺的建材。[27]這些都是日治初期承攬官方工程的熱門項目。

　　由「表」可知，臺北電燈主要由寄籍於臺北府前街、北門街、六館街、建昌街等 24 名股東設立，4 條街的股東共持有 2388 股，佔 80%強，這足以說明這家公司的區域特色。亦即，這是一家初期抵達臺北的日本商紳集資成立的公司，「寄籍」的重要性遠高於「原籍」的地位。根據比山下秀實稍晚抵臺的小松楠彌回憶：「當時城內最熱鬧的是北門街，初來的內地人多居住於此，然後才逐漸往府前街發展。大稻埕建昌街則為外商樟腦、茶葉集散之地，為一商業繁華中心。」[28]而當時戶口調查也顯示，北門街與府前街是人口居住密度最高的地方。[29]

　　初到一個新領土，舊的地緣、業緣關係逐漸退居次要地位；新的地緣、業緣關係正透過各種公司的設立、業務之承覽，悄然建立新網絡。臺北電燈創立事務所原位於「北門街一丁目 21 番戶」，後來遷到「建昌街 1 丁目 63 番戶」（後來又遷至 60 番戶）；而山下秀實、廣瀨鎮之與李春生所屬的紳商協會，位於「建昌街 1 丁目 65 番戶」。[30]這似乎也說明了居住在 4 條街股東的地緣及業

27　《臺灣新報》第 73，號1896年，明治 29 年 11 月 29 日，4 版，廣告。

28　《臺灣日日新報》第 5000，號1914年，大正 3 年 5 月 14 日，13 版，小松楠彌，〈昔と今〉。小松楠彌於 1895 年底抵臺。

29　《臺灣新報》原件破損，1896 年，明治 29 年 11 月 28 日，3 版，〈臺北の街數及び戶數〉。根據 1896 年底的調查，臺北城內 815 戶，北門街 188 戶居冠，其次為府前街 178 戶。

30　《臺灣新報》第 74，號1896年，明治 29 年 12 月 1 日，2 版，〈紳商協會の月次會〉。

緣的密切關係。

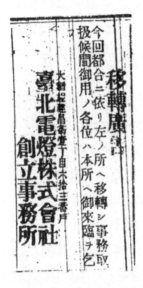

圖2　創立事務所遷移廣告

說明：地址最先在「北門街一丁目21番戶」，
　　　後遷往「大稻埕建昌街壹丁目 63 番
　　　戶」，最後在「建昌街63番戶」落腳。
資料來源：《臺灣新報》第139，號1897年，明
　　　治30年2月27，日4版，廣告。

　　理論上做為一家公司，不可能獨立於當時的社會經濟環境，
主要大股東也不可能做單一投資。事實上也是如此，100 股以上
的大股東如小濱和夫（150）、山下秀實（180）、近藤喜衛門（180）、
　谷嘉助（100）、澤井市造（180）、　島盛（180）、大倉文二（180）、
賀田金三郎（180）、久米民之助（180）、松尾寬三（100）、廣瀬
鎮之（180）、小川忠明（148）等 12 名為「核心股東」，共 2118
股，佔總股 70.6%。這 12 位大股東足以形成股份過半的主導性
（其餘還有 36 名股東），而且相當程度上都是日後「在臺日資」
的重要代表人物。

　　14 日（1897.3.14）提出的認購名單相當粗糙，資料不詳，連
山下秀實也不得不承認：「匆促提出，誤謬頗多。」於是 10 日
（1897.5.10）又提出訂正，綜合這 2 次名冊可以完整找出股東的
「寄籍」與「原籍」。

臺北米穀市場於 1896 年 12 月發起（1896.12.23 認可），大約與臺北電燈同步進行，這也是一家不同派系紳商組成的公司，卻同樣面臨資金窘困局面，與臺北電燈相同的結果。[31]

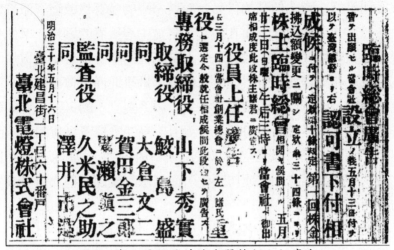

圖 3　臺北電燈臨時總會暨幹部上任廣告

資料來源：《臺灣新報》第 207，號1897 年，明治 30 年 5 月 20，日4 版，〈廣告〉。

再對照臺北米穀市場與臺北電燈大股東（發起人）名單發現：

---

31 臺北米穀原是創辦人山田海三與渡邊信夫共同創作。渡邊夙嫻此業，山田亦多所請益，詎料山田當上負責人後，獨斷自行，昔日親密漸行漸遠，這是兩人性格上的摩擦。加上中間商要繳交 300 圓保證金，但在資金難以籌集的當時，這個價位無異於天價，山田有意修改章程，降低門檻，而渡邊卻堅持規定。意見不合的結果，只有 4 名中間商繳得起保證金。另外臺北米穀每月經常性支出約 1000 圓，但每月僅有 300 圓收益，不得已裁員三分之一，尚不足 450 圓。基於人事上的分歧與收支上的調整，內部有排擠渡邊的聲浪。同年 10 月，渡邊去職。臺北米穀順便把第二次繳股金（每股 12 圓）時間延長到隔年 3 月（1898 年 3 月），以待時機。請參閱：《臺灣新報》第 311，號1897年，明治 30 年 10 月 11日，3 版，〈臺北米穀市場の紛擾（承前）〉；第 310，號1897 年，明治 30 年 10 月 19日，3 版，〈臺北米穀市場の紛擾〉；第 322，號1897年 明治30年 10月5日，3版〈臺北米穀市場臨實株主總會〉。

計有賀田金三郎、廣賴鎮之、天野光五郎、松尾寬三等對上述兩家公司皆有投資。

實則「在臺日資」中的「派系」並非一成不變的鴻溝，那裡有獲利可能，資金便開始移動。於是報酬的多寡也改變了派系表面上無可逾越的對立，而且前者常常是主導後者的關鍵。準此，臺北米穀市場的發起人代表 ── 天野光五郎本身也是臺北電燈的大股東，如果臺北電燈與臺北米穀市場是臺北商工會派系對立衍生之產物，則難以說明與山下秀實「派系對立」的天野光五郎會去認購臺北電燈股票（50 股）。[32]而且，臺北電燈董事賀田金三郎與廣瀨鎮之，同時也是臺北米穀的監事與董事。[33]顯見「派系對立論」不能盡括實際的運作變化，亦無法完整解釋臺北電燈設立的多元背景。

根據「表 1」股東名冊所載，61 天開放認購期間（1897.1.9～1897.3.11），除日本不計，臺灣最遠的認股者為北岡正誓與中正佐，兩人同樣來自「臺南縣枋寮郵便電信局」，共申購 3 股（150圓）。值得注意的是，當時有許多在郵局（郵電局）任職的人前來認購，這是否意味著這些人對電燈與電力的未來有著比一般人更長遠的認識，因此選擇這個有發展潛力的標的。雖然這些人股數不多，也難以發揮決策影響力，但卻是有趣的現象。

五、資金不足：兩次股金繳納

臺北電燈有二次股金繳納，第一次（1897.5～1897.6）情況不甚理想，山下邀請李春生等臺籍士紳參與，但因資金需求龐大，

---

32 《臺灣總督府公文類纂》乙種永久保存，第 42 卷，（1897）明治 30 年，〈株式會社臺北米穀市場發起人變更并改印〉。
33 《臺灣新報》第 219，號1897 年，明治 30 年 6 月 3 日，4 版，〈廣告〉。

效果有限。第二次（1897.12～1898.1）狀況亦差，隨後臺北電燈即宣布解散。山下秀實雖努力超越大環境的侷限，但仍難以突破資金緊縮窘況的制約。

圖 4　島盛在大稻埕的「　島商行」
說明：　島盛（180 股）在大稻埕成立了「　島商
　　　　行」，專門代理日本瓦業務，這也是硬體不
　　　　可或缺的建材。多數大股東都是以代理建材
　　　　起家。
資料來源：《臺灣新報》第 73，號1896 年，明治 29
　　　　年 11 月 29，日4 版，廣告。

臺北電燈核准籌備（1896.11.24），刊登股票廣告（1896.12.9），預定資本額 15 萬圓，每股 50 圓，共 3 千股。有意者先繳交每股保證金 2 圓（在 1897.2.7 以前）。[34]

初期日本在臺金融機關僅有日本銀行與中立銀行 2 處，前者業務主要是國庫與匯兌；後者業務主要是不動產與股票債券之貸放款業務。[35]臺北電燈的股票，理所當然向中立銀行申請。根據史料顯示，臺北電燈「假株券」申購狀況非常良好，數目更達預定額一倍以上。[36]於是接著召開創業總會，據報載：

34　《臺灣新報》第 119，號1897 年，明治 30 年 1 月 30日，原件破損無版次；
　　第 210，號1897 年，明治 30 年 5 月 23，日4 版。
35　《臺灣新報》第 116號，1897 年，明治 30 年 1 月 27日，2 版，社說，〈金融
　　機關〉。
36　《臺灣新報》第 108 號，1897 年，明治 30 年 1 月 17日，3 版，〈電燈會社

> 本日上午 9 點，臺北電燈在建昌街開會，議定社內各項事
> 宜，俾本島迅速點起電燈。誠有無限好景也，而来 30 日擬
> 於淡水館大開總會云云。[37]

　　翌年 1 月（1898.1），「臺北電燈株式會社創立事務所」成立，
開始著手硬體設備與股票籌募工作。[38]根據股東名冊所載，共有
48 名股東，裡面沒有任何一位臺籍股東，悉為日人。[39]《臺灣新
報》得知臺北電燈成立後高興地報導：「今聞欲得該會社股分者頗
多，⋯⋯吾得見臺北全地電光火耀，朗如白日，光芒四射，變成
不夜之天，電燈之流行，即知臺北復旦之光矣。」[40]臺北電燈是
在輿論一片期待聲中展開的，至少平面媒體報導是樂觀其成的。

　　の株申　み〉。

37　《臺灣新報》第 412 號，1898 年，明治 31 年 1 月 28 日，1 版，〈電燈會議〉。

38　《臺灣總督府公文類纂》乙種永久保存，第 42 卷，（1897）明治 30 年，〈臺
　　北電燈株式會社定款〉第 10、11 條規定。事務所第一步工作是辦理股票申
　　購，自 1897 年 1 月 9 日開始登記，到同年 3 月 10 日完畢，招募期間約 60
　　天。股金分 4 期繳納，每期繳 25%。30 天前股東會接獲繳費通知，自第一
　　次繳費日起 10 個月內需全額繳納完畢。逾期每百圓增收 8 錢／日計算利息。

39　《臺灣總督府公文類纂》乙種永久保存，第 42 卷，（1897）明治 30 年，〈臺
　　北電燈株式會社起株主名簿〉。1897 年 4 月，開始選舉幹部，依會社定款規
　　定，置 1 名負責人（常務取締役）、5 名董事及 2 名監事，須持 50 股以上股
　　東方有被選舉權。負責人則由董事互選。4 月 5 日，選出負責人為山下秀實，
　　董事為大倉文二、賀田金三郎、廣瀨鎮之、　島盛，監事有久米民之助、澤
　　井市造。由主要幹部來看，幾乎都是以持股在 180 股者擔任，48 名股東中
　　其實只有山下秀實等七位持股具有決定性，其餘股東有的祇 1 股，有的僅
　　10 股，均微不足道。

40　《臺灣新報》第 109，號 1897 年，明治 30 年 1 月 19 日，1 版，〈電燈公司〉。

圖 5　臺北電燈株式會社股票招募廣告

資料來源：《臺灣新報》第 119，號1897 年，明治 30 年 1 月 30 日。

　　由於當時臺北電燈尚在籌設階段，沒有真正股票，只以「假
株券」、「假券狀」做為將來交付「真株券」之依據。依照「假株
券」背面圖案顯示，股金分 4 次繳納，每股每次繳 12.5 圓，繳納
後由常董蓋章證明，全部繳納完畢後換發真正股票。股金於繳費
前 30 天發出通知，逾期每百圓每日徵收滯納金 8 錢。[41]

　　14 日（1897.3.14）開股東創業總會。26 日（1897.3.26）山
下秀實向臺北縣知事橋口文藏提出臺北電燈設立申請書（轉呈乃
木希典總督）。[42]並隨件列出 5 條章程總則：

　　第一條　本會社為有限責任株式組織。

---

41 《臺灣總督府公文類纂》乙種永久保存，第 42 卷，（1897）明治 30 年，〈臺
　　北電燈株式會社起株主名簿〉。
42 《臺灣總督府公文類纂》乙種永久保存，第 42 卷，（1897）明治 30 年，〈臺
　　北電燈株式會社起株主名簿〉。

第二條　本會社由電燈業務開始，圖謀公私便益，期時勢
進步，增進發達。

第三條　本會社社名為臺北電燈株式會社，設置於臺灣臺
北。

第四條　本會社資本額 15 萬圓，股票 3 千股，每股 50 圓。

第五條　本社電燈設立費及營業收支概算（詳見後文）。[43]

　　股東大會中選出負責人（專務取締役）山下秀實；董事（取
締役）　島盛、大倉文二、賀田金三郎、廣瀨鎮之；監事（監察
役）久米民之助、澤井市造。2 日（1897.4.2），山下秀實將名單
送呈總督府，並於終於一個多月後（1897.5.13）獲准成立。

　　從營業章程亦能看出端倪。根據第三章「役員」規定，公司
設董事 5 名，監事 2 名，必需持有 50 股以上方能擔任；任期 2
年，連選得連任之。至於常董（負責人）則由 5 名董事互選產生。
董、監事薪津由股東總會決定，其餘幹部薪津則由臺北電燈幹部
會議決定。最重要的一條是：「公司盈餘（積立金）分配由股東總
會決議，呈請臺灣總督認可。」[44]這一規定緊抓公司自主發展的
可能性。從此以後，大至公司「再投資」比例、股利分配、債務
償還等事務；小至滾存金、幹部獎金、出差費等事務，總督府皆
得「依法有據」干預、介入。日本電力公司與官方最常往來的是
地方政府、「警視廳」或中央的「遞信省」，但在臺灣則要由總督
府審核，層級較日本更高，這也讓總督府有更多的參與權。

43　《臺灣總督府公文類纂》乙種永久保存，第 42 卷，（1897）明治 30 年，〈臺
　　北電燈株式會社起株主名簿〉。

44　《臺灣總督府公文類纂》乙種永久保存，第 42 卷，（1897）明治 30 年，〈臺
　　北電燈株式會社起株主名簿〉。

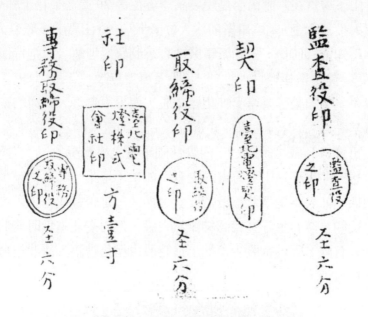

圖 6　臺北電燈各式印章

資料來源：《臺灣總督府公文類纂》乙種永久保存，第 42 卷，（1897）明治 30
　　　　年，〈臺北電燈株式會社起株主名簿〉。

　　每年分 1～6 月，7～12 月 2 個會計年度；7 月及 12 月 2 次股
東總會。每期盈餘處理原則為：準備積立金 5％，特別積立金 20
％，幹部獎金 5％，餘則為後期滾存金。

　　第 1 次股金繳納情形不如預期，山下秀實雖到過東京，但提
交給總督府的只是粗略的估價單（見積書），加上顧問技師岩田武
雄涉及一起案件被捕，引發投資者間信心危機，部份股東開始拋
售持股，一切變數仍多。[45]但山下秀實仍嘗試努力著，為了擴大
資金基礎，以時待機，他想到了李春生。

<hr />

45　《臺灣新報》第 433，號1898 年，明治 31 年 2 月 23日，2 版，〈臺北電燈會
　　社解散由來〉。

　　山下秀實在六館街小島屋宴請李春生等 20 餘名臺籍士紳，鼓吹臺人投入資金，電燈事業前途大好云云……。出席的多數臺人，多半不知電為何物，對此新事業內容感到難以理解，並抱持懷疑的態度，除少數指標性人物外，認股者寥寥無幾。[46]7 月（1897.7），李春生、辜顯榮等臺籍士紳相繼認股，使得原無臺人參與的臺北電燈基礎擴大，李春生舉杯共賀說：「這是內臺人間之共同事業。」報紙更連日刊載，說這是「內臺共同事業之模範現象。」[47]換個角度想，如果不是山下秀實的主意，如果不是第一次繳納股金不如預期，如果不是臺北電燈需要資金挹注，是否會找臺人入股，不無疑問。李春生等臺籍商紳雖然入股，但對臺北電燈財務的改善十分有限，因為持股少；加上日籍股東拋售轉讓，臺北電燈資金增加無幾。

圖 7　臺北電燈股票認購保證金繳納廣告

46　《臺灣新報》第 436，號1898 年，明治 31 年 2 月 26 日，2 版，〈臺北電燈會社解散由來（承前）〉。
47　《臺灣新報》第 248，號1897 年，明治 30 年 7 月 9 日，3 版，〈臺北電燈株式會社〉。

資料來源：《臺灣新報》第 115，號1896 年，明治 30 年 1 月 26，日4 版，廣告。

　　8 月（1897.8），電燈計劃面臨瓶頸，原訂工地（臺北江濱街）之取得因地主不許而陷入停頓，[48]負責人山下秀實即向李春生接洽，將地點改爲淡水河畔，該地屬李春生所有，由臺北電燈與之訂約，「永久借入」。用地問題稍告解決，機器採購則仍由山下秀實負責。[49]江濱街「位於臺北市之西，通迫淡水河，地勢低下，每年颱風必淹。」[50]假使臺北電燈成立，還得面對颱風淹水的可能。

　　9 月（1897.9），接受電燈申請，但此時尚未購入發電設備，而要視預約燈數才決定購買發電機的容量。[51]10 月（1897.10），開始交付股票，並催繳金額。12 月（1897.12），發出第二次繳費通知，每股需再繳 12.5 圓。[52]由於 2 次股金繳納不如預期，臺北電燈無以爲繼，逐於翌年初（1898.2）宣布解散。

六、臺北電燈軟硬體籌備情形

　　臺北電燈雖然失敗，但在軟硬體方面亦有一定成績，故此而言，臺北電燈失敗中有成功。臺北電燈除了辦理兩次股金繳納之外，還完成了臺北市電燈使用意願的市場調查、聘請總工程師、實際測量輸電線路、訂定發電系統、工程招標、預約登記申請、

---

48 《臺灣新報》第 270 號，1897 年，明治 30 年 8 月 4 日，2 版，〈臺北電燈會社〉。

49 《臺灣新報》第 312 號，1897 年，明治 30 年 9 月 22 日，2 版，〈電燈會社の重役會議〉。

50 《臺灣日日新報》第 5731 號，1916 年，大正 5 年 6 月 11 日，6 版，〈江濱街填地工事〉。

51 《臺灣新報》第 304，號1897 年，明治 30 年 9 月 12 日，6 版。

52 《臺灣新報》第 332 號，1897 年，明治 30 年 10 月 16 日，6 版；第 378 號，1897年，明治 30 年 12 月 10日，6 版。

修繕劉銘傳遺留發電設備、制定營業章程、組織架構等等。其中尤其以發電系統與修繕清末設備最為特殊，因為以往學界並不知道直、交流在臺灣的轉折及劉銘傳設備的最後下落。透過臺北電燈，能為歷史的連續性做一清楚銜接。

　　首先在技術設備方面，1897 年 3 月 13 日，臺北電燈聘請總工程師（主任技師）抵臺，未幾，工程師就因水土不服罹患重病，急回東京療養。[53]19 日（1897.3.19），山下秀實又覓得總工程師森本住三郎。

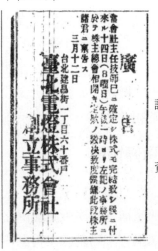

圖8　總工程師聘任廣告
說明：第一任總工程師（主任技師）抵臺沒幾天
　　　就因水土不服罹患重病，急回東京療養，
　　　實際上臺北電燈是由第二任工程師森本
　　　住三郎負責規劃。
資料來源：《臺灣新報》第 150 號，1897 年，明
　　　　　治 30 年 3 月 12 日，4 版，廣告。

　　森本住三郎為「士族」之後，1871 年生於日本岡山縣，13 歲（1884）畢業於該縣圖書專門學校，14 歲（1885）登上大阪商船「讚貫丸」實習，15 歲（1886）進入遞信省電氣實驗場雇員，16 歲(1887)進入東京芝浦田中電氣製造所擔任課員，17 歲(1888)

<hr />

53 《臺灣總督府公文類纂》乙種永久保存，第 6 卷第 4 門，（1897）明治 30
　　年，〈臺北電燈株式會社創立申請の件〉；乙種永久保存，第 7 卷，（1897）
　　明治 30 年，〈臺北電燈株式會社技師撰定と關け件〉；《臺灣新報》第
　　151號，1897年，明治 30 年 3 月 13，日原件破損無版次，廣告。

任職東京市警視廳電信課，18 歲（1889）任職東京士官學校電燈
發電所技手，21 歲（1892）進入東京赤羽橋兵器工作所電氣部調
製課（掛），23 歲（1894）進入東京電燈會社電氣試驗課（掛），
24 歲（1895）隨軍渡臺，擔任臺灣兵站監部職工長，負責建立臺
北營舍與醫院，25 歲（1896）轉入臨時臺灣鐵道隊擔任機械，負
責臺北到汐止間電報線之建立，同年昇任「電信保守掛主任」，26
歲（1897）3 月 15 日辭職。[54]

　　從學歷來看，森本住三郎並非電氣科畢業，學歷不高，專業
理論不足，任職臺北電燈時年僅 26 歲，職位位階不高，流動率大
（平均每項工作不到一年），似乎不是擔任工程師的料。但從經歷
來看，他的經驗豐富而多樣，涵蓋電信、電氣、建築、電話、通
訊、土木、船舶等等，比起甫出東大電氣科的大學生而言毫不遜
色。權衡各項優缺點後，山下秀實決定肯定他的經歷加以聘用，
也反映專業的電力專長人材在日治初期的臺灣是如何的難找。

表 4　臺北電燈硬體設備一覽表

項目	內容	項目	內容
建地及主要建築物		ソイン電流計	1 個
發電廠建地（敷地）	1000 坪（*1）	ニュートラル電流計	1 個
煙囪（煙突）	400 馬力用（*1）	グラウンドデテクタ	1 個
發電廠（發電所）	400 坪房屋（*1）	スーダー、イクオライザー（200A）	12 個
煤炭庫（石炭庫）	150 坪（*1）	弧光燈（附屬品一式）	10 個
倉庫	50 坪（*1）	電燈線路用設備	
辦公室（事務所）	30 坪（*1）	130 號包覆銅線	3000 封度

54　《臺灣總督府公文類纂》乙種永久保存，第 42 卷，（1897）明治 30 年，〈臺
　北電燈株式會社主任技術者撰定報告〉。

附屬家	100 坪（*1）	0 號包覆銅線	2000 封度
汽罐室設備		2 號包覆銅線	2000 封度
100 馬力「ルーツ」形氣罐	3 個	4 號包覆銅線	1000 封度
「グリイン」形節碳器	1 個	11、12、14 號包覆銅線	3000 封度
「ウォーンントン」形喞筒	1 個	16 號包覆銅線	2000 封度
2 百馬力 3 次澎賬形汽機	2 個	雷除線	2200 尺
2 百馬力汽機用收縮器	2 個	饋電線用電桿	120 枝
鐵罐製汽管	1 式	幹線用電桿	160 枝
發電室設備		支柱用電桿	56 枝
60kw（120V）直流式發電機	4 個	碗木、礙子及其它附屬品	一組
ハンドレギュレーター	4 個	附屬器具	
電流計（480A）	4 個	電燈線建築器械	1 式
開關（480A）	4 個	電工器械	6 組
開始開關	6 組(1 組 3 個)	汽罐室器具	1 式
啟動電流計（200A）	12 個	發電式器具	1 式
電壓計（80～150V）	12 個	試驗器械	1 式
標準電壓計（50～200V）	1 個		

資料來源：《臺灣總督府公文類纂》乙種永久保存，第 42 卷，（1897）明治 30 年，〈臺北電燈株式會社敷地并建物目錄〉。

由「表」可知，最重要的發電機是「60kw（120V）直流發電機 4 臺」，可見一開始是以直流系統爲主。這種系統固然使成本低廉（距離限制約 2km，難以擴大規模），但卻使大部份電能以熱能形式消耗在輸電線上，真正達到用戶端的電量有限，對照當時世界技術發展，實非長久之計。而且設備中沒有昇壓機，120V 直接輸到用戶端電燈，電流必大，耗損亦多。能夠節省多少成本不免另人質疑。

　　很快地，臺北電燈就明瞭直流系統的缺點，並將系統改為 300 馬力汽罐機；120kw，2KV 的交流發電機，此機為美國「セテラル」電機製造所進口，幾乎都是美國進口的設備，最後利用變壓器降低為 100V 輸用戶端使用。[55]1896 年 11 月申請時，發電機預定為 4 臺 60kw 直流發電機，電壓 120V。[56]1897 年 1 月，短短 2 個月中，發電設備已由直流改為交流，輸電電壓由 120V 昇為 2KV。這顯示臺北電燈已注意到世界潮流，引進新的發電技術與設計概念，象徵直交論戰在臺灣的過渡，起步較早的日本東京地區，直流系統的建置已有一定基礎，也是系統更新的阻礙。

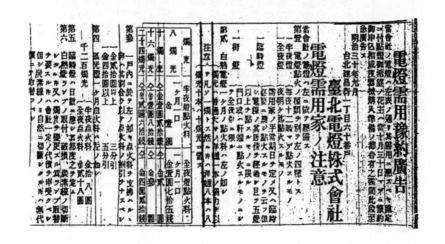

---

55 《臺灣總督府公文類纂》十五年永久保存，第 2 卷第 7 門，(1897) 明治 30 年 4 月 30 日，〈臺北電燈株式會社工事方法〉。

56 《臺灣總督府公文類纂》乙種永久保存，第 42 卷，(1897) 明治 30 年，〈臺北電燈會社設計大要〉。

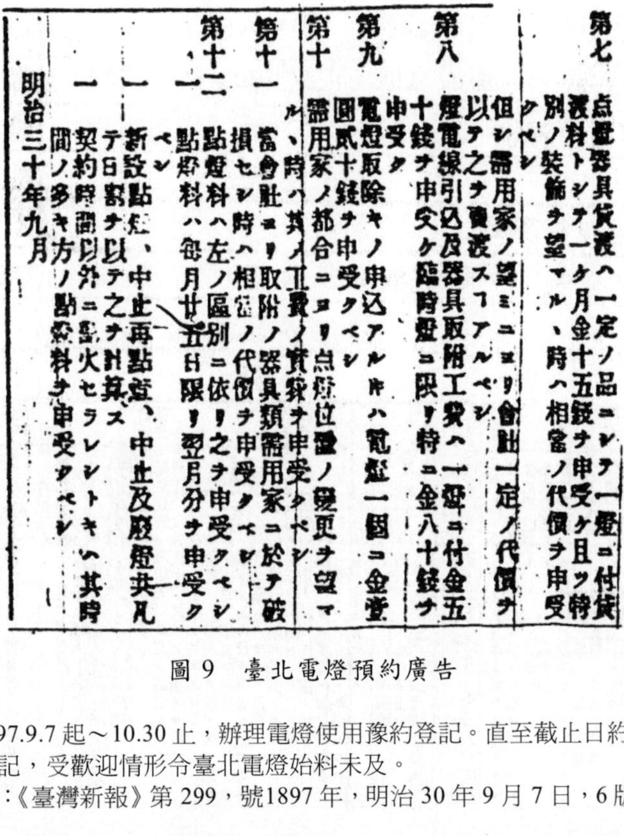

第七 点燈器具貸渡ハ一定ノ品ニシテ一燈ニ付貸
渡料トシテ一ケ月金十五錢ヲ申受ケ且ツ特
別ノ裝飾ヲ望マル、時ハ相當ノ代價ヲ申受
クベシ
但シ需用家ノ望ミニヨリ會社一定ノ代價ヲ
以テ之ヲ賣渡スヿアルベシ
第八 屋電線引込及器具取附工費ハ一燈ニ付金五
十錢ヲ申受ケ臨時燈ニ限リ特ニ金八十錢ヲ
申受ク
第九 電燈取除キノ申込アルトキハ電燈一個ニ金壹
圓貳十錢ヲ申受クベシ
第十 需用家ノ都合ニヨリ点燈位置ノ變更ヲ望マ
ル、時ハ其ノ工費ノ實費ヲ申受クベシ
第十一 當會社ニヨリ取附ノ器具類需用家ニ於テ破
損セシ時ハ相當ノ代價ヲ申受クベシ
第十二 點燈料ハ左ノ區別ニ依リ之ヲ申受クベシ
一 點燈料ハ每月廿五日限リ翌月分ヲ申受ク
ベシ
一 新設點燈、中止再點燈、中止及廢燈共凡
テ日割ヲ以テ之ヲ計算ス
一 契約時間以外ニ點火セラレシトキハ其時
間ノ多キ方ノ點燈料ヲ申受クベシ
明治三十年九月

圖 9　臺北電燈預約廣告

說明：1897.9.7 起～10.30 止，辦理電燈使用豫約登記。直至截止日約有千于件登記，受歡迎情形令臺北電燈始料未及。

資料來源：《臺灣新報》第 299，號1897 年，明治 30 年 9 月 7 日，6 版，廣告。

臺北電燈設立之初即以電燈爲主要業務，在會社定款第二條中明言：「本會社以電燈業務爲始，圖公私便利，期隨時勢之推移而增進發達。」[57]根據市調報告決定裝置容量，發電機使用煤炭機組，暫定供給電燈 2000 個，大稻埕市調是 874 個，設計以 1000

57　《臺灣總督府公文類纂》乙種永久保存，第 42 卷，（1897）明治 30 年，〈臺北電燈株式會社起業目論見書〉。

個為初步規劃、城內市調 515 個，設計 600 個、艋舺市調 286 個，設計 400 個。故臺北電燈在設計書中說：「我臺北電燈營業區域以城內、大稻埕、艋舺三地用戶數為預測，根據調查來設計工事。」[58]電費方面，每月 1.8 圓（定額燈）。[59]這個價格實在很貴，但臺北電燈也有說帖：

> 夜燈每月 1.8 圓，如大阪燃料費低廉，每月 1.2 圓，東京地區 1.65 圓。[60]

臺北電燈把價格歸諸於臺北的燃料費昂貴所致。至於有多貴？是否貴到讓臺北電燈難以經營？下面另有探討。

表 5　臺北電燈市調情形

單位：個

營業種類	城內	大稻埕	艋舺	營業種類	城內	大稻埕	艋舺
官用	175	45	36	樟腦	6	24	2
雜貨店	75	13	62	醫業	4	20	2
飲食店	74	3	52	金物	0	18	2
史料無法辨識	32	1	4	時鐘（時計）	2	17	0
承包商（受負業）	28	0	0	?屋	0	15	5
裁縫	16	14	5	酒類	2	14	6
批發商（仲買）	12	2	0	運輸（回漕）	2	12	0
澡堂（湯屋）	10	0	0	砂金	0	12	0
印刷	10	2	0	陶器	3	11	2
彈珠汽水（ラムネ）	6	1	0	家具	0	10	1
洗衣業（洗濯）	5	2	0	染物	0	10	1
照像館（寫真）	4	1	0	製靴	1	10	2
寄席	4	0	0	茶店（喫茶店）	3	8	5

58 《臺灣總督府公文類纂》乙種永久保存，第 42 卷，(1897) 明治 30 年，〈臺北電燈會社設計大要〉。

59 《臺灣史料稿本》，(1897) 明治 30 年 5 月 13 日，〈臺北電燈株式會社ノ設立ヲ認可ス〉。

60 《臺灣總督府公文類纂》乙種永久保存，第 42 卷，(1897) 明治 30 年，〈臺北電燈會社設計大要〉。

遊戲	2	0	0	伐木	0	7	0
屠牛	2	2	0	花？	0	6	1
砂金	0	0	0	銀行業	3	6	0
茶業	0	158	20	皮箱	0	5	1
鴉片（阿片）	0	54	14	竹細工	0	5	4
穀物	0	48	10	玉器	0	5	2
「及物」	10	48	0	油類	0	5	2
藥局（藥種）	5	34	6	雕刻	1	4	1
海產	0	34	7	合計（1675）	515	874	286
餅乾	6	26	7	百分比	31%	52%	17%

說明：電燈規格以 16cp 白熱電燈為基準。
資料來源：《臺灣總督府公文類纂》乙種永久保存，第 42 卷，（1897）明治 30
年，〈電燈需要數見積調查表〉。

由於臺北電燈曾做過大規模的市調，製成「臺北電燈需要數見積調查表」，調查地域包括臺北城內、大稻埕、艋舺三地，總燈數達 1,675 個。可見臺北電燈以 2 千個為預備目標並非隨意訂定，而是有基本的市調。

根據調查表的記載，當時電燈使用意願依地區分，城內 515 個（31%）、大稻埕 874 個（52%）、艋舺 286 個（17%）；城內用戶集中西門街、北門街、府前街，大稻埕用戶集中於南部，艋舺集中西南方。

依職業群分，城內的電燈幾乎圍繞新移民食、衣、住、行的相關產業。例如新設的官衙就需要 175 個，佔城內總燈數的 34%，位居第一；其次是雜貨店與飲食店，分別有 75 個與 74 個；剩下的彈珠汽水、澡堂、照像館等行業也都有相當的日本特色與屬性。新移民大量湧進，帶來不同的生活方式，臺北電燈能迅速在臺北城內「複製搬移」一個熟悉、習慣的照明活動空間。

大稻埕方面，以茶業為第一，共 158 個，佔當地總燈數的 18%；其次是鴉片（54 個）、穀物（48 個），幾乎都是大稻埕最具代表性的重要產業，尤其米、茶、樟腦是延續清末經濟發展的出口

大宗，資本累積的結果，讓大稻埕的進（出）口商有意願，也有能力負擔電燈費用。將城內與大稻埕相較可知，前者以日人居多，同時也是政治中心，後者則以經貿見長。因此澡堂、照像館大部份在城內而非大稻埕，茶業、樟腦在大稻埕而非城內地區。

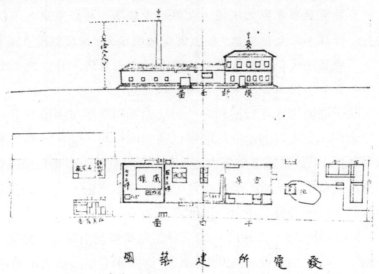

圖 10　臺北電燈會社發電所建築圖（1：600）
資料來源：《臺灣總督府公文類纂》十五年永久保存，第 2 卷第 7 門，（1897）
　　　　明治 30 年 4 月 30 日，〈臺北電燈株式會社設計附屬圖〉。

　　比較不起眼的是艋舺，不似城內具有行政中樞位置，也沒有大稻埕的經貿龍頭地位，於是反映在電燈上就是數量稍稍遜上述兩區，僅 286 個電燈，佔總數的 17%。[61]

　　9 月起辦理電燈預約登記（1897.9.7～10.30），不到 2 個月累積了千餘件申請書，平均每天 18～20 件，歡迎情形令臺北電燈始料未及。收費方面，訂每月 25 日收取當月電費，同時爲了吸引顧

─────────────

61　《臺灣總督府公文類纂》乙種永久保存，第 42 卷，（1897）明治 30 年，〈電燈需要數見積調查表〉。

客，還提供最早的電費優待方案。[62]

發電廠預定建於淡水河畔，艋舺的西北方，輸電線分別以 9
千、7 千、6 千尺送至大稻埕、城內與艋舺。在這份計劃大要中另
外提到：

> 發電廠用水取之不竭，但燃料費頗高，技術家缺乏，機械
> 修理工廠乏地建立。加上供電地域廣大，採用低壓直流式，
> 機器速度低，可省燃料，最為適當與經濟。目前依 2 千個
> 設計，將來伴隨市況繁榮加以擴充。[63]

除了機器用水比較便利之外，技術、場地都還困擾著這家公
司的未來，更重要的是無法取得低廉的燃料費，成本降不下來，
市場就打不開。供電區域廣大，不應用直流系統而應用交流系統，
因為直流會增加輸電的線路損耗。但從成本考量，交流電所需資
金較低，較符合臺北電燈的現況需求。

8 月（1897.8），股東之一的李春生邀集臺籍士紳於大稻埕「小
島屋」召開「相談會」（顧問會議），席間李春生向賓客推銷電燈
是最有利益事業，為「內臺人間之共同事業。」[64]李春生因其經
歷關係，早在臺北電燈籌備前夕，李已東遊日本，在其〈東遊六
十四日隨筆〉中不乏對日本大城市電氣化之記錄。[65]準此而言，

62　1897 年 10 月臺北電燈規定：每月電費 20 圓以上優待 3%，40 圓以上 5%，
　　這是日治時期臺灣最早電費優待之記錄。請參閱：《臺灣新報》第
　　323 號，1897 年，明治 30 年 10 月 6，日 2 版，〈臺北電燈株式會社紀事〉。
63　《臺灣總督府公文類纂》乙種永久保存，第 42 卷，（1897）明治 30 年，〈電
　　燈需要數見積調查表〉。
64　《臺灣新報》第 291 號，1897 年，明治 30 年 8 月 28，日 2 版，〈臺北電燈の
　　相談會〉。
65　例如李春生抵達東京時，發現當地夜晚「電燈照耀輝映，如同白晝。」又說
　　電燈讓「街市燈火照耀，如同白日，男女往來買賣者多於白晝。」請參閱：
　　《臺灣新報》第 14 號，1896 年，明治 29 年 8 月 24，日 1 版，李春生，〈東
　　遊六十四日隨筆〉；第 25 號，1896 年，明治 29 年 9 月 25，日 1 版，李春生，

李春生對新事物的接納度，應高於一般臺籍紳商。同年 11 月（1897.11），森本前往日本搬運機械返臺，開始展開實際工作，報載：

> 臺北電燈會社目前因機械未備，即遣森本住三郎往內地搬運，至昨日歸社，即於下午五時集社員協議，將實測路線之架設。今早已於大稻埕插標，大約一條街之內共設電線三根。想不日即將著手，完峻後則又成一夜市矣。[66]

由此可知，臺北電燈從內地採買了部份硬體設備，短短 10 天（1897.10.29～11.8），森本住三郎完成了輸電線測繪，但特別的是，硬體清單中似不包含最昂貴的發電機。[67]然而在臺北電燈解散之後，這些硬體設備又到那去了呢？根據顯示，1898 年初臺北電燈解散同時，總督府製藥所內開始架設電燈，但這是否為臺北電燈之遺留，尚有待釐清。

談到電燈不能忽略 1888 年劉銘傳引進的弧光燈，但是劉去職後，究竟這些設備的命運如何？如果有用，那些單位在用？如果沒用，下落何在？日本人來了以後，如何處理劉銘傳購買的發電設備？或是在日本人抵達之前，已將設備摧毀？這些問題隨著劉的去職而消失，甚少受到學界研究的關注。

史料中發現，臺北電燈嘗試接收這批設備，原來日人接收臺灣後，將劉銘傳時期的發電設備放在砲兵工廠內，而砲兵工場原是清朝的機器局（今北門外鐵路局宿舍附近）。根據 1898 年東仙的參觀記錄，他從北門出去後數百步，看到很多煙囪，那就是砲

〈東遊六十四日隨筆〉。

66 《臺灣新報》第 344 號，1897 年，明治 30 年 10 月 30，日 2 版，〈電燈會社の重役會議〉。

67 《臺灣新報》第 349 號，1897 年，明治 30 年 11 月 9，日 2 版，〈電燈架設の實測濟〉。

兵工廠:「本廠是清朝時期的機器局,光緒 12 年(1886)開設,明治 28 年(1895)6 月入城時為叛民劫掠,重要機關多數毀壞,同年 10 月供臺灣兵器修理所使用,並對破壞設備進行修繕,明治 30 年(1897)改稱臺北砲兵工廠。」[68]行至砲兵工廠的第三工場內,東仙也發現「旁邊是原發電所裝置,被破壞的發電機零件逐層堆起,似成廢鐵。」[69]劉銘傳當年引進的昂貴設備,似歸無用。

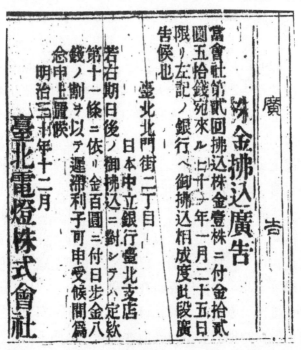

圖 11　臺北電燈第二次繳納股金廣告

說明:決定徵收第二次股金時,山下秀實與賀田金三郎聯袂赴日尋求解套措施,但似乎效果有限。

68　《臺灣新報》第407號,1898年,明治31年1月22,日3版,東仙,〈臺北砲兵工廠參觀記〉。

69　《臺灣新報》第408號,1898年,明治31年1月23日,4版,東仙,〈臺北砲兵工廠參觀記〉。

資料來源：《臺灣新報》第 380，號1897 年，明治 30 年 12 月 15，日5 版，〈廣
　　　　告〉。

　　由上分析，劉銘傳主政時所購設備在去職後仍安置於原官
衙，亦有繼續使用，根據已故耆老回憶，至少使用到 1893 年。發
電設備雖因戰爭破壞，幾成廢鐵，但對資金缺乏的臺北電燈而言，
廢鐵也有再生的可能。因爲臺北電燈總工程師森本住三郎曾想將
這批設備修復（1897.11.16），以供「臺灣戰役」陣亡將士「招魂
祭式」使用。[70]但嘗試一天後，森本住三郎宣告放棄，這批幾年
前仍在使用的設備，似乎經歷過戰爭後，不易修復。[71]

　　這一年年底（1897.12）山下秀實又往日本作最後的努力，此
行聯袂前往的還有賀田金三郎，兩人攜回日本同業者的調查書、
預算書以供參考，「自京歸社後即在社內開重役會議。」
（1897.12.11）[72]由於資金無著，李春生等臺籍股東加入幫助有
限，於是會議決定向股東徵收第二次股金繳納，發電設備則待資
金繳納後再購買。[73]繳納通知登報（1897.12.15）後，在期限內
（1898.1.25）需繳畢，通知中特別提醒股東：「逾期者，每一百
圓徵收 8 錢（日）利息。」預計期限的隔天（1898.1.26）開會，
決定何去何從。[74]

　　1899 年報載：「昔有內地人擬設電燈會社，資本金約 15 萬圓
之多，事業將成而忽解散，殆從中有所阻礙，致失我臺人之願望。」

70　《臺灣新報》第 357，號1897 年，明治 30 年 11 月 16 日，3 版，〈電燈會社
　　の點燈〉。
71　《臺灣新報》第 358號，1897 年，明治 30 年 11 月 17，日2 版，〈電燈〉。
72　《臺灣新報》第 378號，1897 年，明治 30 年 12 月 12，日1 版，〈重役會議〉。
73　《臺灣新報》第 378號，1897，年明治 30 年 12 月 12，日2 版，〈電燈會社
　　重役會議〉。
74　《臺灣新報》第 380號，1897 年，明治 30 年 12 月 15，日5 版，〈廣告〉。

[75]為什麼看起來一切順利的臺北電燈會以解散收場，又是什麼「阻礙」致使這家公司解散。其實，最大原因在於資金不足。

　　1898 年 1 月，臺北電燈再度召開股東大會，尚無重大變化，「該社自去年底議設以後，因器械未來，散延至今。若今總會召開後，則電燈設於臺北一帶，而夜市不減日市也，夫固不卜可知矣，聊且拭目以待。」[76]器械所以未備，主要是資金無著，有電燈公司而缺發電機，豈不奇怪。又因資金無著，開會僅能「議定規矩」（營業章程）而已。2 月初，開始進行工程招標，一切也在掌握中進行。[77]同月 14 日晚間 6 時，會議於六館街臺北倉庫合資會社樓上召開，其中出席股東計 37 名。

圖 12　臺北電燈株式會社解散廣告

<hr />

75　《臺灣日日新報》第 345 號，1899 年，明治 32 年 7 月 2，日5 版，〈電燈事業〉。
76　《臺灣新報》第 396 號，1898 年，明治 31 年 1 月 16，日1 版，〈電燈開會〉。
77　《臺灣新報》第 402 號，1898 年，明治 31 年 1 月 16，日5 版；第 421 號，1898 年，明治 31 年 2 月 8，日6 版；第 418 號，1898 年，明治 31 年 2 月 4。

資料來源：《臺灣日日新報》第 35，號1898 年，明治 31 年 6 月 15，日1 版。

　　日本的景氣榮枯亦影響臺灣市場資金動向。日治初期，大阪商人搶先在臺北設立中立銀行分行，對各種硬體建築、新事業提供放款，因此日治初期臺北經濟界與大阪市場密不可分。但隨著日本經濟不景氣延燒大阪，造成臺北資金緊縮，山下秀實難以籌措龐大資金，臺北許多餐飲店由大阪商人所開，紛紛倒閉。[78]這是臺北電燈解散前夕的經濟背景。

　　會議一開始，山下秀實起身致詞說：「我與幹部意見一致，當前經濟界恐慌，繳納股金大受影響，計劃未能如期進行，提出解散提議供大家討論。」部份股東也認為當前經濟不景氣，集資狀況不如預期，今日雖解散，但他日可東山再起。大股東江頭六郎、近藤喜衛門等數名股東也附議贊成，全案經全體股東再三討論後，決定解散，待將來有機會再圖成事。[79]

　　解散的決議通過後，隨即由山下秀實報告「股票損失調查概算表」，全場通過。並選出山下秀實、江頭六郎、田村佐太郎 3人為精算委員，幹部並交回已領取薪資（常務董事 600 圓，董事150 圓），並發表解散聲明：

> 本會社經認可後已進行第一次及第二次股金繳納，事業著手並循序漸進當中，但今經濟界恐慌襲來，股東承擔超乎預料的衝擊，難以繼續負擔股金之繳納。……經本月 14日開會後，解散乃不得不的結果，特此周知。[80]

---

78 《臺灣新報》第 366號，1897 年，明治 30 年 11 月 28日，2 版，〈臺灣の不景氣と大阪の不景氣〉。

79 《臺灣新報》第 428號，1898 年，明治 31 年 2 月 17 日，5 版，〈臺北電燈株式會社の解散〉。

80 《臺灣新報》第 428號，1898 年，明治 31 年 2 月 17日，5 版，〈臺北電燈株式會社の解散〉。

該聲明刊載於 2 月 17 日的報紙上，署名者有負責人山下秀實，股東代表江頭六郎、田村佐太郎。並將此呈送乃木希典總督批准。

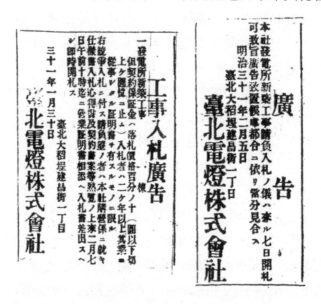

圖 13　臺北電燈發電工程招標廣告

資料來源：《臺灣新報》第 421 號，1898 年，明治 31 年 2 月 8 日，6 版，〈廣告〉；第 418，號1898 年，明治 31 年 2 月 4 日，6 版，〈廣告〉。

　　6 月（1898.6），清算完畢，會社結餘 33,107 圓，股東計 37 名，所有資料帳冊暫存臺北倉庫合資會社保管，同日起股票失效。[81]從 1896 年 11 月創立事務所到 1898 年 6 月清算完畢，存在時間共 1 年 7 個月。

　　當時臺北商界，能與山下相當的祇有山田海三（關係企業有山田商會、山田鐵工所、臺北米穀取引所等等）。雙方各自成立「紳商協會」與「臺北商工會」，各以「臺北米穀取引所」及「臺北電

---

81 《臺灣日日新報》第 35 號，1898 年，明治 31 年 6 月 15 日，1 版，公告。

燈株式會社」爲活動重心。根據史料顯示，山下秀實、小川真一及李春生屬於「紳商協會」，職務是「總代」，屬同一陣營。[82]

「臺北米穀取引所」由山田海三、塚本喜三郎、廣瀨鎮之、渡邊信夫、鳥井幾保、大島邦太郎、生源寺貞就、賀田金三郎、井上次郎籌設，計劃包辦臺日間米穀貿易，但失敗原因已如前述。至於臺北電燈則由山下秀實領軍，該事業被形容成「不急的創業」，資金 15 萬圓，股東 20 名，每年股利 15%，後因固定資本太多而解散。[83]這裡也顯示出電力事業不只是資金密集的產業，亦是技術密集的產業。

七、日治初期投資環境考察

臺北電燈因資金不足而解散，但無礙其在近代臺灣電燈（力）發展史上的地位，透過臺北電燈，還能讓我們瞭解當時臺灣的投資環境。亦即：當時社會條件還不成熟，油燈使用成本仍居優勢地位，社會缺乏使用電燈的動力，遷就原有照明習慣；主事者缺乏實務經驗，對電力事業之性質缺乏瞭解，過於低估跨足電力事業之門檻。

（一）市場資金緊縮，經費無著

資本額不足以承擔支出及風險，沒有估算到最壞情況，臺北電燈認購情形雖然踴躍，但實際繳納時卻不如預期，僅繳納二次，可運用資金最多 7 萬 5 千圓，連硬體建設費都不夠。

82　《臺灣新報》第 51 號，1896 年，明治 29 年 11 月 1 日，4 版。
83　山下秀實虧損的投資還有煤礦事業、臺灣儲蓄銀行等等。請參閱：《臺灣日日新報》第 1606 號，1903 年，明治 36 年 9 月 5 日，2 版，〈臺北及臺北人（四）〉；第 1634 號，1903 年，明治 36 年 10 月 9 日，2 版，〈臺北及臺北人（十一）〉。

　　此外，當時煤炭價格屬於上漲的波段，當初臺北電燈預估炭價每一萬斤 40 圓，一年需 131 萬斤，共 5256 圓。但此後炭價大漲，據當時報載：「昔時上等煤炭每萬斤 42 圓，今升至 56 圓，零賣 120 斤 1 圓，寒素小民無不發薪桂之嗟。」[84]可見炭價由 40 圓漲至 56 圓，單單炭價即需再增加 1.4 倍的支出，對財務支出更是雪上加霜。

表 6「臺北電燈株式會社」預定支出

【創業預計支出】	單位：圓	【每年支出】（續）	
發電所廠址及建物建築費	36800 圓	營業費*********	11271 圓
電燈線建設費*****	21080 圓	炭費（一年預計 131.4 萬斤，每一萬斤 40 圓）*	5256 圓
汽罐及汽機費*****	30800 圓	機械油	
發電機及附屬器具費**	30639 圓	（330 斤，每斤 1.5 圓）	495 圓
起業費*********	5681 圓	工場及事務雜費****	720 圓
預備費*********	10000 圓	稅金*********	600 圓
營業流通資金*****	15000 圓	交際費********	1200 圓
	150000 圓	修繕費********	3000 圓
計		股東股利及其它*****	21609 圓
【每年預計支出】		準備積立金（10%）**	1080 圓
報酬及薪資********	10320 圓	別途積立金（20%）**	4321 圓
幹部及顧問、工程師報酬	2400 圓	幹部以下獎金（5%）*	1080 圓
營業部設員薪資****	2400 圓	股利（10%）*****	15000 圓
工業部社員薪資****	5520 圓	後期滾存金*******	126 圓
		計	43200 圓

資料來源：《臺灣總督府公文類纂》乙種永久保存，第 42 卷，明治 30 年，〈臺北電燈株式會社起業目論見書〉;《臺灣史料稿本》，明治 30 年 5 月 13 日，〈臺北電燈株式會社ノ設立ヲ認可ス〉。

　　前面已提到，臺北電燈將每月電費訂在 1.8 圓，已比東京、

---

84 往後煤炭價格更是一路攀昇，至 1899 年 4 月，一圓祇能買到 45～50 斤。請參閱：《臺灣新報》第 337 號，1897 年，明治 30 年 10 月 22 日，1 版;《臺灣日日新報》第 290 號，1899 年，明治 32 年 4 月 23，日 2 版，〈木炭の景況〉。

大阪要分別貴 10%及 50%。[85]爲什麼這麼貴？臺北電燈的解釋是「煤炭太貴」，如今煤炭比當初更貴 1.4 倍，在不壓低營運成本前提下，費率可能上漲，影響市場意願，壓縮獲利空間。臺北電燈即使成立，也需面對營運上的困難。

（二）企劃案急於獲利

根據 1897 年 4 月臺北電燈申請書顯示，發放的股利太多，原本預定每期純益金中的 70%充作股利。[86]假設電燈全數賣出，每年可有 43200 圓收入，扣除營業支出還剩 21609 圓，其中 70%（1 萬 5 千圓）充作股利，再扣除積立金、幹部獎金後祇剩後期滾存金 126 圓，這種急於獲利的心態也反映在企劃書中「表」。9 月，臺北電燈修正配股算式，調爲 25%，但爲時已晚。[87]

（三）財務規劃缺失

如「表」所示，創業支出需 12 萬 5 千圓，接近資本額 15 萬圓上限，預備費與營業流通資金加起來僅 2 萬 5 千圓，加上認股是分期繳納，可以想像財務緩衝空間不多。而且臺北電燈創立之初，雖然名冊上有 48 名股東，但實際上只有 20 餘名股東出資，每名 50 圓，合計不過 1 千餘圓，僅預算書中的 5%左右。[88]杯水

85 《臺灣總督府公文類纂》乙種永久保存，第 42 卷，（1897）明治 30 年，〈臺北電燈會社設計大要〉。

86 《臺灣總督府公文類纂》十五年永久保存，第 2 卷第 7 門，（1897）明治 30 年 4 月 30 日，〈松尾寬三外二十名臺北ニ電燈會社設置方願ニ關スル一件書〉。

87 《臺灣新報》第 315 號，1897 年，明治 30 年 9 月 26 日，2 版，〈電燈會社の預算〉。

88 《臺灣新報》第 433 號，1898 年，明治 31 年 2 月 23 日，2 版，〈臺北電燈會社の解散由來〉。

車薪，不敷使用，以致頻在周邊工作打轉，釋放消息面利多（測量路線、預約登記、赴日考察等等），但對最重要的發電機設備卻一直無法購買。

表 7　臺北電燈職員數暨薪資（年薪）

部門	薪資	部門	薪資
幹部（6 人）		營業部支出	**2400 圓**
負責人（專務取締役）1 人	600 圓	工業部職員（15 人）	
董事（取締役）2 人	依規定	技手 1 人	600 圓
監事 2 人	依規定	機關師 1 人	600 圓
顧問工程師 1 人	依規定	機關手 3 人	1800 圓(600 圓)
營業部職員（7 人）		火夫 6 人	1800 圓(300 圓)
負責人 1 人	720 圓	線夫 2 人	720 圓(360 圓)
會計 1 人	480 圓	電工 2 人	720 圓(360 圓)
書記 1 人	360 圓	工業部支出	**6240 圓**
倉庫課（掛）1 人	240 圓	總計	**28 人**
收費課（集金掛）1 人	240 圓	總支出	**9240 圓**
學徒（小使）2 人	360 圓(180 圓)		

說明：總計與總支出不含董、監事及顧問工程師部份。
資料來源：《臺灣總督府公文類纂》乙種永久保存，第 42 卷，（1897）明治 30
　　　年，〈臺北電燈株式會社役員及社員數并報酬〉。

其次，臺北電燈第一次系統規格由森本住三郎與山下秀實主導，加上總督府通信局聘來的岩田武雄技師（擔任臺北電燈顧問技師），決定以火力為優先，大體上經營者還算尊重專家的專業（1897.7.9）。[89]隔月，暫定的系統又受其它股東質疑，新提出水力、風力等系統，意見紛歧。森本住三郎在水力與火力之間抉擇，加上東京、大阪地區已都採用交流系統（交盤式），臺北豈能獨用直流系統。江瀨街的用地還在交涉，使森本住三郎考慮在大稻埕淡水橋邊安裝發電機。這一切變數，森本住三郎打算到東京與山

89　《臺灣新報》第 248 號，1897 年，明治 30 年 7 月 9 日，3 版，〈臺北電燈株
　　式會社〉。

下秀實進一步商量後再決定（1897.8.3 出發）。[90]可見臺北電燈在財務規劃在連基本的發電系統都未取得一致共識下即倉促提出。能不能成立？實際情形與計劃書差異程度多大？機組是水力或火力？系統是直流或交流？皆是未知。

　　臺北電燈預計收入建立在 2 千個電燈上，以每個每月 1.8 圓計，每年可收 43,200 圓（1.8 圓*2,000 個*12 個月）。雖然臺北電燈做過市調，但市調僅有 1,675 個，未達 2 千個；理論的收入應為 36,180 圓（1.8 圓*1,675 個*12 個月）而非 43,200 圓。再依照後來供電品質來看，民眾能不能滿意也是問題，如果不滿意？會不會滯納電費？市調中有意願的用戶是否真的會如期申請？已經申請的用戶看到供電品質後會不會退用？當時新的電燈與民眾慣用的油燈，兩者使用成本如何？要不要考慮民眾原有的照明習慣、消費習慣？這些都是影響營運的重大關鍵，也會增加將來的營運支出。

　　根據「表」報酬及薪資部份顯示，每年支出 10,320 圓，其中工業部 5,520 圓；但根據「表」顯示，工業部實際支出應為 6,240 圓（多 720 圓）。因此總支出應該是 11,040 圓。配合前述高估的收入，兼有「低估支出」的情形。

　　日治初期，許多商家都是靠承攬總督府業務起家的，臺北電燈也不例外，爭取讓總督府所屬機關照明設備一律改用電燈。總督府方面也由軍方組成了一個「電氣燈採否調查委員會」。[91]數日後，該會認為：當前正處於官制調整期，人員更迭頻繁，不適合

90　《臺灣新報》第 270 號，1897 年，明治 30 年 8 月 4 日，2 版，〈臺北電燈會社〉。

91　該會由菊池少佐擔任委員長，成員共 6 位，皆是軍職人員。請參閱：《臺灣新報》第 321 號，1897 年，明治 30 年 10 月 15 日，2 版，〈電氣燈採否調查委員〉。

使用電燈。其次，電燈成本比油燈貴，尚屬「高價不經濟」之物。基於以上二點，委員會不建議當局全面採用電燈。[92]當時使用電燈的社會條件仍未成熟，也缺乏行政機關在業務上的支持。

（四）宣傳不足

沒有現成設備展示，而是先調查使用燈數再決定發電機容量，據成立前針對臺北使用意願調查，城內 515 個，艋舺 286 個，大稻埕 874 個，總計 1,675 個，未達預定 2,000 個基數。[93]雖曾進行小規模實驗，但未公開，也未如愛迪生架設一實驗性質電燈供人參觀，對於沒有看過電燈的人而言，難以激起花費 1.8 圓的消費動機。

其次，當時的衛生條件根據民政局各部調查：536 名官吏中，患病比率竟高達 33％。[94]無怪乎有識者大聲疾呼：「前途固要經營，但先要保住生命。」[95]

電燈的敷設需要安定的社會環境，臺北電燈創立初期，臺北以外地區仍處於危險狀態，「軍政時期」的繁榮猶如泡沫一般，商家紛紛抱怨：許多金貨尚未運進臺北城就被「土匪」劫去，缺乏商業交易所需資金。[96]李春生也說：「小康之家，假雇工防盜為名，實則聚眾劫掠，……大軍一到，或作鳥獸散，或潛匿民間，……

92　《臺灣新報》第 332 號，1897 年，明治 30 年 10 月 16 日，2 版，〈電氣燈採否調查委員會の決議〉。

93　《臺灣總督府公文類纂》十五年永久保存，第 2 卷第 7 門，（1897）明治 30 年 4 月 30 日，〈電燈需要數見積調查表〉。

94　《臺灣新報》第 92 號，1896 年，明治 29 年 12 月 22 日，2 版，〈民政局員疾病の比率〉。

95　《臺灣新報》第 58 號，1896 年，明治 29 年 11 月 11 日，2 版，社說，〈臺灣の衛生〉。

96　《臺灣新報》第 85 號，1896 年，明治 29 年 12 月 13 日，3 版，〈諸商不景氣〉。

兵既撤，遍地又皆匪矣。」[97]「臺灣自佔領之始，遍地鋒鏑，民無貧富，總以求生保命爲要緊，不知財富爲何物也。」[98]在總督府控制力尙未牢固的情況下，對新事物的產生未必有利。

　　臺北電燈解散的當時，記者也說道：「臺灣前途未定，臺北卻充滿一股盲目的企業熱，……電燈需要大量固定資本投入，但臺北卻缺乏流通通貨，除了建築請負業之外，沒有其它有利可圖的事業。」[99]臺北電燈爲什麼湊不到資金？一般而言，日治初期到1897 年 4～5 月起，各種官衙陸續完成，承攬官方業務的商人收入頓失所依，加上初期臺灣經濟相當程度受到日本影響，在日本金融緊迫情況下，吸走臺北資金，內外因素讓臺北金融界面臨空前困局。[100]

　　另外當時臺北利率頗高，中立銀行臺北分行經營放款業務一年期利息 4%，但民間每百圓每月利息卻要 10%，銀行不能滿足市場創業旺盛的資金需求，股東爲了創業，只有背負更高利息，另覓管道。[101]在資金市場窘迫情況下，臺北電燈爲增加吸引力，股利不能低於市場標準，同理，需要貸款投資的商人也須付出更高的利息。電燈發展需要長期的資金投注，股東取得資金不易，且有還款壓力，所投資的事業必需要能確保「高報酬率」才能償

97　《臺灣新報》第 89 號，1896 年，明治 29 年 12 月 18 日，1 版，李春生，〈治臺方針其一〉。

98　《臺灣新報》第 90 號，1896 年，明治 29 年 12 月 19 日，1 版，賣肉生，〈時事可〉。

99　《臺灣新報》第 436 號，1898 年，明治 31 年 2 月 26 日，2 版，〈臺北電燈會社解散由來（承前）〉。

100 黃紹恆，〈日治初期在臺日資的生成與累積〉，《臺灣社會研究季刊》第 32 期（臺北：臺灣社會研究雜誌社，1998.12），頁 192。有關日治初期經融背景請參黃文，此處不再贅述。

101 《臺灣商報》第 29，號 1896 年，明治 29 年 10 月 2 日，1 版，〈特別廣告〉。

還貸款，臺北電燈過高的股利固然能達成「吸金」的效果，卻也排擠了企業長遠發展之可能。亦即，「短期」的還款壓力下，即使再有心的股東也難以等待「長期」的回收時程，遑論電力事業性質不是短期能回收的投資事業。[102]

當時抵臺日籍紳商因為交通不便，加上語言不通，為了牟利，只求速效，於是得鑽營人際關係，以包攬公家工程為成功捷報，捨本逐末，荒廢本業。記者稱這段軍政時期的社會風氣為「舉世混濁，秩序紛亂，百鬼夜行」的時代。[103]臺北市民佐藤虎城也投書指出：希望在臺北的日本人能有廉恥節操與道德正義，官吏能盡其本份，不牟私利。[104]可見當時的人心浮動，是個投資環境的縮影。

其次，臺北電燈在 1898 年 2 月中旬解散，但 1 月 26 日，股東之一的辜顯榮在臺北因細故被捕，臺中官廳將其勳章撤銷，「以面恃符」；甚至聽聞辜被「押街遊市，露宿達旦」。[105]當時日本領臺未久，民心未定，以訛傳訛的結果使得人心波動，雖然辜在 3 月 25 日無罪獲釋，但在這段期間，臺北電燈已經解散。另外在此前，大股東小濱和夫也以「詐欺取財」被起訴，官司纏身。[106]辜顯榮被捕及小濱和夫被訴雖不是臺北電燈解散主因，但或多或少也增加利空的「消息面」。

102　《臺灣新報》第 436，號1898 年，明治 31 年 2 月 26 日，2 版，〈臺北電燈會社解散由來（承前）〉。

103　《臺灣日日新報》第 551，號1900 年，明治 33 年 3 月 6 日，2 版，〈社論‧臺北の社會〉。

104　《臺灣日日新報》第 902，號1901 年，明治 34 年 5 月 8 日，4 版，〈臺北在住內地人〉。

105　《臺灣新報》第 418，號1898 年，明治 31 年 2 月 4 日，1 版，〈顯案傳聞（二投）〉。

106　《臺灣新報》第 236，號1897 年，明治 30 年 6 月 24 日，2 版，〈疑獄事件有罪並に免訴者〉。

八、結　語

　　以往的研究都以臺北電氣爲電燈發展之開端，官方出版品中亦依此觀點，輾傳抄引的結果使得臺北電燈的內容愈來愈模糊。其實臺北電燈是第一個計劃使用交流電傳輸的電燈公司，在時間的設立上比臺北電氣要早 7 年，以後應將臺北電燈當做電力論述的起點，同時不應將臺北電燈與臺北電氣混爲一談。

　　臺北電燈也讓我們追蹤到劉銘傳時期發電設備的下落，這批設備在劉去職後仍放在原清朝官衙內，日治後放於砲兵工廠內，臺北電燈曾嘗試修復，但因設備不堪再用而放棄。透過臺北電燈的媒介，聯結了清末到日治初期的電力發展。

　　從臺北電燈企劃案來看，這種利用蒸汽與煤炭的方式愛迪生在 1882 年美國使用過，東京一開始也用此方式，1888 年劉銘傳亦採此法。但這些都是直流電，臺北電燈是第一個提出交流系統的公司，引進較新的技術，讓我們得以將十九世紀末到二十世紀初臺灣電燈（力）發展史上做了清楚的連結，標誌世界發電技術史在臺灣的軌跡，因爲往後輸電方式都採用交流系統。

　　臺北電燈成立與失敗，橫跨日治初期（1896～1898）社會經濟的一大變遷，在臺日資先從承攬總督府業務而達成了一定程度的資本累積。這些人亦明白，總督府業務不可能永遠持續擴充，與其等待那一天的來臨，何不將累積資本用於臺灣尚未起步的公共事業，享長期之利。但由於日本經濟不景氣波及臺灣，造成通貨額減少，資金緊縮，總督府爲渡過難關，發包工程縮減（或飽合），在臺日資失去總督府羽翼及不景氣的惡性循環，在收入減少，支出不變（或增加）的情況，資金需求依舊，加上銀行資金取得不易，民間利率極高，計劃投資（或已投資）項目勢必縮減

或關閉。集體創業心態雖在覺悟中逐漸由紙醉金迷趨於落實，加速投資深、廣度，但大環境變化來的更快。臺北電燈股東雖多，但大股東各自汲汲於事業，真正籌備工作皆委託山下秀實，對於臺北電燈，山下秀實努力嘗試過（尋找臺籍商紳等），但不敵大環境的影響。

臺北電燈與「在臺日資」的成長與茁壯也有密切關係，透過這家公司的發展歷程，反映「在臺日資」的源流、分合、興衰、轉型，反映時代變遷，更證明了「在臺日資」茁壯以前所需面臨的挑戰與侷限。

表 8　臺北電燈大事年表

時　間		摘　要	內　容
1896	7月左右	山下（秀實）派與松尾（寬三）派合併爲一	⊙ 臺北電燈也是總督府促成合併的，總督府不願見自由競爭，促其合併。❶第 433，號明治 31 年 2 月 23，日2 版〈臺北電燈會社の解散由來〉。
	11.24	核准籌備	
1897	1.26	繳交認股金創立事務所成立	⊙ 刊登繳交股票保證金廣告（每股 2 圓），期限到 1897.2.7 日止。48 名股東悉爲日人。❷乙種永久保存，第 42 卷，（1897）明治 30 年，〈臺北電燈株式會社定款〉。
	2.27	事務所搬遷	⊙ 創立事務所地址由「北門街一丁目 21 番戶」遷往「大稻埕建昌街壹丁目 63 番戶」，後又遷往「建昌街 63 番戶」。
	3.14	完成營業章程創業總會召開	⊙ 提出營業章程，內容共分六章。召開創業總會。
	3.19	聘請工程師	⊙ 決定總工程師（主任技術者）森本住三郎（呈總督府）。
	3.26	補送資料	⊙ 補送股票申購人蓋印名單（臺北縣知事橋口文藏）轉呈民政局長水野遵。⊙ 呈送總工程師（主任技術者）履歷書。
	4.5	補送資料	⊙ 呈送委任狀于民政局殖產部農商課。⊙ 呈送臺北電燈幹部名單。

	5.11	訂正股東名單	◉ 訂正認股名單之錯誤。
	5.13	臺北電燈正式成立	◉ 臺北電燈創立事務所結束，臺北電燈正式運作。
	5～6月	第一次股金繳納	◉ 資金募集情況不好。
	6.22	股東官司纏身	◉ 大股東小濱和夫以「詐欺取財」被起訴，官司纏身。
	7.9	臺籍股東入股，決定系統規格	◉ 李春生（100股）、辜顯榮、鄭世南、林本源家族等認購股票，各數十股不等。 ◉ 系統規格第一次決定火力系統，由通信部技師岩田武雄（顧問技師）與森本住三郎一同決定。❶第433，號明治31年2月23，日2版，〈臺北電燈會社の解散由來〉。
	7.10	股東數下降	◉ 48名股東歷經不景氣衝擊，紛紛讓渡，股東僅剩20餘名。
	8.3	系統規格再商議	◉ 股東意見紛岐，土地交涉未果，森本住三郎決定赴日與山下秀實商議系統規格。
	9.7～10.30	電燈預約登記	◉ 電燈預約登記（1897.9.7～10.30），不到2個月累積了千餘件申請書，平均每天18～20件，歡迎情形令臺北電燈始料未及。
	9.21	幹部會議	◉ 早上8點，出席者：山下秀實、　島盛、大倉文二、廣瀨鎮之、江頭六郎。地點：該公司。 ◉ 決定發電所建地在淡水河下游，並向地主李春生「永久借入」。硬體委託山下辦理。
	9.23	預估1898.5正式起用	◉ 預計10月中旬著手硬體工程招標，目前已經有600餘名預約申請（含日人），預估會有2,500餘燈。明年5月（1898.5）預定正式起用（但1898.2已經解散）。❶第310，號明治30年9月23，日2版。
	9.26	修正預算	◉ 實際運用縮小為10萬圓（原來15萬圓），供應2,500燈，股東每年股利25%。❶第315，號明治30年9月26，日2版。
	10.5	交付股票	◉ 以當時認購證明交換之。❶第322，號明治30年10月5，日6版，廣告。
	10.7	刊登廣告	◉ 刊登「電燈之效能」廣告，以養生、實益、安全、利便四大優點吸引顧客。❶第324，號1897年，明治30年10月7，日4版。
	10.10	森本住三郎赴日返臺	◉ 預估返臺後即將著手電燈工程。❶第31號，明治30年10月1，日2版。
	10.14	電燈預約情況	◉ 預約人數超過千餘名（1897.10.14），預計

		良好	1897.10.31 起謝絕再申請。❶第 330，號明治 30 年 10 月 14，日2 版。
	10.15	總督府否決採用電燈之可能	☉ 總督府方面也由軍方組成了一個「電氣燈採否調查委員會」，但因電燈太貴而不建議採用電燈。❶第 321，號1897 年，明治 30 年 10 月 15，日2 版。
	10.16	催繳第一回未納股金	☉ 催繳第一回未納股金。❶第 332，號1897 年，明治 30 年 10 月 16，日6 版。
	10.23	臺灣協會成立，由山田海三與山下秀實等創立	☉ 臺灣協會成立，主旨為解決商工萎靡不振現況，調查商工發展環境。主要發起人有山下秀實、山田海三等。❶第 341，號1897 年，明治 30 年 10 月 27，日2 版，〈臺灣協會發起會〉。
	11.3	賀田金三郎為臺北電燈赴日	☉ 賀田金三郎為臺北電燈赴日。❶第 344，號1897 年，明治 30 年 10 月 30，日2 版，〈賀田金三郎氏〉。
	11.3	森本住三郎再度返臺	☉ 計劃進行電線實測，並與幹部開會會商。❶第 344，號1897 年 明治30 年 10 月 30，日2版，〈電燈會社の重役會議〉。
	11.16～17	發現劉銘傳購買設備的下落。	☉ 臺北電燈嘗試修復劉銘傳購買的發電設備，但設備不堪再用而放棄。
	12 月	繳納第 2 次股金	☉ 第二次股金繳納自 1897.12 起～1898.1.25 止。❶第 380，號明治 31 年 12 月 15，日6 版，〈廣告〉。
1898	1.26		☉ 股東辜顯榮被捕入獄。
	1.28	總會會前會	☉ 早上 9 點，於建昌街總社議定社內各項事宜。❶第 420，號1898 年，明治 31 年 1 月 28，日1 版，〈電燈會議〉。
	1.30	召開總會，無異議通過支出報告	☉ 下午 2～7 點，位於淡水館，出席者 40 餘名，認可上年下期支出，全無異議。❶第 415，號1898 年，明治 31 年 2 月 1，日2 版，〈電燈會社の總會〉。
	1.30	刊登發電所工程招標廣告	☉ 刊登工程招標廣告，廠商需繳交投標價格的 10%為保證金。❶第 418，號1898 年，明治 31 年 2 月 4，日6 版，〈廣告〉。
	2.7	本日工程開標	
	2.14	臨時總會決定解散	☉ 晚上 6 點召開股東大會，地點在六館街臺北倉庫合資會社樓上，出席者 37 名，山下報告募股不如預期，資金大受影響，決定解散。❶第 428，號1898 年 明治 31 年 2 月 17，日2

	2.17	登報解散	版,〈臺北電燈株式會社の解散〉。
	2.17	登報解散	⊙ 登報解散,並呈總督府批准。
	2.17	辦理股金退還	⊙ 開始退還已收股金。❶第 429,號1898 年,明治 31 年 2 月 18,日2 版,〈電燈會社株金拂戾〉。

說明:「❶」=《臺灣新報》;「❷」=《臺灣總督府公文類纂》。

鄭樑生主任訪問記錄

http://www2.tku.edu.tw/~tahx/30years/Gls.html

時間：84.12.26 13:00-15:00
地點：文學館 L511 室
訪談：吳大昕
繕稿：范聖潔
打字：范聖潔

鄭樑生主任於歷史學系辦公室與訪談人吳大昕合影

一、首先想請問老師的成長環境？

答：我出身於農家，從小就學務農，小學三年級開始學種田，從五年級起幫人家插秧、除草。別人每逢寒暑假在玩，我則下田工作。直到現在我都沒停過農務。當初因家父認爲種田一行可學的很多，而且萬一我失業了，還可以回家務農，我打算從明年開始再務農。我赴日回來以後至目前都種兩甲田，還絕對不是名義上的，我是帶頭去做，這對身體健康有幫助。剛才我們一起爬樓梯上來就知道，雖然我已六、七十歲了，你們不見得比我跑得快吧！

二、請問老師的求學歷程（尤其是日據時代的求學情形）以及當時的教育方式與現在的教育方式有何差別？

答：我在日據時代是於虛歲八歲時入學，我們那時候讀書和你們現在不一樣，我們過去讀書的時候，老師訓練我們應對進退之禮節，要怎樣對待人，怎麼樣做事情，連桌子要怎麼抹，如何打掃都要學。讓我們做事情養成獨立的習慣，並且非常重視禮貌問題，注重人倫關係及師生之間的關係，不會像現在部分年輕人沒大沒小的。當時也教我們做人要講信用，要遵守時間。答應別人的事情，不論有什麼困難都一定去完成，與人約定了時間就要準時赴約，萬一趕不上就要設法聯絡。

另外，像我現在都是利用星期天做田事，太陽還沒出來就吃早飯。在學校時也一樣，如要上班，七點就到學校了。我在小學教過七年的書，中學也教過九年。我在小學教了七年之後保送師大，師大畢業以後在中學教書，我也當過教務主任，也有機會當中、小學校長。但後來我到日本去，是因爲我不願意擔任行政工作。我覺得現在的行政工作跟過去不一樣，要做的不只是學校的事情，還得要應付民意代表。我討厭對民意代表卑恭屈膝，這種

行徑與我個性不合。

三、請問老師是在怎樣的因緣際會之下來到淡江歷史學系？ 以及為何轉向歷史學的研究工作？

答：那是因為當我想到日本進修時，我師大的老師問我會不會日文，我說稍微懂一點。他說：既然如此，何不研究日本問題。因為那時候 很少有人研究日本問題，所以他才給我這個建議，而我就接受了他的建議。若問我為什麼研究中日關係史，是因為中國人太不了解日本，也因為不懂所以往往會吃虧。從甲午戰爭開始一直到現在都有許多不如人家之處，我們似乎不太了解人家。如果你們翻開日本當時的檔案資料，便會發覺在甲午戰爭前夕，滿清政府的軍隊還沒有派出，日本政府就已經知道中國要派那一個部隊，包括人員所在都已經探聽得一清二楚。相對的，滿清當局竟連人家要發動戰爭了都還不曉得，像李鴻章、袁世凱那些人就是如此，戰爭還沒開打就已失去先機。戰爭還未發動以前人家就已經計劃好要如何戰勝中國，而中國卻茫然不知。後來的日俄戰爭中國會變成戰場，華北的一連串失利，應與不太了解日本有關。中日兩國那麼接近，說不定那一天中日兩國又會發生爭執，那個時候怎麼辦？幾年前有一個電視臺計劃報導中國文化的薪傳，打算探討中國文化傳到日本以後的情形。他們拿計劃書給我跟一位宋教授看，我們覺得他們完全不了解，該講的都沒有在他們的計劃書裏面，擬請當顧問的人完全都不是研究相關問題的，而日本方面的顧問也不是研究中國文化的，這要如何請他們提供意見？不僅如此，他們還把忽必烈東征一事列入薪傳。我們就告訴他們，這算是侵略人家，還談什麼薪傳不薪傳，一旦報導出來，日本方面會如何反應？連忽必烈東征也認為是文化東傳的一部份，所以我們就告訴他們若要報導，就要講求正確、深入，

否則就不要做。所以你問我爲什麼研究？主要就是要了解人家。我鼓勵你們去讀日文，並非我是親日派，日文是一種工具，運用工具以了解日本，和親日與否完全是兩回事。

我從日本回來以後就鼓勵同學去研究各種問題。過去我在中國文化大學日本研究所、東吳大學日文系教了幾年，曾鼓勵他們研究日本問題，可是真正研究歷史、政治關係的很少。

四、我們知道老師的著作極多，請問老師如何找資料及利用時間？以及為何會研究中日關係史？

答：凡是有關的資料都要收集！像甲午戰爭的肇始絕不是一八九四年，甲午一戰只不過是日本整個大陸政策中的一個環節。所以甲午戰爭雖於明治二十七年（一八九四年）七月開始，可是資料必須要從一八六八年前後開始蒐集。而且資料的蒐集不僅是中國和日本的，因此事與當時的朝鮮、英國、美國、俄國等國家都有關，所以這些國家的資料也都要顧及。國際關係的發生絕對不會只是當事兩個國家之間的問題。例如：日俄戰爭後美國想在東北分一杯羹，這就與中國有關。至於日俄戰爭發生的原因就牽扯到朝鮮問題，算是甲午戰爭的延續。談到中外關係史的研究，在過去，只要當事兩國的資料就可以了。可是現在不同，應站在整個世界的大環境來看該兩個國家之間的問題。現在的歷史研究也是進步了。

五、老師曾在中央圖書館（現改稱為「國家圖書館」）工作過，能談談心得嗎？

答：我從日本回來的時候，中央圖書館的館長正要找人整理日文書籍和資料，因爲當時的日文書沒人整理，要我去幫忙整理。當時的中央圖書館在植物園，植物園所在地就是以前的神社。日文書籍的整理看似容易，實際上卻沒有那麼簡單，我一個人上上

下下搬動過好幾百次！經過不斷的整理、蒐集、購買，方纔具有目前之規模。其中最主要的除購買外，就是私人的捐贈。過去買的都是學術性的、具代表性的，目前則未必如此。

六、我們知道老師曾擔任本系系主任，想請老師談談當時擔任系主任的概況。

答：我過去擔任系主任的時候曾經要同學組織讀書會，在晚上研讀《史記》，請老師給你們指導。另外，我也主辦與外校歷史學系合辦的論文研討會，辦到第七屆。當時我認為，我要你們學生讀書的話，要有書給你們讀，如果沒有書，我也不好意思叫你們讀。所以曾經花了不少錢買了七、八千冊書，其中有一批是花了不少錢買的大陸資料，那也是要給你們作參考的。

七、想請問老師大陸方面研究日本歷史與我們比較起來如何？

答：臺灣的研究水準比較好，因為大陸方面受到經濟上的限制，要看書沒那麼簡單，要在系上借一本書要花不少時間，也會受到各種限制。

八、請問老師對於歷史的研究方向有何建議？

答：可以研究的問題太多了，從政治、經濟及文化各方面出發都可以，以一個問題為中心逐漸擴大，年代亦延伸之。過去的研究是注重事件發生的原因，現在的研究則除過去所注重之各種事項外，還要顧及各該事件所造成的影響。所以作學問的時候，就先定一個範圍，且必須在問題中從各方面、各角度來看，這樣才能夠變成專家。否則你從先秦寫到中華民國，不管你寫得如何多，人家也不會視你為專家。像在日本有人研究遼史，就是一輩子研究遼史，如研究遼史的島田正郎，像他這樣研究的話，就絕對沒有人會超過他。你們如果要走學術路線就要這樣做，這樣才

會變成專家，學術上才會有你應該有的地位。

九、最後請老師談談對系上同學的感覺與期許，以及對系上
**　　的建議？**

　　答：我覺得你們現在應該是要好好的讀書，因為你們既然是從初中、高中辛辛苦苦考試進來，那應該要好好的讀書啊！不讀書你要做什麼事？有學生告訴我，他沒有辦法上課，因為和打工的時間衝突，我認為這根本不是讀書人該有的態度。打工的目的我看是為了享受，並不是生活過不去。讀書人最節省經費的方式就是讀書，不要想其它的事情，讀書不用花錢嘛！我在日本讀書的時候，我從來都不出去。因為在日本生活費既貴，而且也沒有時間。你們現在讀書輕鬆很多，我那個時候日本老師要我一週交一篇報告，一週看一本書。而我一學期頂多給你們兩份報告，你們還覺得有困難。我鼓勵你們讀書，這等於是投資啊！除英文以外，我在當系主任時就極力主張你們要讀日文，讀日文等於增加一種工具，但日文並不是讀一年就可以了，你們應該再接下去，可以上日間部的日文啊！而且可以去買日文的故事書來看。

　　我的日文基礎也是以前看小說打下來的，日文小說少說也看了好幾百部，且以前的日文比較難，戰後的日文就好學得多。要學語文就要好好下功夫。最重要的就是讀書靠自己，老師扮演的角色只是告訴你方法，你自己不看也沒辦法。讀書沒有捷徑，要下苦工。現在我一天最起碼讀十個小時的書，除工作以外，自己都要控制、安排好時間。

　　　　　　　　（＊　鄭樑生教授為第八任系主任）

鄭樑生教授著作目錄

A.期刊論文：

1972.12　吉川幸次郎全集　書和人　199 期　p.5-8

1973.03　陳固亭先生遺著四種　書和人　208 期　p.1-3

1973.03　鶴龜老師　文壇　153 期　P.192-242（譯，源氏雞太撰）

1973.06　《五山文學新集》簡介　書和人　212 期　p.5-8

1973.10　川端康成的生平與著作　書和人　222 期　p.1-8

1974.04　賴世和與《圓仁入唐求法巡禮記》　書和人　237 期　p.11-8

1975.03　宋代都市的歲賦　食貨　復刊 4 卷 2 期　p.44-47（譯，衣川強撰）

1974.08　以文臣爲中心論宋代的俸給　食貨　復刊 4 卷 5 期　p.44-56（譯，衣川強撰）

1974.09　以文臣爲中心論宋代的俸給　食貨　復刊 4 卷 6 期　p.13-33（譯，衣川強撰）

1974.09　林泰輔與《論語源流》　書和人　246 期　p.5-8

1974.12　北宋與遼的貿易及其歲贈　食貨　復刊 4 卷 9 期　p.32-47（譯，衣川強撰）

1975.03　日本漢學家狩野直喜及其《中國文學史》　書和人　255 期　p.1-8

1975.03　小川環樹與其《中國小說史研究》　書和人　257　p.1-8

1975.06　元初江南的徵稅體制　食貨　復刊 5 卷 4 期　p.35-54
（譯，植松正撰）

1975.08　五代北宋的府州折氏　食貨　復刊 5 卷 5 期　p.29-49
（譯，衣川強撰）

1975.09　〈唐大和尚東征傳〉── 中國佛教東傳的一幕　書和人
270 期　p.1-8

1975.10　彙輯《至元新格》　及其解說　食貨　復刊 5 卷 7 期
p.32-48（譯，植松正撰）

1976.04　宋代的左藏與內藏　食貨　復刊 5 卷 12 期　p.34-66
（譯，衣川強撰）

1976.09　《滄浪詩話》與《潛溪詩眼》　書和人　295 期　p.1-8
（譯，荒井健撰）

1977.01　日本漢學者神田喜一郎的著述生活　書和人　305 期
p.1-8

1978.03　倭寇　東吳大學日本語教育　3 期　p.29-36

1978.09　日本當代史學家島田正郎的學術生活　書和人　347 期
p.11-8

1980.10　明・日國交の初まり　東吳日本語教育　6 期　p.21-30

1980.11　《水滸傳》裏的兩個宋江　書和人　347 期　p.11-8（譯，
宮崎市定撰）

1981.12　明朝と征西將軍府との交涉　東吳日本語教育　6 期
p.21-30

1982.10　《朝鮮通交大紀》簡介　韓國學報　2 期　p.119-124

1982.12　明・日使節について　東吳日本語教育　7 期　5-34

1983.06　明朝海禁與日本的關係　漢學研究　1 卷 1 期
p.133-162

1983.12　日本元龜以降の國內事情　東吳日本語教育　8 期
　　　　p.1-4

1984.09　壬辰倭禍：萬曆朝鮮之役(2)　已在政大公企中心召開之
　　　　中華民國韓國研究學會年會裏宣讀

1986.06　元明時代東傳日本的醫學與醫書　中央圖書館館刊
　　　　19 卷 1 期　p.135-148

1986.09　《明史研究》簡介　明史研究通訊　1 期　p.84-85

1987.02　中國地方志の倭寇史料　日本歷史　465 期　p.43-60

1987.12　宋元時代東傳日本的《大藏經》　中央圖書館館刊　20
　　　　卷 2 期　p.63-83

1988.12　嘉靖年間明廷對日本貢使的處置始末　漢學研究　6 卷
　　　　2 期　p.191-211

1989.06　明萬曆年間朝鮮哨報倭情始末　淡江史學　1 期
　　　　p.47-66

1990.06　明治「教育敕語」與日本近代化 ── 由明治時期的小學
　　　　課本內容之變遷看日本的軍國主義教育　淡江史學　2 期
　　　　p.147-172

1991.09　漢學研究之回顧與前瞻國際會議紀實(1)　漢學研究通
　　　　訊 10 卷 03 期　p.202-210

1991.12　漢學研究之回顧與前瞻國際會議紀實(2)　漢學研究通
　　　　訊 10 卷 04 期　p.319-329

1991.12　日本五山禪僧的中國史書研究　中央圖書館館刊　23
　　　　卷 2 期　p.151-170

1992.03　第二屆國際華學研究會議紀實(1)　漢學研究通訊　11
　　　　卷 01 期　p.11-14

1992.06　第二屆國際華學研究會議紀實(2)　漢學研究通訊　11

卷 02 期 p.118-121

1992.12 壬辰之役始末 歷史月刊 59 期 p.24-36

1992.12 張經與王江涇之役 漢學研究 10 卷 02 期 p.333-354

1993.06 日本五山禪僧的二教一致論 淡江史學 05 期 p.85-102

1993.12 日本五山禪僧的仁義論 中央圖書館館刊 新 26 卷 2 期 p.113-131

1994.06 日僧中巖圓月有關政治的言論 淡江史學 6 期 p.93-110

1994.06 日本的武士與切腹 歷史月刊 77 期 p.34-40

1994.06 胡宗憲與靖倭之役 漢學研究 12 卷 01 期 p.179-202

1994.12 明嘉靖間靖倭督撫之更迭與趙文華之督察軍情 —— 1547-1556 漢學研究 13 卷 02 期 p.99-127

1994.12 日僧義堂周信的儒學研究 中央圖書館館刊 新 27 卷 02 期 p.143-161

1995.08 太平洋戰爭期間日本政府的思想統制 歷史月刊 91 期 p.81-86

1995.12 日本五山禪僧的儒、釋、道三教一致論 漢學研究 13 卷 02 期 p.p.99-117

1995.12 山根幸夫與其《明清時代華北定期市研究》 中央圖書館館刊 新 28 卷 02 期 p.127-144

1996.12 水野明著《東北軍閥政權研究》 國家圖書館館刊 85 年 01 期 p.179-199

1997.06 豐臣秀吉的對外侵略 淡江史學 7-8 合期 p.139-164

1997.12 五山禪林の老莊研究 國史談話會雜誌 38 p.124-138

1998.06　日本五山禪林的《中庸》研究 ── 以中論、性情論爲中心淡江史學　9 期　p.85-108

1998.06　森田明著《清代水利社會史研究》　國家圖書館館刊 1998 年 1 期　p.155-180

1999.06　再論明代勘合　淡江史學　10 期　p.1-18

2000.06　明代倭寇研究之回顧與前瞻 ── 兼論倭寇史料 ── 淡江史學　11 期　p.79-104

2001.12　靖倭將軍俞大猷　淡江史學　12 期　p.89-120

2002.06　寧波事件始末 ── 1523　淡江史學　13 期　p.135-168

2002.09　五山禪林の儒學觀 ── 仁について　（日本東北大學）國史談話會雜誌　第 43 號　p.39-52

2003.12　太田弘毅著《倭寇 ── 商業‧軍事史的研究》　淡江史學 14 期 p.297-323

2004.6　靖倭將軍戚繼光　淡江史學　15 期　p.119-150

2005.6　明嘉靖間的倭亂與靖倭官軍　淡江史學　16 期　p.95-126

2006.8　松浦章《清代中國琉球貿易史研究》　淡江史學　17 期　p.107-140

B.研討會論文：

1983.04　明代勘合貿易（PROCEEDINGS OF THE CONFERENS ON SINO-KOREAN-JAPANESE CULTURAL RERASIONS, TAIPEI, 1983）　臺北　太平洋文化基金會　P.581-599

1985.12　方志之倭寇史料　漢學研究　方志學國際學術研討會論文專號　第二冊　P.895-914

1987.10　元明時代東傳日本的經史子集　第一屆中國域外漢籍國際學術會議論文集　臺北　聯合報文化基金會國學文獻館

P.407-450

1988.06　日本五山禪僧對宋元理學的理解及其發展 —— 以《大學》爲例　第二屆中國域外漢籍國際學術會議論文集　臺北，聯合報文化基金會國學文獻館 P.581-619　中央圖書館館刊　21 卷 1 期　P.91-111

1989.03　明代中琉兩國封貢關係的探討　第二回琉中歷史關係國際學術會議報告 —— 琉中歷史關係論文集　琉中歷史關係學術會議實行委員會　P.225-250

1989.06　漢籍之東傳對日本古代政治的影響 —— 以聖德太子爲例中外關係史國際學術研討會論文集 —— 思想與文物交流淡江大學歷史學系　P.15-28

1989.06　佚存日本的《全浙兵制考》　第三屆中國域外漢籍國際學術會議論文集　臺北　聯合報文化基金會國學文獻館 P.289-314

1989.07　佚存日本的《蠙餘雜集》　第四屆中國域外漢籍國際學術會議論文集　臺北　聯合報文化基金會國學文獻館 P.265-288

1989.08　元明時代中日關係史研究之過去與未來　民國以來國史研究之回顧與前瞻國際研討會論文集　臺灣大學歷史系所

1989.12　善本書的明代日本貢使資料　中央圖書館館刊　22 卷 2 期　善本書史料國際學術會議論文　P.129-138

1991.06　明代倭寇研究之回顧與前瞻　已在新嘉坡大學召開之「漢學研究之回顧與前瞻國際會議」中宣讀

1991.12　佚存日本的《經國雄略》　第五屆中國域外漢籍國際學術會議論文集　P.331-334

1991.12　明嘉靖間浙江巡撫朱紈執行海紀始末 —— 一五四七～

一五四九 已在臺北召開之「第二屆國際華學研究會議」中
宣讀

1992.09 明代中日兩國外交管窺 第二屆中外關係史國際學術
研討會論文集 p.211-226

1993.04 琉球在清代冊封體制中的定位 —— 以順治、康熙、雍正
三朝爲例 第四屆琉中歷史關係國際學術會議論文集
p.219-243

1993.06 胡宗憲與靖倭之役 —— 一五五五～一五五九 明史論
集 p.319-349

1993.07 日本五山禪僧接受新儒學的心路歷程 中國與亞洲關
係學術研討會論文集 p.107-140

1994.09 甲午戰爭前日本陸軍的動態 甲午戰爭百周年紀念國
際學術討論會論文集 p.277-301

1994.11 日本五山禪僧的《易經》研究 已在日本福岡召開之
「第九屆中國域外漢籍國際學術會議」中宣讀

1995.08 明嘉靖間之倭寇與東南沿海地區之社會殘破 已在北
戴河召開之「傳統社會與現代中國社會史」學術討論會中宣
讀

1995.10 佚存日本的《四書》與其相關論著 已在韓國大邱召開
之「第十屆中國域外漢籍國際學術會議」中宣讀

1995.10 日本五山禪僧之《論語》研究及其發展 第七、八屆中
國域外漢籍國際學術會議論文集 p.313-344

1995.10 日本五山禪僧之《孟子》研究 第七、八屆中國域外漢
籍國際學術會議論文集 p.685-722

1995.12 甲午戰爭前的中日兩國動態 甲午戰爭與近代中國和
世界 p.335-346

1995.12　嚴嵩與靖倭之役　已在香港大學召開之「明史國際學術討論會」中宣讀

1996.07　東南沿海地區倭亂對明朝財賦所造成之影響　已在政大召開之「第一屆兩岸明史學術討會」中宣讀

1996.07　明清兩朝對琉球貢使的處置　第五屆中琉歷史關係學術討論會論文集　p.345-386

1996.08　楊梅的鄭氏家族　已在揚州召開之「第六屆中國譜牒學學術研討會」中宣讀

1996.10　明清兩朝對琉球官生的處置 —— 以《琉球入學聞見錄》所見爲中心　已在北京召開之「第六屆中琉歷史關係國際學術討論會」中宣讀

1997.08　明代中韓兩國靖倭政策的比較研究　已在長春召開之「第七屆明史國際學術討論會」中宣讀

1998.08　明代倭亂對江南地區人口所造成的影響 —— 1553～1556 已在蘇州大學召開之「家庭、社區、大眾心態變遷國際學術研討會」中宣讀

1998.10　清廷對琉球遇劫貨船的處置始末　已在臺北召開之「第七屆中琉歷史關係國際學術會議」中宣讀

1998.11　壬辰倭亂期間的和談始末　已在漢城召開之第二次「四溟堂記念國際學術會議論文集 —— 壬亂當時的韓、中、日三國關係」p.1-72

2000.10　日本江戶時代的儒學研究　已在臺北召開之「中央研究院第三屆國際漢學會議」中宣讀

2001.05　日本五山禪林的心性論　已在臺灣大學日本文學系主辦之國際會議中宣讀

2002.08　鄭舜功《日本一鑑》之倭寇史料　已在武夷山召開之「明

史國際學術研討會」中宣讀

2003.10　日本中世禪林的儒學研究　已在第二屆淡江大學姊妹
　　　　校「漢語文化學術研討會」中宣讀　獻研究所主辦之國際學
　　　　術研討會中宣讀

2003.11　乙未割臺始末　已在武漢中南財經政法大學主辦之「海
　　　　峽兩岸『海峽兩岸關係史』學術研討會中宣讀

2006.11　朱子學在日本　已在國立中央大學大學主辦之「牟復禮
　　　　教授紀念學術研討」會中宣讀

C.專書及專書論文：

1971.03　明‧日交涉と中國文化の流入　仙臺　東北大學　250
　　　　頁

1971.08　國立中央圖書館館藏日文期刊目錄　臺北　國立中央
　　　　圖書館　50頁

1972.02　《日本簡明百科全書》所錄有關日本風俗、飲食之各條

1976.10　清代雍正朝的養廉銀研究　臺北　臺灣商務印書館 167
　　　　頁；1996年7月　再版，更名《清雍正朝的養廉銀研究》，199
　　　　頁

1977.01　宋代文官俸給制度　臺北　臺灣商務印書館　131頁

1977.04　司馬遷的世界　臺北　志文出版社　257頁（編譯）

1977.04　史記的故事──中國一部最偉大的傳記故事　臺北
　　　　志文出版社　548頁（編譯）

1977　　中國文學思想史　臺北　開明書局（與張仁青合譯）

1978.04　日本の國號　臺北　名人出版事業公司　49頁

1978.04　絢爛的中國文化　臺北　地球出版社　212頁（翻譯）

1978.04　諾貝爾傳　臺北　志文出版社　301頁

1981.04　明史日本傳正補　臺北　文史哲出版社　1105頁

1983.02　日本民族學博物館　臺北　出版家文化事業公司　186頁（監修）

1983.08　萬曆朝鮮　役⑴　韓中關係研究論集漢城　高麗大學亞細亞問題研究所　P.235-277

1983.12　萬曆朝鮮之役　中韓關係史論文集　臺北　中華民國韓國研究學會　P.281-317

1984.01　中國歷史地名大辭典　臺北　三通圖書公司　第一冊480頁　與吳文星、葉劉仙相合編

1984.01　中國歷史地名大辭典　臺北　三通圖書公司　第二冊514頁　與吳文星、葉劉仙相合編

1984.01　中國歷史地名大辭典　臺北　三通圖書公司　第三冊506頁　與吳文星、葉劉仙相合編

1984.01　中國歷史地名大辭典　臺北　三通圖書公司　第四冊500頁　與吳文星、葉劉仙相合編

1984.01　中國歷史地名大辭典　臺北　三通圖書公司　第五冊488頁　與吳文星、葉劉仙相合編

1984.01　中國歷史地名大辭典　臺北　三通圖書公司　第六冊476頁　與吳文星、葉劉仙相合編

1984.08　元明時代東傳日本的文獻 —— 以日本禪僧爲中心　臺北　文史哲出版社　180頁

1985.01　明・日關係史の研究　東京　雄山閣　667頁

1985.02　明の對外政策と明・日交涉　臺北　名人出版事業公司　220頁

1985.02　臺灣公藏日文漢學關係資料彙編　臺北　國立中央圖書館　786頁　與王芳雪、江琇英合編

1985.04 明代中日關係研究 臺北 文史哲出版社 768頁

1986.06 元明時代東傳日本的水墨畫 臺北 文史哲出版社 187頁（編著）

1987.05 明代倭寇史料 第一輯 臺北 文史哲出版社 432頁（編校）

1987.10 明代倭寇史料 第二輯 臺北 文史哲出版社 403頁（編校）

1987.11 明永樂年間的中日貢舶貿易 陶希聖先生九秩榮慶祝壽論文集 —— 國史釋論 上冊 臺北 陶希聖先生九秩榮慶祝壽論文集編輯委員會 p.167-182

1990.07 中日關係史研究論集 第一集 臺北 文史哲出版社 174頁

1992.01 中日關係史研究論集 第二集 臺北 文史哲出版社 180頁

1993.02 中日關係史研究論集 第三集 臺北 文史哲出版社 210頁

1993.06 清廷對琉球遭風難民的處置 慶祝王鐘翰教授八十壽辰學術論文集 p.239-253 瀋陽 遼寧大學出版社

1993.12 日本通史 臺北 明文出版社 636頁

1994.03 中日關係史研究論集 第四集 臺北 文史哲出版社 196頁

1995.04 中日關係史研究論集 第五集 臺北 文史哲出版社 179頁

1995.10 日僧虎關師鍊的華學研究 慶祝八十周年論文集 p.357-396 臺北 國立中央圖書館臺灣分館

1995.10 日本國會的立法過程 臺北 國立編譯館 233頁

1996.02　中日關係史研究論集　第六集　臺北　文史哲出版社　222頁

1996.07　清代水利社會史研究　臺北　國立編譯館　532頁

1997.02　中日關係史研究論集　第七集　臺北　文史哲出版社　222頁

1997.08　明代倭寇史料　第三輯　臺北　文史哲出版社　412頁

1997.08　明代倭寇史料　第四輯　臺北　文史哲出版社　494頁

1997.08　明代倭寇史料　第五輯　臺北　文史哲出版社　479頁

1998.04　《洪芳洲公文集》之倭寇史料　洪芳洲研究論集　臺北　洪朝選研究會　p.171-196

1998.04　中日關係史研究論集　第八集　臺北　文史哲出版社　239頁

1998.05　東北軍閥政權研究 ── 張作霖・張學良之抗外與協助統一國內的軌跡　臺北　國立編譯館　445頁

1998.06　《再造藩邦志》所見之豐臣秀吉　大邱　韓國世明大學校長金燁教授停年紀念論文集　P.101-136

1998.11　壬辰倭亂期間的和談始末　第二次四溟堂記念國際學術會議「壬亂當時的韓中日三國關係 ── 戰爭期間講和始末　第二次四溟堂記念國際學術會議論文集　p.1-72

1999.03　中日關係史研究論集　第九集　臺北　文史哲出版社　258頁

1999.12　朱子學之東傳日本與其發展　臺北　文史哲出版社　225頁

2000.09　中日關係史研究論集　第十集　臺北　文史折出版社　234頁

2001.06　中日關係史　臺北　五南書局　675頁

2001.11　中日關係史研究論集　第十一集　臺北　文史哲出版社　242頁

2002.07　史學方法　臺北　五南書局　604頁

2003.04　中日關係史研究論集　第十二集　臺北　文史哲出版社　286頁

2003.07　日本史　臺北　三民書局　233頁

2004.04　中日關係史研究論集　第十三集　臺北　文史哲出版社　250頁

2005.01　明代倭寇史料　第六輯　臺北　文史哲出版社　500頁

2005.01　明代倭寇史料　第七輯　臺北　文史哲出版社　514頁

鄭樑生・傅錫壬・劉增泉　2004　續修連江縣志　連江縣政府　1500頁

2006.06　日本古代史　臺北　三民書局　542頁

2008.01　史學入門　北京　北京大學出版社　224頁

日本中世史　台北　三民書局　預計2009.05出版

鄭樑生教授捐贈國家圖書館圖書清單

正體字中文圖書

序號	題　　名	作　者	出版者	出版年
1	中國近代外交史　上冊	陳志奇	南天書局有限公司	民國 82 年
2	中國近代外交史　下冊	陳志奇	南天書局有限公司	民國 82 年
3	中國海洋發展史論文集	張彬村等	中央研究院中山人文社會科學研究所	民國 82 年
4	戰後中日關係之實證研究	林金莖	中日關係研究會	民國 73 年
5	中日關係史	李則芬	臺灣中華書局	民國 71 年
6	鄭天杰先生訪問紀錄	陸寶千等	中央研究院近代史研究所	民國 79 年
7	劉航琛先生訪問紀錄	沈雲龍等	中央研究院近代史研究所	民國 79 年
8	21 世紀華人經濟活動之潛力	曾慶輝	中華民國海外華人研究學會	民國 87 年
9	近代中國的變局	郭廷以	聯經出版事業公司	1987 年
10	說文解字注	段玉裁	藝文印書館	民國 44 年
11	檢字一貫三	三家村學	藝文印書館	民國 44 年
12	臺灣風俗誌	片岡巖	大立出版社	民國 79 年
13	語譯廣解四書讀本　孟子	宋・朱熹集註	啓明書局	
14	語譯廣解四書讀本　論語	宋・朱熹集註	啓明書局	
15	語譯廣解四書讀本　學庸	宋・朱熹集註	啓明書局	
16	中日問題之真相	國民政府外交部	臺灣學生書局	民國 74 年
17	抗戰以前之中日關係	周開慶	臺灣學生書局	民國 74 年
18	歐戰期間中日交涉史	劉　彥	學海出版社	
19	日本出兵山東與中國排日運動民國十六年～十八年	樂炳南	國史館	民國 77 年
20	清末留日學生	黃福慶	中央研究院近	民國 72 年

			代史研究所	
21	張之洞的外交政策	李國祁	中央研究院近代史研究所	民國 73 年
22	影響中國現代化的一百洋客	胡光麃	傳記文學出版社	民國 72 年
23	日本在中國～**中國**にありこの**日本人**～	向多耐志邁	台北郵政三九一二號信箱	民國 62 年
24	近代日中關係史研究入門	周啓乾	金禾出版	民國 84 年
25	日本論	戴季陶	故鄉出版社有限公司	民國 76 年
26	近代日本論	許介麟	故鄉出版社有限公司	民國 76 年
27	中日關係簡史	杜新吾	華國出版社	民國 43 年
28	原始中國　上	本社編輯部	地球出版社	民國 80 年
29	原始中國　下	本社編輯部	地球出版社	民國 80 年
30	白色封印	盧兆麟等	國家人權紀念館籌備處	2003 年
31	臺灣地區漢學論著選目彙編本（民國 71 年～75 年）	漢學研究資料及服務中心	漢學研究資料及服務中心	民國 76 年
32	明代倭寇史料　第三輯	文史哲出版社	鄭樑生	民國 86 年
33	中日關係史研究論集（一）	文史哲出版社	鄭樑生	民國 79 年
34	中日關係史研究論集（二）	文史哲出版社	鄭樑生	民國 81 年
35	中日關係史研究論集（三）	文史哲出版社	鄭樑生	民國 82 年
36	中日關係史研究論集（四）	文史哲出版社	鄭樑生	民國 83 年
37	中日關係史研究論集（五）	文史哲出版社	鄭樑生	民國 84 年
38	中日關係史研究論集（六）	文史哲出版社	鄭樑生	民國 85 年
39	中日關係史研究論集（七）	文史哲出版社	鄭樑生	民國 86 年
40	中日關係史研究論集（八）	文史哲出版社	鄭樑生	民國 87 年
41	中日關係史研究論集（九）	文史哲出版社	鄭樑生	民國 88 年
42	中日關係史研究論集（十）	文史哲出版社	鄭樑生	民國 89 年
43	中日關係史研究論集（十一）	文史哲出版社	鄭樑生	民國 90 年
44	中日關係史研究論集（十二）	文史哲出版社	鄭樑生	民國 92 年
45	中日關係史研究論集（十三）	文史哲出版社	鄭樑生	民國 93 年
46	唐宋名家詞選	龍沐勛	臺灣開明書店	民國 51 年
47	淡紅史學　第十七期　葉鴻麗教授榮退紀念	淡江史學編審委員會	淡江大學歷史系	2006 年
48	中日甲午戰爭之外交背景　附：日誌・條約附錄	王信忠	文海出版社	1964 年
49	明太子、福王亡命在日本－化名張振甫、張壽山－	徐堯輝	臺灣中華書局	1984 年
50	中華文化在琉球　琉球歷史文		中琉文化	民國 78

	物考察紀要		經濟協會	
51	中韓關係史論文集	中華民國韓國研究學會	中華民國韓國研究學會	民國 72
52	百年來中日關係論文集	孫科		
53	清代中琉關係檔案選編	中國第一歷史檔案館	中華書局	1993
54	清代中琉關係檔案續編	中國第一歷史檔案館	中華書局	1993
55	清韓宗藩貿易 1367~1894	張存武	中央研究院近代史研究所	民國 74
56	經略復國要編（一）	宋應昌	台灣文華書局	
57	經略復國要編（二）	宋應昌	台灣文華書局	
58	歷代寶案 一		國立臺灣大學	民國 61
59	歷代寶案 七		國立臺灣大學	民國 61
60	歷代寶案 九		國立臺灣大學	民國 61
61	歷代寶案 八		國立臺灣大學	民國 61
62	歷代寶案 十		國立臺灣大學	民國 61
63	歷代寶案 十一		國立臺灣大學	民國 61
64	歷代寶案 十二		國立臺灣大學	民國 61
65	歷代寶案 十三		國立臺灣大學	民國 61
66	歷代寶案 十五		國立臺灣大學	民國 61
67	歷代寶案 十四		國立臺灣大學	民國 61
68	歷代寶案 五		國立臺灣大學	民國 61
69	歷代寶案 六		國立臺灣大學	民國 61
70	朝鮮李朝實錄中的中國史料一	吳晗	中華書局	1980
71	朝鮮李朝實錄中的中國史料二	吳晗	中華書局	1980
72	朝鮮李朝實錄中的中國史料三	吳晗	中華書局	1980
73	朝鮮李朝實錄中的中國史料四	吳晗	中華書局	1980
74	朝鮮李朝實錄中的中國史料五	吳晗	中華書局	1980
75	朝鮮李朝實錄中的中國史料六	吳晗	中華書局	1980
76	朝鮮李朝實錄中的中國史料七	吳晗	中華書局	1980
77	朝鮮李朝實錄中的中國史料八	吳晗	中華書局	1980
78	朝鮮李朝實錄中的中國史料九	吳晗	中華書局	1980
79	朝鮮李朝實錄中的中國史料十	吳晗	中華書局	1980
80	朝鮮李朝實錄中的中國史料十一	吳晗	中華書局	1980
81	朝鮮李朝實錄中的中國史料十二	吳晗	中華書局	1980

簡化字中文圖書

序號	題名	作者	出版者	出版年
1	中國地方志聯合目錄	中國科學院北京天文臺主編	中華書局	1985 年
2	世界歷史　總一〇四～一〇九期	世界歷史雜志社《世界歷史》編輯部	世界歷史雜志社	1994 年
3	近代在華日人顧問資料目錄	衛藤瀋吉　等	中華書局	1994 年
4	從九一八到七七事變～原國民黨將領抗日戰爭親歷記～	黨德信	中國文史出版社	1987 年
5	東方風雲　下冊	董志正	大連出版社	1994 年
6	近代中外關係史　上冊	劉培華	北京大學出版社	1986 年
7	近代中外關係史　下冊	劉培華	北京大學出版社	1986 年
8	日本外交史　上冊	信夫清三郎	商務印書館	1992 年
9	日本外交史　下冊	信夫清三郎	商務印書館	1992 年
10	今井武夫回憶錄	今井武夫	中國文史出版社	1987 年
11	中日甲午戰爭研究論著索引（1894-1993）	中國甲午戰爭博物館‧北京圖書館閱覽部	齊魯書社	1994 年
12	近代中日關係史研究	王曉秋	中國社會科學出版社	1997 年
13	近代中日文學交流史稿	王曉平	湖南文藝出版社	1987 年
14	近五十年中國與日本 1932-1982 第 1 卷 1932-1934	張篷舟	四川人民出版社	1985 年
15	近五十年中國與日本 1932-1982 第 1 卷 1935-1937	張篷舟	四川人民出版社	1985 年
16	『九‧一八』抗戰史	丁炳麟	遼寧人民出版社	1991 年
17	近代中日文化交流史	王曉秋	中華書局	1992 年
18	蘆溝橋殘陽如血七七事變實錄	曹英	團結出版社	1994 年
19	日特禍華史	王振坤　等	群眾出版社	1988 年
20	中外關係史論叢　第 1 輯	朱杰勤	世界知識出版社	1985 年
21	華北危局紀實	蕭振瀛	中國國際廣播出版社	1989 年
22	甲午戰爭與東亞政治	戴逸　等	中國社會科學出版社	1994 年
23	日本軍國主義　第 1 冊	井上清	商務印書館	1985 年

24	日本軍國主義　第3冊	井上清	商務印書館	1986年
25	中外關係史譯叢　第1輯	中外關係史學會　等	上海譯文出版社	
26	中外關係史譯叢　第2輯	中外關係史學會　等	上海譯文出版社	
27	中外關係史譯叢　第4輯	中外關係史學會　等	上海譯文出版社	
28	中外關係史譯叢　第5輯	中外關係史學會　等	上海譯文出版社	
29	中外關係史論叢　第3輯	中外關係史學會	世界知識出版社	1991年
30	甲午戰爭與翁同龢	掌熟市人民政府‧中國史學會	中國人民大學出版社	1995年
31	浙江近代經濟史稿	沈雨梧	人民出版社	1990年
32	北洋海軍的興衰～紀念中日甲午戰爭一百周年～	董進一	威海市新聞出版管理辦公室	1994年
33	護國運動資料選編　上	李希泌　等	中華書局	1984年
34	護國運動資料選編　下	李希泌　等	中華書局	1984年
35	福建經濟發展簡史	廈門大學歷史研究所　等	廈門大學出版社	1989年
36	戚繼光傳	范中義	中華書局	2003年
37	忽必烈	周良霄	吉林教育出版社	1986年
38	中華帝國的文明	【英】萊芒‧道遜	上海古籍出版社	1994年
39	甲午日本外交內幕	信夫清三郎		1994年
40	甲午中日戰爭　（下）　盛宣懷檔案資料選輯之三	陳旭麗　等	上海人民出版社	1982年
41	日本文化史～一個剖析～	日本外務省	日本外務省	1992年
42	世界史研究年刊（總第一期）	世界史研究年刊編輯部	世界歷史雜志社	1995年
43	戚繼光研究叢書　戚少保年譜耆編	高揚文　等	中華書局	2003年
44	戚繼光研究叢書　紀效新書	高揚文　等	中華書局	2001年
45	戚繼光研究叢書　止止堂集	高揚文　等	中華書局	2001年
46	戚繼光研究叢書　練兵實紀	高揚文　等	中華書局	2001年
47	寧波港海外交通史日文選集	中國海外交通史研究會　等		1983年
48	蔣介石傳	楊樹標	團結出版社	1989年

49	近五十年中國與日本 1932-1982 第3卷 1938-1939	張篷舟	四川人民出版社	1987年
50	近五十年中國與日本 1932-1982 第3卷 1938-1939	張篷舟	四川人民出版社	1987年
51	洋務運動與改革開放	姜鐸	上海市新聞出版局	
52	蜀道話古	李志勤　等	西北大學出版社	1986年
53	比較文化論集	金克木	生活・讀書・新知三聯書店出版	1984年
54	方伯謙問題研討集	林傳功　等	知識出版社	1993年
55	李秉衡集	戚其章	齊魯書社	1993年
56	東方風雲　上冊	董志正	大連出版社	1994年
57	宋明思想和中華文明	祝瑞開	學林出版社	1995年
58	中國宗教史　上冊	王友三	齊魯書社	1991年
59	中國宗教史　下冊	王友三	齊魯書社	1991年
60	廖仲愷研究	曾憲志	廣東人民出版社	1989年
61	儒家文化與現代文明　國際學術討論會文集	李紹庚	吉林人民出版社	1992年
62	史學論叢　第三輯	雲南大學歷史系編	雲南人民出版社	1988年
63	史學論叢　第四輯	雲南大學歷史系編	雲南人民出版社	1989年
64	日本風土人情	賈蕙萱	北京大學出版社	1987年
65	田中角栄	王泰平	浙江人民出版社	1989年
66	第五屆中琉歷史關係學術會議論文集		福建教育出版社	1996年
67	韓國學論文集　第四輯	北京大學韓國學研究中心	社會科學文獻出版社	1995年
68	韓國學論文集　第六輯	北京大學韓國學研究中心	新華出版社	1997年
69	史學理論研究　1996（2）	《史學理論研究》編輯部	世界歷史雜誌社	1996年
70	史學理論研究　1996（3）	《史學理論研究》編輯部	世界歷史雜誌社	1996年

第一批日文圖書

序號	題　　名	作　者	出版者	出版年
1	日本歷史 1~原始および古代 1~	石母田正　　等	岩波書店	1962
2	日本歷史 2~古代 2~	上田正昭　　等	岩波書店	1962
3	日本歷史 3~古代 3~	井上光貞　　等	岩波書店	1962
4	日本歷史 4~古代 4~	北山茂夫　　等	岩波書店	1962
5	日本歷史 5~中世 1~	林屋辰三郎　等	岩波書店	1962
6	日本歷史 5~中世 1~	黒田俊雄　　等	岩波書店	1975
7	日本歷史 6~中世 2~	中村栄孝　　等	岩波書店	1963
8	日本歷史 6~中世 2~	新田英治　　等	岩波書店	1975
9	日本歷史 7~中世 3~	田沼睦　　　等	岩波書店	1976
10	日本歷史 7~中世 3~	佐藤進一　　等	岩波書店	1963
11	日本歷史 8~中世 4~	鈴木良一　　等	岩波書店	1963
12	日本歷史 8~中世 4~	小林清治　　等	岩波書店	1976
13	日本歷史 9~近世 1~	奈良本辰也　等	岩波書店	1963
14	日本歷史 10~近世 2~	藤野保　　　等	岩波書店	1963
15	日本歷史 11~近世 3~	辻達也　　　等	岩波書店	1967
16	日本歷史 12~近世 4~	阿部真琴　　等	岩波書店	1967
17	日本歷史 13~近世 5~	矢木明夫　　等	岩波書店	1964
18	日本歷史 14~近代 1~	遠山茂樹　　等	岩波書店	1967
19	日本歷史 15~近代 2~	原口清　　　等	岩波書店	1967
20	日本歷史 16~近代 3~	楫西光速　　等	岩波書店	1967
21	日本歷史 17~近代 4~	大島太郎　　等	岩波書店	1968
22	日本歷史 18~現代 1~	井上清　　　等	岩波書店	1963
23	日本歷史 19~現代 2~	江口朴郎　　等	岩波書店	1963
24	日本歷史 20~現代 3~	江口圭一　　等	岩波書店	1963
25	日本歷史 21~現代 4~	島恭彦　　　等	岩波書店	1963
26	日本歷史 22~別卷 1~	尾藤正英　　等	岩波書店	1963
27	日本歷史 23~別卷 2~	鈴木尚　　　等	岩波書店	1968

28	中世法制史料集~第一卷 鎌倉幕府法~	佐藤進一、池内義資	岩波書店	昭和 30 年
29	中世法制史料集~第一卷 室町幕府法~	佐藤進一、池内義資	岩波書店	昭和 32 年
30	朱印船と日本町	岩生成一	至文堂	昭和 53 年
31	ｱｼﾞｱ歴史研究入門 別巻 総目次・総索引	井谷鋼造　等	同朋舎出版	昭和 62 年
32	空華日用工夫略集	辻善之助	太洋社	昭和 14 年
33	日本の歴史 1 神話から歴史へ	井上光貞	中央公論社	昭和 41 年
34	日本の歴史 2 古代国家の成立	直木孝次郎	中央公論社	昭和 40 年
35	日本の歴史 3 奈良の都	青木和夫	中央公論社	昭和 43 年
36	日本の歴史 4 平安京	北山茂夫	中央公論社	昭和 42 年
37	日本の歴史 5 王朝の貴族	土田直鎮	中央公論社	昭和 48 年
38	日本の歴史 6 武士の登場	竹内理三	中央公論社	昭和 44 年
39	日本の歴史 7 鎌倉幕府	石井進	中央公論社	昭和 43 年
40	日本の歴史 8 蒙古襲来	黒田俊雄	中央公論社	昭和 44 年
41	日本の歴史 9 南北朝の動乱	佐藤進一	中央公論社	昭和 44 年
42	日本の歴史 10 下剋上の時代	永原慶二	中央公論社	昭和 44 年
43	日本の歴史 11 戦国大名	杉山博	中央公論社	昭和 44 年
44	日本の歴史 12 天下一統	林屋辰三郎	中央公論社	昭和 43 年

45	日本の歴史 13 江戸開府	辻達也	中央公論社	昭和 41 年
46	日本の歴史 14 鎖国	岩生成一	中央公論社	昭和 44 年
47	日本の歴史 15 大名と百姓	佐々木潤之介	中央公論社	昭和 41 年
48	日本の歴史 16 元禄時代	児玉幸多	中央公論社	昭和 41 年
49	日本の歴史 17 町人の実力	奈良本辰也	中央公論社	昭和 42 年
50	日本の歴史 18 幕藩制の苦悶	北島正元	中央公論社	昭和 41 年
51	日本の歴史 19 開国と攘夷	小西四郎	中央公論社	昭和 41 年
52	日本の歴史 20 明治維新	井上清	中央公論社	昭和 44 年
53	日本の歴史 21 近代国家の出発	色川大吉	中央公論社	昭和 42 年
54	日本の歴史 22 大日本帝国の試練	隅谷三喜男	中央公論社	昭和 41 年
55	日本の歴史 23 大正デモクラシー	今井清一	中央公論社	昭和 42 年
56	日本の歴史 24 ファシズムへの道	大内力	中央公論社	昭和 42 年
57	日本の歴史 25 太平洋戦争	林茂	中央公論社	昭和 42 年
58	日本の歴史 26 よみがえる日本	蠟山政道	中央公論社	昭和 42 年
59	蔭涼軒日録　巻一	玉村竹二、勝野隆信	史籍刊行会	1953
60	蔭涼軒日録　巻二	玉村竹二、勝野隆信	史籍刊行会	1954

61	蔭涼軒日録　卷三	玉村竹二、勝野隆信	史籍刊行会	1954
62	蔭涼軒日録　卷四	玉村竹二、勝野隆信	史籍刊行会	1954
63	蔭涼軒日録　卷五	玉村竹二、勝野隆信	史籍刊行会	1954
64	前近代の国際交流と外交文書	田中健夫	吉川弘文館	平成 8 年
65	長崎の唐人貿易	山脇悌二郎	吉川弘文館	昭和 39 年
66	中国の海賊	松浦章	東方書店	1995
67	日本史年表（第 4 版）	日本歴史大辞典編集委員会	河出書房新社	1998
68	図説伊達政宗	仙台市博物館編	河出書房新社	1987
69	図説伊達政宗	仙台市博物館編	河出書房新社	1991
70	図説伊達政宗	仙台市博物館編	河出書房新社	1992
71	（月刊）This is 読売 11		読売新聞社	1997
72	万葉の遣唐使船~遣唐使とその混血児たち~	高木博	教育出版センター	昭和 59 年
73	清朝文化東傳の研究~嘉慶.道光學壇と李朝の金阮堂~	藤塚鄰	国書刊行会	昭和 50 年
74	元·日関係史の研究	魏栄吉	教育出版センター	1985
75	東北軍閥政権の研究~張作霖.張学良の対外抵抗と対内統一の軌跡~	水野明	国書刊行会	平成 6 年
76	中世禅宗史の研究	今枝愛真	東京大学出版会	1970

77	論集近代中国と日本	山根幸夫	山川出版社	昭和 51 年
78	五山文学~大陸文化紹介者としての五山禅僧の活動~	玉村竹二	至文堂	昭和 41 年
79	武士団と村落	豊田武	吉川弘文館	昭和 44 年
80	豊太閤の私的生活	渡邊世祐	創元社	昭和 14 年
81	維新の内乱	石井孝	至誠堂	昭和 43 年
82	講座日本史 1 古代~古代国家~	歴史学研究会／日本史研究会	東京大学出版会	1970
83	北欧神話と伝説	グレンベック著、山室静訳	新潮社	1971
84	日華文化交流史	木宮泰彦	冨山房	昭和 40 年
85	新訂増補國史大系　令集解第一	黒板勝美國史大系編修會	吉川弘文館	昭和 60 年
86	新訂増補國史大系　令集解第二	黒板勝美國史大系編修會	吉川弘文館	昭和 58 年
87	新訂増補國史大系　令集解第三	黒板勝美國史大系編修會	吉川弘文館	昭和 60 年
88	新訂増補國史大系　令集解第四	黒板勝美國史大系編修會	吉川弘文館	昭和 60 年
89	新訂増補國史大系　令義解	黒板勝美國史大系編修會	吉川弘文館	昭和 43 年
90	新訂増補國史大系　日本三代実録　前編	黒板勝美國史大系編修會	吉川弘文館	昭和 63 年
91	新訂増補國史大系　日本三代実録　後編	黒板勝美國史大系編修會	吉川弘文館	昭和 58 年
92	新訂増補國史大系　日本後記	黒板勝美國史大系編修會	吉川弘文館	昭和 59 年
93	新訂増補國史大系　續日本後記	黒板勝美國史大系編修會	吉川弘文館	昭和 56 年

94	新訂增補國史大系 續日本記 前編	黒板勝美國史大系編修會	吉川弘文館	昭和 61 年
95	新訂增補國史大系 續日本記 後編	黒板勝美國史大系編修會	吉川弘文館	昭和 61 年
96	新訂增補國史大系 日本書紀 前編	黒板勝美國史大系編修會	吉川弘文館	昭和 60 年
97	新訂增補國史大系 日本書紀 後編	黒板勝美國史大系編修會	吉川弘文館	昭和 61 年
98	新訂增補國史大系 日本文德天皇實錄	黒板勝美國史大系編修會	吉川弘文館	昭和 59 年
99	新訂增補國史大系 吾妻鏡 第一 （前篇上）	黒板勝美國史大系編修會	吉川弘文館	昭和 43 年
100	寬政重修諸家譜 第一輯		榮進舍出版部	大正 6 年
101	寬政重修諸家譜 第二輯		榮進舍出版部	大正 6 年
102	寬政重修諸家譜 第三輯		榮進舍出版部	大正 6 年
103	寬政重修諸家譜 第四輯		榮進舍出版部	大正 6 年
104	寬政重修諸家譜 第五輯		榮進舍出版部	大正 6 年
105	寬政重修諸家譜 第六輯		榮進舍出版部	大正 6 年
106	寬政重修諸家譜 第七輯		榮進舍出版部	大正 6 年
107	寬政重修諸家譜 第八輯		榮進舍出版部	大正 6 年
108	寬政重修諸家譜 總索引		榮進舍出版部	大正 7 年
109	白木蓮の咲くころ	豊田芳子		昭和 59 年
110	日本の国号	岩橋小弥太	吉川弘文館	昭和 45 年

111	明治維新	遠山茂樹	岩波書店	1972
112	新版 飛鳥 その古代史と風土	門脇禎二	日本放送出版協会	1977
113	日本歷史の視点 1 原始・古代	児玉幸多　等	日本書籍	昭和 48 年
114	日本倫理思想史 上卷	和辻哲郎	岩波書店	昭和 27 年
115	日本倫理思想史 下卷	和辻哲郎	岩波書店	昭和 27 年
116	日本古代政治史	利光三津夫	慶応通信	昭和 63 年
117	日本古代王権試論~古代韓国との関連を中心に~	大和岩雄	名著出版	昭和 56 年
118	日本古代兵制史の研究	直木孝次郎	吉川弘文館	昭和 43 年
119	日本古代の政治と宗教	井上薫	吉川弘文館	昭和 41 年
120	日本帝国主義下の満州移民	満州移民史研究会	龍渓書舎	1976 年
121	隣交徵書	伊藤松	国書刊行会	昭和 50 年
122	古代東アジアの日本と朝鮮	坂元義種	吉川弘文館	昭和 53 年
123	上代日本対外関係の研究	栗原朋信	吉川弘文館	昭和 53 年
124	日本政治史 I ~西欧の衝撃と開国~	信夫清三郎	南窓社	昭和 51 年
125	東アジア世界の形成	藤間生大	春秋社	昭和 52 年
126	明治初期の日本と東アジア	石井孝	有隣堂	昭和 57 年
127	東アジア政治史研究	江藤瀋吉	東京大学出版会	1968 年
128	近代日本と中国~日中関係史論集~	安藤彦太郎	汲古書院	1989 年
129	日明関係史の研究	佐久間重男	吉川弘文館	平成 4 年
130	近代東アジア世界の形成~東アジア世界の形成~第二巻	藤間生大	春秋社	1977 年

131	日本国家の起原 上	原田大六	三一書房	1975 年
132	日本国家の起原 下	原田大六	三一書房	1976 年
133	西欧文明と東アジア	榎一雄	平凡社	1971 年
134	日本ファシズムの興亡	万峰	六興出版	1989 年
135	孫文の革命運動と日本	俞辛焞	六興出版	1989 年
136	明治の経済発展と中国	周啓乾	六興出版	1989 年
137	奈良文化と唐文化	王金林	六興出版	1988 年
138	日中儒学の比較	王家驊	六興出版	1988 年
139	近世日本と日中貿易	任鴻章	六興出版	1988 年
140	日本の大陸政策と中国東北	易顕石	六興出版	1989 年
141	日中近代化の比較	馬家駿	六興出版	1988 年
142	明治維新と中国	呂万和	六興出版	1988 年
143	織豊政権と東アジア	張玉祥	六興出版	1989 年
144	近世初期実学思想の研究	源了圓	創文社	1980 年
145	近世伝統文化論	林屋辰三郎	創元社	昭和 49 年
146	近代日中民衆交流外史	渡邊龍策	雄山閣出版	昭和 56 年
147	日本帝国主義と中国	依田憙家	龍渓書舎	1988 年
148	近世対外関係史の研究	中田易直	吉川弘文館	昭和 59 年
149	近代日本の大陸政策	古川万太郎	東京書籍	1991 年
150	増訂海外交通史話	辻善之助	内外書籍	昭和 5 年
151	支那日本通商史	淺井虎夫		
152	日中戦後関係史	古川万太郎	原書房	1988 年
153	地域システム	溝口雄三　等	東京大学出版会	1993 年
154	中国人の日本研究史	武安隆　等	六興出版	1989 年
155	日露戦争はいかにして戦われたか	黒羽茂	文化書房博文社	昭和 63 年
156	策彦入明記の研究 下	牧田諦亮	法藏館	昭和 34 年
157	幕末西洋文化と沼津兵學校	米山梅吉	三省堂	昭和 10 年

158	中世の歌人たち	佐佐木幸綱	日本放送出版協会	昭和 51 年
159	講座日本史 2~封建社会の成立~	歴史学研究会／日本史研究会	東京大学出版会	1970 年
160	東アジア世界史探究	滕維藻 等	汲古書院	1986 年
161	日本佛教史 第一卷 上世篇	辻善之助	岩波書店	昭和 19 年
162	日本佛教史 第二卷 中世篇之一	辻善之助	岩波書店	昭和 22 年
163	日本佛教史 第三卷 中世篇之二	辻善之助	岩波書店	昭和 24 年
164	日本佛教史 第四卷 中世篇之三	辻善之助	岩波書店	昭和 24 年
165	日本佛教史 第五卷 中世篇之四	辻善之助	岩波書店	昭和 25 年
166	日本佛教史 第六卷 中世篇之五	辻善之助	岩波書店	昭和 26 年
167	日本佛教史 第七卷 近世篇之一	辻善之助	岩波書店	昭和 27 年
168	日本佛教史 第八卷 近世篇之二	辻善之助	岩波書店	昭和 28 年
169	日本佛教史 第九卷 近世篇之三	辻善之助	岩波書店	昭和 29 年
170	日本佛教史 第十卷 近世篇之四	辻善之助	岩波書店	昭和 30 年
171	明末中国佛教の研究~特に智旭を中心として~	張聖厳	岩波書店	昭和 50 年
172	日本朱子學派之哲學	井上哲次郎	富山房	
173	日本古學派之哲學	井上哲次郎	富山房	
174	日本陰陽道書の研究	中村璋八	汲古書院	昭和 60 年
175	道教 1~道教は何か~	福井康順 等	平河出版社	1983 年
176	道教 2~道教の展開~	福井康順 等	平河出版社	1983 年
177	道教 3~道教の伝播~	福井康順 等	平河出版社	1983 年

178	中国民衆と秘密結社	酒井忠夫	吉川弘文館	平成 4 年
179	古代ｱｼﾞｱと九州	福岡ユネスコ協会	平凡社	1973 年
180	外来文化と九州	福岡ユネスコ協会	平凡社	1973 年
181	武家政権の形成	井上光貞　等	山川出版社	1996 年
182	南北朝内乱と室町幕府[上]	井上光貞　等	山川出版社	1996 年
183	南北朝内乱と室町幕府[下]	井上光貞　等	山川出版社	1996 年
184	戦国動乱と大名領国制	井上光貞　等	山川出版社	1996 年
185	幕藩体制の成立と構造[上]	井上光貞　等	山川出版社	1996 年
186	幕藩体制の成立と構造[下]	井上光貞　等	山川出版社	1996 年
187	幕藩体制の展開と動揺[上]	井上光貞　等	山川出版社	1996 年
188	幕藩体制の展開と動揺[下]	井上光貞　等	山川出版社	1996 年
189	開国と幕府政治	井上光貞　等	山川出版社	1996 年
190	明治国家の成立	井上光貞　等	山川出版社	1996 年
191	明治憲法体制の展開[上]	井上光貞　等	山川出版社	1996 年
192	明治憲法体制の展開[下]	井上光貞　等	山川出版社	1996 年
193	第一次世界大戦と政党内閣	井上光貞　等	山川出版社	1997 年

194	革新と戦争の時代	井上光貞　等	山川出版社	1997 年
195	復興から高度成長へ	井上光貞　等	山川出版社	1997 年
196	日本政治史 II	信夫清三郎	南窓社	昭和 53 年
197	日本政治史 III	信夫清三郎	南窓社	昭和 55 年
198	日本政治史 IV	信夫清三郎	南窓社	1982 年
199	幕藩体制とキリシタン	光島督	成文堂	昭和 47 年
200	日露戦争全史	デニス・ヴォーナー　等	時事通信社	1978 年
201	日明勘合貿易資料	湯谷稔	国書刊行会	昭和 58 年
202	日本史学入門	大久保利謙　等	廣文社	昭和 40 年
203	中国英傑伝	海音寺潮五郎	文藝春秋	昭和 46 年
204	アジア歴史研究入門　1〜中国 I 〜	宮崎市定　等	同朋舎出版	昭和 60 年
205	アジア歴史研究入門　2〜中国 II ・朝鮮〜	狹間直樹　等	同朋舎出版	昭和 61 年
206	アジア歴史研究入門　3〜中国 III 〜	勝村哲也　等	同朋舎出版	昭和 61 年
207	アジア歴史研究入門　4〜内陸アジア・西アジア〜	山田信夫　等	同朋舎出版	昭和 59 年
208	アジア歴史研究入門　5〜南アジア・東南アジア・世界史とアジア〜	山崎利男　等	同朋舎出版	昭和 59 年
209	鎌倉室町時代之儒教	足利知夫	有明書房	昭和 45 年
210	中日民族文化交流史	宋越倫	弘文堂	昭和 45 年
211	東方學	東方學會	東方學會	昭和 45 年
212	日本現代文章講座〜技術篇〜	前本一男	厚生閣	昭和 9 年
213	日本現代文章講座〜組織篇〜	前本一男	厚生閣	昭和 9 年
214	日本現代文章講座〜構成篇〜	前本一男	厚生閣	昭和 9 年
215	日本現代文章講座〜方法篇〜	前本一男	厚生閣	昭和 9 年
216	日本現代文章講座〜原理篇〜	前本一男	厚生閣	昭和 9 年

217	南京の真実	ジョン・ラーベ	講談社	1997 年
218	日本人の死に方~"白き旅"への幻想	利根川裕	PHP 研究所	昭和 56 年
219	大化改新と東アジア	井上光貞　等	山川出版社	1981 年
220	中国から見た日本	河上光一	日本教文社	昭和 42 年
221	江戸時代の日中秘話	大庭脩	東方書店	1980 年
222	講座日本史 3~封建社会の展開~	歴史学研究会等	東京大学出版会	1970 年
223	講座日本史 4~幕府制社会~	歴史学研究会等	東京大学出版会	1970 年
224	日本古代人名辭典 第一卷	竹内理三 等	吉川弘文館	昭和 33 年
225	日本古代人名辭典 第二卷	竹内理三 等	吉川弘文館	昭和 34 年
226	日本古代人名辭典 第三卷	竹内理三 等	吉川弘文館	昭和 36 年
227	日本古代人名辭典 第四卷	竹内理三 等	吉川弘文館	昭和 38 年
228	日本古代人名辭典 第五卷	竹内理三 等	吉川弘文館	昭和 41 年
229	日本古代人名辭典 第六卷	竹内理三 等	吉川弘文館	昭和 48 年
230	日本古代人名辭典 第七卷	竹内理三 等	吉川弘文館	昭和 52 年
231	蒙古襲来の研究 増補版	相田二郎	吉川弘文館	昭和 57 年
232	中国思想辞典	日原利国	研文出版	1984 年
233	通制條格の研究譯註 第三冊	岡本敬二	国書刊行会	昭和 51 年

234	通制條格の研究譯註 第二冊	岡本敬二	国書刊行会	昭和 50 年
235	清代上海沙船航運業史の研究	松浦章	関西大学出版部	昭和 16 年
236	元寇の新研究	池內宏	東洋文庫	昭和 6 年
237	元寇の新研究	池內宏	東洋文庫	昭和 6 年
238	明代白蓮教史の研究	野口鐵郎	雄山閣出版	昭和 61 年
239	中国族譜目録	Ted A. Telford　等	進藤出版社	1988 年
240	六朝江南の豪族会社	大川富士夫	雄山閣出版	昭和 62 年
241	中国の歴史と経済	東洋経済史学会	中国書店	2000 年
242	日本の海賊	村上護	講談社	昭和 57 年
243	元典章年代索引	植松正	周朋舎出版	昭和 55 年
244	中国の歴史 6~元・明~	愛宕松男　等	講談社	昭和 49 年
245	蒙古襲来~その軍事史的研究~	太田弘毅　等	錦正社	平成 9 年
246	中国○会史の研究~青○篇~	酒井忠夫　等	国書刊行会	1997 年
247	清代水利社会史の研究	森田明	国書刊行会	1990 年
248	中国水利史の研究	森田明	国書刊行会	1995 年
249	清代の水利と地域社会	森田明	国書刊行会	2002 年
250	清代水利史研究	森田明	亜紀書房	1974 年
251	中国塩政史の研究	佐伯富	法律文化社	1987 年
252	班田収授法の研究	虎尾俊哉	吉川弘文館	昭和 46 年

253	朱印船貿易史	川島元次郎	内外出版	大正 10 年
254	日本経済史大系 2~中世~	永田慶二	東京大学出版会	1965 年
255	戦後改革 6~農地改革~	東京大学社会科学研究所	東京大学出版会	1975 年
256	アジアから考える[2] 地域システム	溝口雄三　等	東京大学出版会	1993 年
257	本邦中世までにおける孟子受容史の研究	井上順理	風間書房	昭和 47 年
258	日本史概説 I	石母田正　等	岩波書店	1955 年
259	日本史概説 II	北島正元　等	岩波書店	1968 年
260	京都	林屋辰三郎	岩波書店	1962 年
261	観阿弥と世阿弥	戸井田道三	岩波書店	1969 年
262	現代日本の思想~その五つの渦~	久野収	岩波書店	1956 年
263	兵役を拒否した日本人~灯台社の戦時下抵抗~	稲垣真美	岩波書店	1972 年
264	世界の歩み　上巻	林健太郎	岩波書店	1964 年
265	世界の歩み　下巻	林健太郎	岩波書店	1964 年
266	日本の政治風土	篠原一	岩波書店	1968 年
267	日本の精神的風土	飯塚浩二	岩波書店	1952 年
268	明治維新と現代	遠山茂樹	岩波書店	1968 年
269	黄表紙・洒落本の世界	水野稔	岩波書店	1976 年
270	元禄時代	大石慎三郎	岩波書店	1970 年
271	日本の時代史 1 倭国誕生	白石太一郎	吉川弘文館	2002 年
272	日本の時代史 2 倭国と東アジア	鈴木靖民	吉川弘文館	2002 年
273	日本の時代史 3 倭国から日本へ	森公章	吉川弘文館	2002 年
274	日本の時代史 4 律令国家と天平文化	佐藤信	吉川弘文館	2002 年

275	日本の時代史 5 平安京	吉川真司	吉川弘文館	2002 年
276	日本の時代史 6 摂関政治と王朝文化	加藤友康	吉川弘文館	2002 年
277	日本の時代史 7 院政の展開と内乱	元木泰雄	吉川弘文館	2002 年
278	日本の時代史 10 南北朝の動乱	村井章介	吉川弘文館	2003 年
279	日本の時代史 11 一揆の時代	榎原雅治	吉川弘文館	2003 年
280	日本の時代史 12 戦国の地域国家	有光友學	吉川弘文館	2003 年
281	日本の時代史 13 天下統一と朝鮮侵略	池享	吉川弘文館	2003 年
282	日本の時代史 14 江戸幕府と東アジア	荒野泰典	吉川弘文館	2003 年
283	日本の時代史 15 元禄の社会と文化	高埜利彦	吉川弘文館	2003 年
284	日本の時代史 16 享保改革と社会変容	大石学	吉川弘文館	2003 年
285	日本の時代史 17 近代の胎動	藤田覚	吉川弘文館	2003 年
286	日本の時代史 18 琉球・沖縄史の世界	豊見山和行	吉川弘文館	2003 年
287	日本の時代史 19 蝦夷島と北方世界	菊池勇夫	吉川弘文館	2003 年
288	日本の時代史 20 開国と幕末の動乱	井上勲	吉川弘文館	2004 年
289	日本の時代史 21 明治維新と文明開化	松尾正人	吉川弘文館	2004 年
290	日本の時代史 22 自由民権と近代社会	新井勝紘	吉川弘文館	2004 年

291	日本の時代史 23 アジアの帝国国家	小風秀雅	吉川弘文館	2004 年
292	日本の時代史 24 大正社会と改造の潮流	季武嘉也	吉川弘文館	2004 年
293	日本の時代史 25 大日本帝国の崩壊	山室建徳	吉川弘文館	2004 年
294	日本の時代史 26 戦後改革と逆コース	吉田裕	吉川弘文館	2004 年
295	日本の時代史 27 高度成長と企業社会	渡辺治	吉川弘文館	2004 年
296	日本の時代史 28 岐路に立つ日本	後藤道夫	吉川弘文館	2004 年
297	日本の時代史 29 日本史の環境	井上勲	吉川弘文館	2004 年
298	日本の歴史 13 一揆と戦国大名	久留島典子	講談社	2001 年
299	日本貨幣流通史	小葉田淳	刀江書院	昭和 44 年

第二批日文圖書

序號	題名	作者	出版者	出版年
1	「南進」の系譜	矢野暢	中央公論社	昭和 50
2	中世の開幕	林屋辰三郎	加藤勝久	昭和 51
3	中世文化とその基盤	芳賀幸四郎	思文閣出版	昭和 56
4	中世武家社会の研究	河合正治	吉川弘文館	昭和 48
5	中世禅林の学問および文学に関する研究	芳賀幸四郎	思文閣出版	昭和 56
6	中国・朝鮮の史籍における日本史集成 三国高麗之部	日本史料集成編纂会	国書刊行会	昭和 53
7	中国・朝鮮の史籍における日本史集成 正史之部（一）	日本史料集成編纂会	国書刊行会	昭和 50
8	中国・朝鮮の史籍における日本史集成 李朝實録之部（一）	日本史料集成編纂会	国書刊行会	昭和 51
9	中国・朝鮮の史籍における日本史集成 李朝實録之部（二）	日本史料集成編纂会	国書刊行会	昭和 52

10	中国・朝鮮の史籍における日本史集成 李朝實録之部（三）	日本史料集成編纂会	国書刊行会	昭和 53
11	中国・朝鮮の史籍における日本史集成 李朝實録之部（四）	日本史料集成編纂会	国書刊行会	昭和 54
12	中国・朝鮮の史籍における日本史集成 李朝實録之部（五）	日本史料集成編纂会	国書刊行会	昭和 56
13	中国・朝鮮の史籍における日本史集成 李朝實録之部（六）	日本史料集成編纂会	国書刊行会	昭和 58
14	中国人の見た中国・日本関係史唐代から現代まで	中国東北地区中日関係史研究会	東方出版	1992
15	中国史研究入門　下	山根幸夫	山川出版社	1984
16	中国史研究入門　上	山根幸夫	山川出版社	1983
17	中国正史総目録	国書刊行会	国書刊行会	昭和 52
18	五山詩史の研究	蔭木英雄	笠間書店	昭和 52
19	元寇　蒙古帝国の内部事情	旗田巍	中央公論社	昭和 55
20	天皇の軍隊	大濱徹也	教育社	1978
21	文明の作法	京極純一	中央公論社	昭和 45
22	日中・日朝関係　研究文献目録	石井正敏・川越泰博	国書刊行会	昭和 51
23	日中 15 年戦争（上）	黒羽清隆	教育社	1977
24	日中儒学の比較	王家驊	六興出版	1988
25	日本の歴史 1	三上次男代表	集英社	昭和 49
26	日本の歴史 2	三品彰英	集英社	昭和 49
27	日本の歴史 3	竹内理三代表	集英社	昭和 49
28	日本の歴史 4	川崎庸之代表	集英社	昭和 49
29	日本の歴史 5	彌永貞三代表	集英社	昭和 49
30	日本の歴史 6	貫達人代表	集英社	昭和 49
31	日本の歴史 8	笠原一男代表	集英社	昭和 50
32	日本の歴史 9	今井林太郎代表	集英社	昭和 50
33	日本の歴史 10	岡田章雄	集英社	昭和 50
34	日本の歴史 11	箭内健次	集英社	昭和 50
35	日本の歴史 12	児玉幸多代表	集英社	昭和 50
36	日本の歴史 13	石井孝代表	集英社	昭和 51
37	日本の歴史 14	小西四郎代表	集英社	昭和 51
38	日本の歴史 15	大久保利謙代表	集英社	昭和 51
39	日本の歴史 16	臼井勝美代表	集英社	昭和 51
40	日本の歴史 17	安藤良雄代表	集英社	昭和 51
41	日本の歴史 18	辻清明	集英社	昭和 51

42	日本古代国家の研究	井上光貞	岩波書店	昭和40
43	日本史講座　中世社会の構造	歴史学研究会・日本史研究会	東京大学出版社	2004
44	日本陽明学派之哲学	文学博士井上哲次郎	富山房	昭和3
45	日本語の文法		国立国語研究所	[昭和53]
46	日本禅宗史論集　下之一	玉村竹二	思文閣	昭和54
47	日本禅宗史論集　下之二	玉村竹二	思文閣	昭和56
48	日本禅宗史論集　券上	玉村竹二	思文閣	昭和55
49	日清戦争前後のアジア政策	藤村道生	岩波書店	1995
50	古代末期の反乱　草賊と海賊	林陸朗	教育社	1977
51	古代国家と地方豪族	米田雄介	教育社	1979
52	水戸学研究	立林宮太郎	新興亞社	昭和18
53	史学概論（新版）	林健太郎	有斐閣	昭和60
54	台湾総督府	黄昭堂	教育社	1981
55	回顧篇 筑波大學十年史	筑波大學十年史編輯委員會	筑波大學・総務部総務課	昭和59
56	江戸の木屋（下）	鈴木敏夫	中央公論社	昭和50
57	村上四男博士和歌山大学退官記念朝鮮史論文論	村上四男博士退官記念論文集編集委員会	開明書院	1981
58	沖縄の文化財	沖縄県教育委員会	南西印刷	昭和62
59	沖縄文化研究　16	法政大学沖縄文化研究所	法政大学沖縄文化研究所	1990
60	沖縄文化研究　17	法政大学沖縄文化研究所	法政大学沖縄文化研究所	1991
61	沖縄文化研究　18	法政大学沖縄文化研究所	法政大学沖縄文化研究所	1992
62	沖縄文化研究　19	法政大学沖縄文化研究所	法政大学沖縄文化研究所	1992
63	沖縄文化研究　20	法政大学沖縄文化研究所	法政大学沖縄文化研究所	1993
64	沖縄文化研究　21	法政大学沖縄文化研究所	法政大学沖縄文化研究所	1995
65	沖縄文化研究　22	法政大学沖縄文化研究所	法政大学沖縄文化研究所	1996
66	沖縄文化研究　23	法政大学沖縄文化研究所	法政大学沖縄文化研究所	1997

67	沖縄文化研究　24	法政大学沖縄文化研究所	法政大学沖縄文化研究所	1998
68	沖縄文化研究　25	法政大学沖縄文化研究所	法政大学沖縄文化研究所	1999
69	沖縄文化研究　26	法政大学沖縄文化研究所	法政大学沖縄文化研究所	2000
70	沖縄文化研究　27	法政大学沖縄文化研究所	法政大学沖縄文化研究所	2001
71	沖縄文化研究　28	法政大学沖縄文化研究所	法政大学沖縄文化研究所	2002
72	町衆　京都における「市民」形成史	林屋辰三郎	中央公論社	昭和 53
73	明治初期の国際関係	石井孝	吉川弘文館	昭和 52
74	東山文化の研究（下）	芳賀幸四郎	思文閣出版	昭和 56
75	東山文化の研究（上）	芳賀幸四郎	思文閣出版	昭和 56
76	東北戦争	山田野理夫	教育社	1978
77	近世の形成と伝統	芳賀幸四郎	思文閣出版	昭和 56
78	近世日本儒学史	高須芳次郎	越後屋書房	昭和 18
79	近代の政治思想　－その現実的・理論的諸前提－	福田歓一	岩波書店	1940
80	近代日中交渉史話	さねようけいちゅう	春秋社	1973
81	近代日中交渉史の研究	佐藤三郎	吉川弘文館	昭和 59
82	近代日鮮関係の研究　上巻	田保橋潔	宗高書房	昭和 15
83	近代日鮮関係の研究　下巻	田保橋潔	宗高書房	昭和 15
84	門閥社会成立史	矢野主税	国書刊行会	昭和 51
85	苗字の歴史	豊田武	中央公論社	昭和 46
86	音声と音声教育		[文化庁]	[昭和 45]
87	宮城の研究 6　近代篇	渡辺信夫	清文堂	昭和 59
88	島津氏的研究	福島金治	吉川弘文館	昭和 58
89	琉中歴史関係論全集	琉中歴史関係国際学術会議実行委員会	琉中歴史関係国際学術会議実行委員会	1989
90	琉球の歴史	宮城栄昌	吉川弘文館	昭和 52
91	神仏分離	圭室文雄	教育社	1977
92	教育の森　閉ざされる子ら	村松喬	毎日新聞社	昭和 40
93	異稱日本傳　第一冊	松下見林	国書刊行会	昭和 50
94	異稱日本傳　第二冊	松下見林	国書刊行会	昭和 50
95	朝鮮古代史研究	村上四男	開明書院	昭和 53

96	朝鮮通交大紀	田中健夫・田代和生　校訂	名著出版	昭和 53
97	朝鮮戦争	村上薫	教育社	1978
98	新版日本の思想家　上	朝日ジャーナル	朝日新聞社	1975
99	新版日本の思想家　中	朝日ジャーナル	朝日新聞社	1975
100	新訂補正三正綜覧　付・陰陽暦対照表	内務省地理局	藝林舎	昭和 50
101	豊臣秀吉の朝鮮侵略	北島万次	吉川弘文館	平成 7
102	蒙古襲来研究史論	川添昭二	雄山閣	昭和 52
103	蔡温全集	崎浜秀明	本邦書籍	昭和 59
104	鎖国の思想ケンペルの世界史的使命	小堀桂一郎	中央公論社	昭和 49
105	鎌倉佛教	戸頃重基	中央公論社	昭和 42
106	図説千利休 ─ その人と芸術	村井康彦	河出書房新社	1989
107	増補版中国人日本留学史	さねとう・けいしゅう	くろしお出版	1970
108	歴史の進歩とはなにか	市井三郎	岩波書店	1971
109	歴史学研究法	今井登志喜	東京大学出版会	1953
110	歴史学叙説	永原慶二	東京大学出版社	1984
111	禅と日本文化	鈴木大拙	岩波書店	1940
112	禅百題	鈴木大拙	春秋社	1975
113	辺境の争乱	庄司浩	教育社	1977
114	雑兵たちの戦場　中世の傭兵と奴隷狩り	藤木久志	朝日新聞社	1995
115	黒船異変 ─ペリーの挑戦─	加藤祐三	岩波書店	1988
116	汲古	古典研究会	汲古書院	平成 17

韓文圖書

序號	題　名	作者	出版者	出版年
1	四溟堂의生涯와思想	申鶴祥	일영시의선본	1995
2	四溟堂의生涯와思想의照明			1997
3	高麗史 上		亞細亞文化社	1972
4	高麗史 中		亞細亞文化社	1972
5	高麗史 下		亞細亞文化社	1972
6	高麗史節要		亞細亞文化社	1972

7	國朝寶鑑 上編		세종대왕기념사업회	1976
8	國朝寶鑑 下編		세종대왕기념사업회	1976
9	朝鮮王朝實錄 1	國史編纂委員會	國史編纂委員會	1981
10	朝鮮王朝實錄 2	國史編纂委員會	國史編纂委員會	1981
11	朝鮮王朝實錄 3	國史編纂委員會	國史編纂委員會	1981
12	朝鮮王朝實錄 4	國史編纂委員會	國史編纂委員會	1981
13	朝鮮王朝實錄 5	國史編纂委員會	國史編纂委員會	1981
14	朝鮮王朝實錄 6	國史編纂委員會	國史編纂委員會	1981
15	朝鮮王朝實錄 7	國史編纂委員會	國史編纂委員會	1981
16	朝鮮王朝實錄 8	國史編纂委員會	國史編纂委員會	1981
17	朝鮮王朝實錄 9	國史編纂委員會	國史編纂委員會	1981
18	朝鮮王朝實錄 10	國史編纂委員會	國史編纂委員會	1981
19	朝鮮王朝實錄 11	國史編纂委員會	國史編纂委員會	1981
20	朝鮮王朝實錄 12	國史編纂委員會	國史編纂委員會	1981
21	朝鮮王朝實錄 13	國史編纂委員會	國史編纂委員會	1981
22	朝鮮王朝實錄 14	國史編纂委員會	國史編纂委員會	1981
23	朝鮮王朝實錄 15	國史編纂委員會	國史編纂委員會	1981
24	朝鮮王朝實錄 16	國史編纂委員會	國史編纂委員會	1981
25	朝鮮王朝實錄 17	國史編纂委員會	國史編纂委員會	1981
26	朝鮮王朝實錄 18	國史編纂委員會	國史編纂委員會	1981
27	朝鮮王朝實錄 19	國史編纂委員會	國史編纂委員會	1981
28	朝鮮王朝實錄 20	國史編纂委員會	國史編纂委員會	1981
29	朝鮮王朝實錄 21	國史編纂委員會	國史編纂委員會	1981
30	朝鮮王朝實錄 22	國史編纂委員會	國史編纂委員會	1981

31	朝鮮王朝實錄 23	國史編纂委員會	國史編纂委員會	1981
32	朝鮮王朝實錄 24	國史編纂委員會	國史編纂委員會	1981
33	朝鮮王朝實錄 25	國史編纂委員會	國史編纂委員會	1981
34	朝鮮王朝實錄 26	國史編纂委員會	國史編纂委員會	1981
35	朝鮮王朝實錄 27	國史編纂委員會	國史編纂委員會	1981
36	朝鮮王朝實錄 28	國史編纂委員會	國史編纂委員會	1981
37	朝鮮王朝實錄 29	國史編纂委員會	國史編纂委員會	1981
38	朝鮮王朝實錄 30	國史編纂委員會	國史編纂委員會	1981
39	朝鮮王朝實錄 31	國史編纂委員會	國史編纂委員會	1981
40	朝鮮王朝實錄 32	國史編纂委員會	國史編纂委員會	1981
41	朝鮮王朝實錄 33	國史編纂委員會	國史編纂委員會	1981
42	朝鮮王朝實錄 34	國史編纂委員會	國史編纂委員會	1981
43	朝鮮王朝實錄 35	國史編纂委員會	國史編纂委員會	1981
44	朝鮮王朝實錄 36	國史編纂委員會	國史編纂委員會	1981
45	朝鮮王朝實錄 37	國史編纂委員會	國史編纂委員會	1981
46	朝鮮王朝實錄 38	國史編纂委員會	國史編纂委員會	1981
47	朝鮮王朝實錄 39	國史編纂委員會	國史編纂委員會	1981
48	朝鮮王朝實錄 40	國史編纂委員會	國史編纂委員會	1981
49	朝鮮王朝實錄 41	國史編纂委員會	國史編纂委員會	1981
50	朝鮮王朝實錄 42	國史編纂委員會	國史編纂委員會	1981
51	朝鮮王朝實錄 43	國史編纂委員會	國史編纂委員會	1981
52	朝鮮王朝實錄 44	國史編纂委員會	國史編纂委員會	1981
53	朝鮮王朝實錄 45	國史編纂委員會	國史編纂委員會	1981
54	朝鮮王朝實錄 46	國史編纂委員會	國史編纂委員會	1981
55	朝鮮王朝實錄 47	國史編纂委員會	國史編纂委員會	1981

56	朝鮮王朝實錄 48	國史編纂委員會	國史編纂委員會	1981
57	朝鮮王朝實錄總索引	國史編纂委員會	國史編纂委員會	1981
58	사명당 유정	四溟堂記念事業會	시식산업사	[2000]
59	**亂中雜錄**	**民族文化推進會**	**民族文化推進會**	1977 年
60	사명당　유정~그　인간과 사상과　활동~	四溟堂記念事業會	지식산업사	1969 年
61	게긴 사상 90 서을	사회과확원	김준엽	1989 年

英文圖書

序號	題名	作　者	出版者	出版年
1	PROCEEDINGS OF THE CONFERENCE ON SINO-KOREAN-JAPANESE CULTURAL RELATIONS		Pacific Cultural Foundation	1983
2	PROCEEDINGS of the Thirty-First International Congress of HumanSciences in Asia and North Africa I		THE TOHO GAKKAI	1984
3	PROCEEDINGS of the Thirty-First International Congress of HumanSciences in Asia and North Africa II		THE TOHO GAKKAI	1984
4	SOURCES FOR A HISTORY OF BONISM（Legends of Ancient sages of Bonism No,4）	光嶌督	財團法人 西原育英文化事業團	1999
5	SOURCES FOR A HISTORY OF BONISM（Legends of Ancient sages of Bonism No,5）	光嶌督	財團法人 西原育英文化事業團	1999
6	The Bright Light of Bon	光島督	国士館大学教養部	1981
7	XXXI INTERNATIONAL CONGRESS OF HUMAN SCIENCES IN ASIA AND NORTH AFRICA: Congreess Program		Organizing Committee	1983
8	XXXI INTERNATIONAL CONGRESS OF HUMAN SCIENCES IN ASIA AND NORTH AFRICA: List of		Organizing Committee	1983

	Participants			
9	GREAT BRITAIN AND THE OPENING OF JAPAN	W.G. BEASLEY	LUZAC & COMPANY, LTD	1951 年

影印本圖書（僅供典藏不流通）

序號	題　　名	作　者	出版者	出版年
1	隋唐帝国と東アジア世界	唐代史研究会	汲古書院	1979 年
2	明末清初日本乞師の研究	石原道博	冨山房	昭和 20 年
3	日中戦争史研究	古谷哲夫	吉川弘文館	昭和 50 年
4	日支交渉史話	秋山謙蔵	内外書籍	昭和 10 年
5	陳元贇の研究	小松原濤	雄山閣出版	昭和 47 年
6	中国仏教史　第一巻　初伝期の仏教	鎌田茂雄	東京大学出版会	1982 年
7	中国仏教史　第二巻　受容期の仏教	鎌田茂雄	東京大学出版会	1983 年
8	元代中日關係論文集（四）			
9	バタヴィア城日誌（一）	中村孝志	平凡社	昭和 45 年
10	バタヴィア城日誌（二）	中村孝志	平凡社	昭和 47 年
11	バタヴィア城日誌（三）	中村孝志	平凡社	昭和 50 年
12	日本関係海外史料　オランダ商官長日記　譯文編之三（下）	東京大學史料編纂所	東京大學出版會	昭和 53 年
13	日本関係海外史料　オランダ商官長日記　譯文編之三（上）	東京大學史料編纂所	東京大學出版會	昭和 52 年
14	日本関係海外史料　オランダ商官長日記　譯文編之一（上）	東京大學史料編纂所	東京大學出版會	昭和 51 年
15	日本関係海外史料　オランダ商官長日記　譯文編之二（上）	東京大學史料編纂所	東京大學出版會	昭和 50 年
16	日本関係海外史料　オランダ商官長日記　譯文編之二（下）	東京大學史料編纂所	東京大學出版會	昭和 50 年
17	長崎オランダ商館の日記　第一輯	村上直次郎	岩波書店	昭和 31 年
18	長崎オランダ商館の日記　第	村上直次郎	岩波書店	昭和 32 年

	二輯			
19	長崎オランダ商館の日記　第三輯	村上直次郎	岩波書店	昭和 33 年
20	平戸オランダ商館の日記　第一輯	永積洋子	岩波書店	昭和 44 年
21	平戸オランダ商館の日記　第二輯	永積洋子	岩波書店	昭和 44 年
22	平戸オランダ商館の日記　第三輯	永積洋子	岩波書店	昭和 44 年
23	平戸オランダ商館の日記　第四輯	永積洋子	岩波書店	昭和 45 年
24	日支交通の研究　中近世篇	冨山房	岩波書店	
25	中国古代国家と東アジア世界（上）	西嶋定夫	東京大学出版会	1983 年
26	中国古代国家と東アジア世界（上）	西嶋定夫	東京大学出版会	1983 年
27	日明關係論文集			
28	日宋交通と日宋相互認識の發展			
29	日明關係．室町幕府政治			
30	中国学芸大事典　上冊	近藤春雄	大修館書店	昭和 53 年
31	中国学芸大事典　下冊	近藤春雄	大修館書店	昭和 53 年
32	禅学大辞典　上巻（あ～す）	駒澤大學內禪學大辭典編纂所	大修館書店	
33	禅学大辞典　上巻（せ～わ）	駒澤大學內禪學大辭典編纂所	大修館書店	
34	禅学大辞典　別巻　附錄索引	駒澤大學內禪學大辭典編纂所	大修館書店	
35	明代貨幣史考 1	市古尚三	鳳書房	1977 年
36	明代貨幣史考 2	市古尚三	鳳書房	1977 年
37	明治軍制史論　上巻　上冊～明治初年より西南戦争まで～	松下芳男	有斐閣	昭和 31 年
38	明治軍制史論　上巻　下冊～明治初年より西南戦争まで～	松下芳男	有斐閣	昭和 31 年
39	明治軍制史論　下巻　上冊	松下芳男	有斐閣	昭和 31 年

	～明治十一年より明治末年まで～			
40	明治軍制史論　下卷　下冊 ～明治十一年より明治末年まで～	松下芳男	有斐閣	昭和 31 年
41	日宋貿易の研究	森克己	国立書院	
42	日宋交通に於ける我が能動的貿易の展開	森克己		
43	明代漳泉人の海外通商發展 ～特に海澄の餉稅制と日明貿易に就いて～	小葉田淳		
44	元明日本關係論文集			
45	日鮮關係史料集			
46	足利時代琉球との經濟的及び政治的關係に就いて	小葉田淳		
47	室町時代の日鮮關係	中村榮孝		
48	中世禪林の官寺制度	今枝愛真		
49	琉球資料叢書　第四	伊波普猷　等	井上書房	昭和 37 年
50	琉球資料叢書　第五	伊波普猷　等	井上書房	昭和 37 年
51	東アジア世界史探究　上	滕維藻　等	汲古書院	1986 年
52	東アジア世界史探究　下	滕維藻　等	汲古書院	1986 年
53	荀子注釋史上における邦儒の活動　上	藤川正数	風間書房	昭和 55 年
54	荀子注釋史上における邦儒の活動　下	藤川正数	風間書房	昭和 55 年
55	日清戰役外交史の研究　上	田保橋潔	東洋文庫	昭和 40 年
56	日清戰役外交史の研究　下	田保橋潔	東洋文庫	昭和 40 年
57	室町時代美術史論	谷信一	東京堂	昭和 17 年
58	日本外交文書　下冊	外務省	日本國際連合會	昭和 28 年
59	伊藤博文	中村菊男	時事通信社	昭和 33 年
60	策彥八明記			
61	細說元朝　上下	黎東方	文星書店股份 有限公司	民國 55 年
62	農圃集敍			
63	湖叟先生實紀			
64	萬曆三大徵考	茅瑞徵		
65	日本一鑑（下）	鄭舜功		民國 28 年

鄭樑生教授捐贈淡江大學

圖書館圖書清單

正體字中文圖書

序號	題　　名	作　者	出版者	出版年
1	中日戰爭 1	戚其章主編	中華書局	1989 年
2	中日戰爭 2	戚其章主編	中華書局	1989 年
3	中日戰爭 3	戚其章主編	中華書局	1989 年
4	中日戰爭 4	戚其章主編	中華書局	1989 年
5	中日戰爭 5	戚其章主編	中華書局	1989 年
6	中日戰爭 6	戚其章主編	中華書局	1989 年
7	中日戰爭 7	戚其章主編	中華書局	1989 年
8	中日戰爭 8	戚其章主編	中華書局	1989 年
9	中日戰爭 9	戚其章主編	中華書局	1989 年
10	中日戰爭 10	戚其章主編	中華書局	1989 年
11	中日戰爭 11	戚其章主編	中華書局	1989 年
12	中日戰爭 12	戚其章主編	中華書局	1989 年
13	陋室談藝錄	夏美馴	文史哲出版社	民國 78 年
14	中國哲學史記	張起鈞 吳怡	榮泰印書館	民國 53 年
15	憲章外史續編上	許重熙	偉文圖書出版有限公司	民國 66 年
16	憲章外史續編下	許重熙	偉文圖書出版有限公司	民國 66 年
17	中國文化史上		臺灣書店	民國 57 年
18	中國文化史中		臺灣書店	民國 57 年
19	中國文化史下		臺灣書店	民國 57 年
20	細說元朝第一冊	黎東方	大林書店	民國 58 年
21	細說元朝第二冊	黎東方	大林書店	民國 58 年
22	中蘇外交的序幕 ── 從侵林到越飛	王聿鈞		民國 67 年

23	中俄外蒙交涉始末	呂邱文	成文出版社	民國65年
24	戰爭狂人東條英機	解力夫	世界知識出版社	1985年
25	余清芳抗日革命案全檔第一輯第一冊	台灣文獻委員會	台灣文獻委員會	民國63年
26	中國元極功法卷一	張志祥	辭學出版社	1992年
27	中國元極功法卷二	張志祥	辭學出版社	1992年
28	追趕歲月上	岑旭球	辰銘電腦打字行	民國82年
29	追趕歲月下	岑旭球	辰銘電腦打字行	民國82年
30	日本古代中世史	蘇振中	名人出版社	1974年
31	日本近代史	蘇振中	名人出版社	1974年
32	東南亞各國海域法律及條約彙編	陳鴻瑜	國立暨南國際大學東南亞研究中心	1997年
33	馬祖列島記	林金炎	文胤打字印刷有限公司	民國80年
34	馬祖列島記續篇	林金炎	文胤打字印刷有限公司	民國83年
35	人的呼聲	林耀川譯	名人出版社	民國66年
36	中原（第20期）沈剛伯先生百齡冥誕紀念		國立台灣大學歷史學研究所	民國86年
37	曾紀澤的外交	李思涵	中央研究近代史研究所	民國71年
38	三十三年落花夢	宮崎滔天著宋越倫譯	台灣中華書局	民國66年
39	丁代名人生率年表	梁燦廷	台灣商務印書館	民國59年
40	朱子文集1	陳俊民	德富古籍叢刊	
41	朱子文集2	陳俊民	德富古籍叢刊	
42	朱子文集3	陳俊民	德富古籍叢刊	
43	朱子文集4	陳俊民	德富古籍叢刊	
44	朱子文集5	陳俊民	德富古籍叢刊	
45	朱子文集6	陳俊民	德富古籍叢刊	
46	朱子文集7	陳俊民	德富古籍叢刊	
47	朱子文集8	陳俊民	德富古籍叢刊	
48	朱子文集9	陳俊民	德富古籍叢刊	
49	朱子文集10	陳俊民	德富古籍叢刊	
50	抗日戰爭 軍事上			
51	抗日戰爭 軍事中			
52	抗日戰爭 軍事下			
53	抗日戰爭 政治上			

54	抗日戰爭 政治下			
55	抗日戰爭 外交上			
56	抗日戰爭 外交下			
57	抗日戰爭 七七之前			
58	抗日戰爭 經濟			
59	抗日戰爭 日偽政權			
60	殊域周咨錄	明 嚴從簡	中華書局	
61	中日關係史研究論集（一）	鄭樑生	文史哲出版社	民國79年
62	中日關係史研究論集（二）	鄭樑生	文史哲出版社	民國81年
63	中日關係史研究論集（三）	鄭樑生	文史哲出版社	民國82年
64	中日關係史研究論集（四）	鄭樑生	文史哲出版社	民國83年
65	中日關係史研究論集（五）	鄭樑生	文史哲出版社	民國84年
66	中日關係史研究論集（六）	鄭樑生	文史哲出版社	民國85年
67	中日關係史研究論集（七）	鄭樑生	文史哲出版社	民國86年
68	中日關係史研究論集（八）	鄭樑生	文史哲出版社	民國87年
69	中日關係史研究論集（九）	鄭樑生	文史哲出版社	民國88年
70	中日關係史研究論集（十）	鄭樑生	文史哲出版社	民國89年
71	中日關係史研究論集（十一）	鄭樑生	文史哲出版社	民國90年
72	中日關係史研究論集（十二）	鄭樑生	文史哲出版社	民國92年
73	中日關係史研究論集（十三）	鄭樑生	文史哲出版社	民國93年
74	近代在華日人顧問資料目錄	衛藤瀋吉 李 遷江	中華書局	1977年
75	中國文官制度史（上）	楊樹藩	黎明文化 事業公司	民國73年
76	長沙三次會戰	容鑑光	國史館	民國79年
77	延安的陰影	陳永發	中央研究院 近代史研究所	民國79年
78	高宗純宗實錄上		探求堂	1986年
79	高宗純宗實錄中		探求堂	1986年
80	高宗純宗實錄下		探求堂	1986年
81	高宗純宗實錄總索引		探求堂	1986年
82	戚繼光研究叢書 戚少保奏 議	高揚文 陶琦	中華書局	2001年
83	戚繼光研究叢書 紀效新書	范中義 張德信	中華書局	2001年
84	明經世文編1		中華書局	1987年
85	明經世文編2		中華書局	1987年
86	明經世文編3		中華書局	1987年
87	明經世文編4		中華書局	1987年
88	明經世文編5		中華書局	1987年

89	明經世文編 6		中華書局	1987 年
90	歷代寶案 2		國立台灣大學	
91	歷代寶案 3		國立台灣大學	
92	歷代寶案 4		國立台灣大學	
93	日軍在華暴行-南京大屠殺（上）　革命文獻第 108 輯		裕台公司中華印刷廠	民國 76 年
94	朝鮮「壬辰倭亂」研究	李光濤	中華印刷廠	民國 61 年
95	日本文明開化史略	陳水逢	台灣商務印書館	
96	日本近代史綱	徐光薿	台灣商務印書館	
97	韓語方塊文選	楊人從	華岡印刷廠	民國 79 年
98	中韓關係史文集	中華民國韓國研究學會	南亞彩色印刷有限公司	民國 72 年
99	國榷 1	明　談遷	中華書局	1958 年
100	國榷 2	明　談遷	中華書局	1958 年
101	國榷 3	明　談遷	中華書局	1958 年
102	國榷 4	明　談遷	中華書局	1958 年
103	國榷 5	明　談遷	中華書局	1958 年
104	國榷 6	明　談遷	中華書局	1958 年
105	琉球往復文書及關聯史料（一）		淡江大學	1998 年
106	琉球往復文書及關聯史料（二）		淡江大學	2000 年
107	琉球往復文書及關聯史料（三）		淡江大學	2002 年
108	第八回琉中歷史關係國際學術會議論文集		匯澤股份有限公司印刷	2001 年
109	第八回琉中歷史關係國際學術會議論文集		匯澤股份有限公司印刷	2001 年
110	現代中琉關係		中琉文化經濟協會	1997 年
111	使流球記	李鼎元		1992 年
112	日中交流二千年	藤家禮之助	東海大學出版會	1977 年
113	日中交流二千年	藤家禮之助	東海大學出版會	1979 年
114	漢代文學與思想學術研討會論文集	國立政治大學中文系所	文史哲出版社	
115	漢代文學與思想學術研討會論文集	國立政治大學中文系所	文史哲出版社	
116	國史館館刊（復刊二十四期）	國史館刊編輯委員會	國史館	民國 87 年

117	國史館之刊（復刊二十五期）	國史館刊編輯委員會	國史館	民國 87 年
118	國史館館刊三十三期	國史館刊編輯委員會	國史館	
119	明代倭寇史料 1	鄭樑生	文史哲出版社	
120	明代倭寇史料 2	鄭樑生	文史哲出版社	
121	明代倭寇史料 3	鄭樑生	文史哲出版社	
122	明代倭寇史料 4	鄭樑生	文史哲出版社	
123	明代倭寇史料 5	鄭樑生	文史哲出版社	
124	明代倭寇史料 6	鄭樑生	文史哲出版社	
125	明代倭寇史料 7	鄭樑生	文史哲出版社	
126	中國文化史略	王德華	正中書局	民國 73 年
127	沙俄侵略朝鮮簡史	宋禎煥	中華民國韓國研究學會	民國 82 年
128	韓國史	李元淳	幼獅文化事業	
129	旅韓六十年見聞 ── 韓國華僑史話	秦裕光		民國 72 年
130	中國文化對日韓越的影響	朱雲影	黎明文化事業	民國 70 年
131	中國通史上	傅樂成	大中國圖書公司	民國 73 年
132	中國通史下	傅樂成	大中國圖書公司	民國 73 年
133	唐代蕃將研究	章群	聯經出版社	民國 75 年
134	明史人名索引	李裕民	中華書局	1985 年
134	中國通史	黃大受	五南圖書出版公司	民國 72 年
135	中國通史（上）	黃大受	五南圖書出版公司	民國 78 年
136	中國通史論文選輯下	韓復智	南天書局	民國 73 年
137	吳修齊先生訪問紀錄		中央研究院近代史研究所	民國 81 年
138	丁治盤先生訪問紀錄	毛金陵	中央研究院近代史研究所	民國 80 年
139	楊文達先生訪問紀錄	鄭麗榕	中央研究院近代史研究所	民國 80 年
140	金開英先生訪問紀錄		中央研究院近代史研究所	民國 73 年
141	中國通史	呂思勉		
142	中國通史上	李方晨	三民書局	民國 70 年
143	中國通史下	李方晨	三民書局	民攝 73 年
144	紀念七七抗戰六十週年學術研討會論文集上		國史館	民國 86 年

145	紀念七七抗戰六十週年學術研討會論文集下		國史館	民國 86 年
146	中國通史（上）	林瑞翰	三民書局	民國 69 年
147	中國通史（下）	林瑞翰	三民書局	民國 72 年
148	中國通史論文選輯上	輯復智	南天書局	民國 73 年
149	西安事變史料第一冊	朱文原	國史館	民國 82 年
150	西安事變史料第二冊	朱文原	國史館	民國 82 年
151	中英庚款史料彙編上冊		國史館	民國 81 年
152	中英庚款史料彙編中冊		國史館	民國 82 年
153	中英庚款史料彙編下冊		國史館	民國 82 年
154	兩宋財政史（下）	汪聖鐸	中華書局	
155	清史史料學	鴻爾康	台灣商務印書館	1993 年
156	中國史學史	金靜庵	鼎文書局	民國 83 年
157	中國史學史	金靜庵	鼎文書局	民國 75 年
158	毛澤東隱錄之謎（1966.6.17-28）		文史哲出版社	民國 78 年
159	萬古盧溝橋 歷史上的一百二十五位證人	黃文範	文史哲出版社	
160	日本通史	依田憙家	揚智文化事業	1995 年
161	日本通史	趙建民等	五南圖書出版公司	民國 80 年
162	昭和天皇備忘錄	栗元健等譯	國史館	民國 89 年
163	1985 年 8 月第三次世界大戰	英.海克特 楊連仲譯	英國中國郵報	
164	中國近現代史	小島晉治等 葉寄民譯	帕米爾書店	1992 年
165	劍花詩研究	朱學瓊	台灣文獻委員會	民國 79 年
166	清入關前與朝鮮往來圖書彙編（1619-1643）	張存武等	國史館	民國 89 年
167	蒙事論叢	李毓澍	永裕印刷廠	民國 79 年
168	慶祝抗戰勝利五十周年兩岸學術研討會論文及（上冊）		中央研究院近代史研究所	1995 年
169	慶祝抗戰勝利五十周年兩岸學術研討會論文及（下冊）		中央研究院	1995 年
170	乾嘉學術研究論著目錄（1900-1993）	林慶彰	中央研究院中國文哲研究所	
171	平凡人的偉大時代	盧泰愚 傅濟功等譯		民國 77 年
172	馬歇爾使華調處日誌	王成勉	國史館	1945 年

173	中國歷史學會史學集刊（第28期）	中國歷史學會史學集刊編輯委員會		民國85年
174	梁肅戎先生訪談錄	劉鳳翰等	國史館	民國84年
175	賴名湯先生訪談錄上冊		國史館	民國83年
176	甲午戰爭一百週年紀念學術研討會論文集		國立師範大學歷史研究所歷史學系	民國83年
177				
178	永恆的證嚴-改變中國命運的重要文獻	吳健民等	名人出版社	民國66年
179	中國歷史精神	錢穆	東大圖書公司	民國73年
180	五卅慘案後的反英運動	李健民	中央研究院近代史研究所	民國75年
181	中日二十一條交涉（上）	李毓澍		民國71年
182	李鴻章與中日條約（1871）	王璽		民國70年
183	清季中俄東三省界務交涉	趙中孚		民國59年
184	旅順大屠殺	木森	警官教育出版社	1993年
185	史記會注考證（一）本紀	司馬遷	天工書局	
186	史記會注考證（二）本紀	司馬遷	天工書局	
187	史記會注考證（三）本紀	司馬遷	天工書局	
188	史記會注考證（四）本紀	司馬遷	天工書局	
189	史記會注考證（五）本紀	司馬遷	天工書局	
190	史記會注考證（六）本紀	司馬遷	天工書局	
191	元史	楊家駱	鼎文書局	民國69年
192	先總統蔣公有關論述與史料	中華民國史料研究中心	中華民國史料研究中心	民國71年
193	宋子文與戰時外交	陳立夫	國史館	民國80年
194	近代中國史綱（上冊）	郭廷以	曉園出版社	1994年
195	近代中國史綱（下冊）	郭廷以	曉園出版社	1994年
196	經史百家雜鈔上	曾國藩	國際書局	民國46年
197	經史百家雜鈔下	曾國藩	國際書局	民國46年
198	中國哲學史記	勞思光	三民書局	民國77年
199	中國哲學史記	勞思光	三民書局	民國77年
200	徐福研究	彭雙松		民國73年
201	東亞風雲	王曉秋	宏觀文化事業股份有限公司	1995年
202	史學方法	王爾敏	東華書局	民國75年
203	倭變事略	朱九德	廣文書局	民國56年

204	明史紀事本末（上）	谷應泰	三民書局	民國 52 年
205	革命開國文獻第二輯	史著	國史館	民國 85 年
206	革命開國文獻第二輯	史著	國史館	民國 86 年
207	清季自強運動研討會論文集上冊	中央研究院中國文哲研究所		民國 77 年
208	現代中國佛教史新論	江燦騰		民國 83 年
209	史學方法論	杜維運	三民書局	民國 76 年
210	第四屆中國域外漢籍國際學術會議論文集		聯合報文化基金會等	民國 80 年
211	日本人	賴世和	五南圖書出版社	民國 80 年
212	日本政治論	許介鱗	聯經出版社	民國 66 年
213	明代東北史綱	楊暘	台灣學生書局	民國 82 年
214	日本軍國主義（第二冊）	（日）井上清 尚永清譯	商務印書館	1985 年
215	人的素質論文集（1999）	戴良義	法鼓人文社會學院	1999 年
216	澳門香港之早期關係	郭永亮	中央研究院近代史研究所	民國 79 年
217	文選	胡克家 仿宋本	藝文印刷館	民國 44 年
218	中國近代史		中華書局	
219	再造藩邦志（一）	申炅用	珪庭出版社	民國 69 年
220	再造藩邦志（二）	申炅用	珪庭出版社	民國 69 年
221	火與火藥	衛聚賢	說文書店	民國 68 年
222	林文訪先生詩文集	林熊祥	青文出版社	民國 71 年
223	史學方法論	杜維運	三民書局	民國 88 年
224	國立中央圖書館善本書目（增訂二版（1））	國立中央圖書館	國立中央圖書館	
225	國立中央圖書館善本書目（增訂二版（2））	國立中央圖書館	國立中央圖書館	
226	國立中央圖書館善本書目（增訂二版（3））	國立中央圖書館	國立中央圖書館	
227	國立中央圖書館善本書目（增訂二版（4））	國立中央圖書館	國立中央圖書館	
228	史學方法論文選集	杜維運	華世出版社	民國 76 年
229	國立台灣大學普通本線裝書目	國立中央圖書館	國立中央圖書館	民國 60 年
230	國立中央圖書館 台灣師範大學 私立東海大學普通本線裝書目	國立中央圖書館	國立中央圖書館	民國 60 年
231	抗戰前的清華大學	蘇雲鋒	中央研究	民國 89 年

	（1928-1937）		近代史研究所	
232	私立海南大學（1947-1950）	蘇雲鋒	中央研究近代史研究所	民國 79 年
233	洪芳洲公年譜	洪福增	洪朝選研究會	1993 年
234	洪芳洲先生研究論集	吳智和	洪芳洲研究會	1998 年
235	洪芳洲先生詩文集譯釋（中）	洪福增	洪芳洲研究會	2000 年
236	洪芳洲先生詩文集譯釋（下）	洪福增	洪芳洲研究會	2000 年
237	洪芳洲先生公文集（上卷）	洪福增	洪芳洲研究會	1989 年
238	洪芳洲先生公文集（下卷）	洪福增	洪芳洲研究會	1989 年
239	朱子哲學思想的發展與完成	劉述先	台灣學生書局	民國 84 年
240	朱子學與明初理學的發展	祝平次	台灣學生書局	民國 83 年
241	中俄關係史	李齊芳	聯經出版社	2000 年
242	清代科舉	劉兆璸	東大圖書有限公司	民國 66 年
243	新世紀人類社會大趨勢	陳壞東	三民書局	2000 年
244	認識自己 認識中共	于思專欄彙編	漢唐出版社	民國 85 年
245	劉真先生訪問紀錄	胡國台等	永裕印刷廠	民國 82 年
246	東京玫瑰	陶斯昌代	名人出版社	民國 66 年
247	宋代政治史	林瑞翰	正中書局	民國 78 年
248	中日民族文化交流史	宋越倫	正中書局	民國 55 年
249	戰時經歷之回憶		中國國民黨中央委員會黨史委員會	
250	日本近代史	栗田元次	正中書局	民國 54 年
251	日本史	李永熾	牧童出版社	民國 68 年
252	日本史	林明德	三民書局	民國 75 年
253	日本論叢（上）	陳固亭	中華叢書編審委員會	民國 60 年
254	第二次中日戰爭史（上）	吳相湘		民國 62 年
255	第二次中日戰爭史（下）	吳相湘		民國 62 年
256	國史館現藏重要史料概述		國史館	
257	中國日本交通史	王輯五	台灣商務印書館	民國 54 年
258	典學集刊	薇史	中華書局	
259	新時代的家庭倫理 ── 尊重與關懷	戴良義	法鼓人文社會學院	
260	中國現代史	薛化元等	三民書局	2003 年
261	對日本人士的諍言與期望	張寶樹	中華民國日本研究學會	民國 71 年
262	「東北亞僑社網經與近代中	中央研究院		民國 90 年

	「國」國際學術研討會	東北亞區域研究所		
263	慶祝王恢教授九秩嵩壽論文集	王教授論文集編委會	王教授論文集編委會	
264	楊祥發院士榮退紀念集		中央研究院	民國 88 年
265	陳垣先生往來書札（下）	陳智超	學生書局	民國 81 年
266	陳垣早年文集	陳垣	中央研究院中國文哲研究所	民國 81 年
267	王任光教授七秩嵩慶論文集		文史哲出版社	民國 77 年
268	戰後日本的中國史研究	高明士	東昇出版事業公司	民國 71 年
269	中國東北史	佟冬等	書林文史出版社	1987 年
270	史學彙刊第十二期	史學彙刊編輯委員會	中國文化大學史學系	
271	史學導論	丘為君	五南圖書出版社	民國 77 年
272	飲冰室文集	梁啟超	新興書局	民國 46 年
273	平凡人的偉大時代	盧泰盧	黎明文化事業公司	民國 77 年

簡化字中文圖書

序號	題　　名	作　者	出版者	出版年
1	近代上海大事記	湯志明	上海辭書出版社	1989 年
2	侵華日軍南京大屠殺史料	江蘇古籍出版社南京圖書館編輯	江蘇古籍出版社南京圖書館	1990 年
3	「八一三」抗戰史料選編		上海人民出版社	1986 年
4	丁日昌生平活動大事記	江村	廣東人民出版社	1982 年
5	唐都長安	張永錄	西北大學出版社	1987 年
6	日本華僑研究	陳昌福	上海社會科學院	1989 年
7	廣東史話	楊萬秀等	廣東人民出版社	1986 年
8	凌十八起義	吳兆奇主編	廣東人民出版社	1989 年
9	凌十八起義史料集	茂名市政協文史資料研究委員會	廣東人民出版社	1991 年
10	凌十八起義論文集		廣東人民出版社	1991 年
11	中國通史 1	白壽彝	上海人民出版社	1989 年
12	辛亥革命與大陸浪人	趙軍譯	中國大百利全書出版社	1986 年

13	托洛茨基評傳	李顯榮	中國社會科學出版社	1986 年
14	舊中國黑幕大觀	金燦 泰川等	吉林文史出版社	1991 年
15	五州運動在天津	天津市總工會運史研究室		1987 年
16	河內血案-行刺汪精衛始末	少石	檔案出版社	1988 年
17	華北事變	李文榮 紹云瑞	開南大學出版社	1989 年
18	中國近代政治思想史	張馨 汪玉凱	陝西人民出版社	1988 年
19	洪秀全傳奇	陳仕元	花城出版社	1990 年
20	太平天國通史上	茅家琦	南京大學出版社	
21	太平天國通史中	茅家琦	南京大學出版社	
22	太平天國通史下	茅家琦	南京大學出版社	
23	太平天國安徽省史搞	徐川一	安徽省社會科學院廣史研究所	1991 年
24	洪秀全思想研究	陳華新	廣東人民出版社	1991 年
25	太平天國史散論	錢任坤	廣西人民出版社	1991 年
26	郭沫若全集 1 歷史		人民出版社	1982 年
27	郭沫若全集 2 歷史		人民出版社	1982 年
28	郭沫若全集 4 歷史		人民出版社	1982 年
29	二十一個亡國之君	孟昕伯 劉沙蒙子	吉林文史出版社	1989 年
30	榮慶日記	謝興堯	西北大學出版社	1986 年
31	歷史科學概論	葛懋春	山東教育出版社	1985 年
32	元代史	周良霄 顧菊英	上海人民出版社	1993 年
33	中國抗日戰爭與世界反法西斯戰爭		中國檔史資料出版社	1988 年
34	韓國學論文集第四集	北京大學韓國學術研究中心	新華出版社	1995 年
35	韓國學論文集第六集	北京大學韓國學術研究中心	新華出版社	1997 年
36	中日關係史資料匯編		中華書局	1984 年
37	中日文化關係史論	周一良		1993 年
38	藏學研究	中央民族學院藏學研究所	天津古籍出版社	1990 年
39	偽滿魁儡政權	佟冬閣	中華書局	1994 年
40	抗日戰爭與中國歷史「九‧一八」事變 60 周年國際學術研討會文集		遼寧人民出版社	1994 年
41	七七事變		中國文史出版社	1987 年

42	九一八事變 1 日本帝國侵華檔案資料選編	中央檔案館等	中華書局	1985 年
43	華北事變 2 日本帝國侵華檔案資料選編	中央檔案館等	中華書局	2000 年
44	偽滿魁儡政權 3 日本帝國侵華檔案資料選編	中央檔案館等	中華書局	1994 年
45	東北大討伐 4 日本帝國侵華檔案資料選編	中央檔案館等	中華書局	1991 年
46	細菌戰與毒氣戰 5 日本帝國侵華檔案資料選編	中央檔案館等	中華書局	1989 年
47	偽滿憲警統治 7 日本帝國侵華檔案資料選編	中央檔案館等	中華書局	1993 年
48	東北歷次大慘案 8 日本帝國侵華檔案資料選編	中央檔案館等	中華書局	1989 年
49	華北大掃蕩 9 日本帝國侵華檔案資料選編	中央檔案館等	中華書局	1998 年
50	華北治安強化運動 10 日本帝國侵華檔案資料選編	中央檔案館等	中華書局	1997 年
51	東北經濟掠奪 14 日本帝國侵華檔案資料選編	中央檔案館等	中華書局	1991 年
52	華北歷次大慘案 日本帝國侵華檔案資料選編	中央檔案館等	中華書局	1995 年
53	南京大屠殺 日本帝國侵華檔案資料選編	中央檔案館等	中華書局	1995 年
54	日汪的清鄉 日本帝國侵華檔案資料選編	中央檔案館等	中華書局	1995 年
55	九一八事變叢書『九‧一八』抗戰史	譚譯	遼寧人民出版社	1991 年
56	九一八事變叢書『九‧一八』事變實錄	譚譯	遼寧人民出版社	1981 年
57	九一八事變叢書『九‧一八』事變前後的日本與中國東北	譚譯	遼寧人民出版社	1991 年
58	九一八事變叢書『九‧一八』事變檔案史料精編	譚譯	遼寧人民出版社	1991 年
59	九一八事變叢書 日本侵佔旅大四十年史	林森等		
60	《〝九一八〞事變叢書》	譚譯	遼寧人民出版社	1991 年
61	〝九一八後〞國南痛史（上冊）	陳覺	遼寧教育出版社	1991 年
62	〝九一八後〞國南痛史（下	陳覺	遼寧教育出版社	1991 年

	冊）			
63	統一戰線大事記	李勇等	中國經濟出版社	1988 年
64	汪精衛集團投敵	黃美真等	上海人民出版社	
65	汪精衛國民政府成立	黃美真等	上海人民出版社	
66	五州運動	傅道慈	復旦大學出版社	1985 年
67	抗戰時期的陪都紗磁文化區			1989 年
68	抗戰時期的陪都紗磁文化區	朱慶鈞	科學技術文獻出版重慶分社	1989 年
69	中外關係史譯叢（第四輯）		上海譯文出版社	1988 年
70	中國通史綱要	白壽彝	上海人民出版社	1990 年
71	歷史方法論大綱	茹科夫等	上海譯文出版社	
72	史學研究的新問題新方法新對象	都名瑋	社會科學文獻	1988 年
73	西北歷史研究	周偉淵等	二秦出版社	1989 年
74	西北歷史研究	西北大學西北歷史研究室	二秦出版社	1987 年
75	東夏史	趙鳴峻等	天津古籍出版社	1990 年
76	日軍侵華戰爭 1	王輔	遼寧人民出版社	1990 年
77	日軍侵華戰爭 2	王輔	遼寧人民出版社	1990 年
78	日軍侵華戰爭 3	王輔	遼寧人民出版社	1990 年
79	日軍侵華戰爭 4	王輔	遼寧人民出版社	1990 年
80	明代遼東檔案匯編上	王火書邦	遼沈書社	1985 年
81	明代遼東檔案匯編下	王火書邦	遼沈書社	1985 年
82	明史新編	楊國楨等	人民出版社	1993 年
83	抗日戰爭時期陝甘寧邊區財政經濟史稿	星光等	西北大學出版社	
84	蒙古族哲學思想史	趙智奎等	內蒙古大學出版社	1994 年
85	張學良文集 1	畢萬聞	新華出版社	1992 年
86	張學良文集 2	畢萬聞	新華出版社	1992 年
87	中日漢籍交流史論	王勇等	杭州大學出版社	1992 年
88	中國文化的歷史踪迹	王勇等	杭州大學出版社	1991 年
89	中國典籍在日本的流傳與影響	王勇等	杭州大學出版社	1990 年
90	楊貴妃傳	井上清	陝西人民出版社	1985 年
91	清宮軼事	鄭逸梅	紫禁城出版社	1983 年
92	中國歷史大事年表	沈起煒	上海辭書出版社	1983 年
9.3	中日歷史大事年表	凌風桐	黑龍江教育出版社	1988 年

94	科技檔案管理學	王傳宇	中國人民大學出版社	1998 年
95	杭州史地叢書上函			
96	杭州史地叢書下函			
97	第二次中日戰爭史	吳相湘		
98	第二次中日戰爭史	吳相湘		
99	抗日戰爭第七卷	章伯鋒等	四川大學出版社	1997 年
100	滿州開國史（中華學術叢書）	孟森	上海古籍出版社	1992 年
101	中日關係史資料匯編	汪向榮等	中華書局	1984 年
102	中日關係史文獻記考	張豈之	岳麓出版社	1985 年
103	藝術與人類心理	童慶炳	北京十月文藝出版社	1992 年
104	中日學者對談錄 — 盧溝橋事變五十周年中日學術討論會文集	中國人民抗日戰爭紀念館	北京出版社	1990 年
105	韓國近代史	韓‧姜萬吉 賀劍城等譯	東方出版社	1993 年
106	黃遵憲與近代中國	鄭海麟	新華書局	1988 年
107	比較文學論文集	朱維之等	南開大學	1984 年
108	學史入門	鄭天挺	北京中華書局	1988 年
109	淮河與盱眙-淮河文化與盱眙人文地理論文集	陳琳	政協盱眙縣文史資料委員會	2002 年
110	金史簡編	張博泉	遼寧人民出版社	1984 年
111	日本史論文集	中國日本史學會	遼寧人民出版社	1985 年
112	社會科學戰線	趙鳴歧	吉林省社會科學院	2002 年
113	社會科學戰線	趙鳴歧	吉林省社會科學院	2002 年
114	社會科學戰線	趙鳴歧	吉林省社會科學院	2002 年
115	社會科學戰線	趙鳴歧	吉林省社會科學院	2002 年
116	社會科學戰線	趙鳴歧	吉林省社會科學院	2002 年
117	海西女真史料	李澍田	吉林文史出版社	
118	先清史料	李澍田	吉林文史出版社	1990 年
119	東夏史料	李澍田	吉林文史出版社	1990 年

120	朝鮮文獻中的中國東北史料	李澍田		1995 年
121	東北文獻辭典	李澍田	吉林文史出版社	1994 年
122	韓邊外	李澍田		1995 年
123	長白山文化論說	李澍田	吉林文史出版社	1995 年
124	東疆研究論集	刁書仁	吉林文史出版社	1995 年
125	霍爾瓦特與中東鐵路	無文衛	吉林文史出版社	1995 年
126	箕子與朝鮮論集	張博泉	吉林文史出版社	1995 年
127	清實錄東北史料全集（一）	李澍田	吉林文史出版社	1988 年
128	清實錄中朝關係史料摘編	李樹田	吉林文史出版社	1995 年
129	東疆史略	李澍田	吉林文史出版社	1990 年
130	琿春副都統衙門檔案選編（上）	李樹田	吉林文史出版社	1995 年
131	琿春副都統衙門檔案選編（中）	李樹田	吉林文史出版社	1995 年
132	琿春副都統衙門檔案選編（下）	李樹田	吉林文史出版社	1995 年
133	朝鮮三一運動史稿	楊昭全	吉林文史出版社	1995 年
134	舊滿州檔案研究	劉厚生	吉林文史出版社	1995 年
135	近三百年東北土地開發史	刁書仁等	吉林文史出版社	1994 年
136	漢鐵史資料第四卷煤鐵篇第一分冊	解學詩	吉林省社會科學院	
137	漢鐵史資料第四卷煤鐵篇第二分冊	解學詩	吉林省社會科學院	
138	漢鐵史資料第四卷煤鐵篇第三分冊	解學詩	吉林省社會科學院	
139	漢鐵史資料第四卷煤鐵篇第四分冊	解學詩	吉林省社會科學院	
140	清代全史第一卷	李洵等	遼寧人民出版社	1991 年
141	清代全史第二卷	王戎笙	遼寧人民出版社	1991 年
142	清代全史第三卷	郭松義	遼寧人民出版社	1991 年
143	清代全史第四卷	王戎笙	遼寧人民出版社	1991 年
144	清代全史第五卷	韋慶遠	遼寧人民出版社	1991 年
145	清代全史第六卷	喻松青等	遼寧人民出版社	1991 年
146	清代全史第七卷	龍盛運	遼寧人民出版社	1993 年
147	清代全史第八卷	宓汝成	遼寧人民出版社	1993 年
148	清代全史第九卷	童守義等	遼寧人民出版社	1993 年
149	清代全史第十卷	劉克祥	遼寧人民出版社	1993 年
150	北洋海軍資料匯編（下）	謝忠岳	中華全國圖書	

			館文獻編微複製中心 1	
151	北洋海軍資料匯編（下）	謝忠岳	中華全國圖書館文獻編微複製中心 2	
152	北洋海軍資料匯編（下）	謝忠岳	中華全國圖書館文獻編微複製中心 3	
153	侵華日軍南京大屠殺史料		江蘇古籍出版社	1990 年
154	甲午戰爭史	戚其章	人民出版社	1990 年
155	靜晤室日記	金毓黻	遼瀋書局	1993 年
156	秦始皇陵兵馬俑博物館（論文選）	袁仲一等	西北大學出版社	
157	劉大年史學論文選集		人民出版社	1987 年
158	中國封建土地關係發展史	樊樹志	人民出版社	1988 年
159	中國近代史學史上冊	吳鋒等	江蘇古籍出版社	1988 年
160	中國近代史學史下冊	吳鋒等	江蘇古籍出版社	1988 年
161	日本漢詩發展史第一卷	肖瑞鋒	吉林大學出版社	
162	明代文化研究		中國文史出版社	1994 年
163	甲午戰爭九十週年紀念論集	戚其章	齊魯書社	1986 年
164	中國西南邊疆變遷史	尤中	雲南教育出版社	1991 年
165	日本文化的歷史蹤跡	王勇等	杭州大學出版社	1991 年
166	明史論文集（第六屆明史國際學術研討會）	中國明史學會朱元璋研究會	黃山書局	1997 年
167	帝國主義侵華史第二卷	丁名楠	人民出版社	1986 年
168	中外關係史論叢（第 1 輯）	朱杰勤	世界知識出版社	1985 年
169	中外關係史論叢（第 2 輯）	謝方等	世界知識出版社	1985 年
170	中國思想史	張豈之	西北大學出版社	1984 年
171	中國近代海軍史事日志（1860-1911）		三聯書店	1994 年
172	江西歷史名人研究	陳文華	江西省歷史名人研究會	1995 年
173	第二次鴉片戰爭（戰迹述論）	施玉森		1997 年
174	甲午戰爭百年祭	丛笑难	華夏出版社	1994 年
175	帝國主義侵華史第一卷		人民出版社	
176	重慶城市研究	隗瀛濤	四川大學出版社	1989 年
177	中國風景散文三百篇	余樹森等	華夏出版社	1992 年
178	出使美日祕日記	（清）崔國因	黃山書局	1988 年
179	曹廷杰集上冊	趙鳴岐等編	中華書局	1985 年

180	曹廷杰集下冊	趙鳴歧等編	中華書局	1985 年
181	史學語史學評論	瞿林東	安徽教育出版社	1998 年
182	甲午英烈	孫潔池	山東大學出版社	1994 年
183	日本歷史辭典	（日）竹內理三等 沈仁安等譯	天津人民出版社	1988 年
184	南京與西秦	周佛洲	陝西人民出版社	1987 年
185	霧松冰雪奇觀	李玉復等	中國廣播電視出版社	1991 年
186	中國古代戰事通覽（上卷）	張曉生等	長征出版社	1988 年
187	府兵制度考釋	谷霽光	上海人民出版社	1978 年
188	從赫爾利到馬歇爾 ── 美國調處國共矛盾始末	牛軍	福建人民出版社	1988 年
189	中國的東北社會（14-17 世紀）	楊暘	遼寧人民出版社	1991 年
190	抗日戰爭研究 1	張海鵬	中日戰爭抗爭史學會	1991 年
191	抗日戰爭研究 2	張海鵬	中日戰爭抗爭史學會	1991 年
192	抗日戰爭研究 3	張海鵬	中日戰爭抗爭史學會	1992 年
193	抗日戰爭研究 4	張海鵬	中日戰爭抗爭史學會	1992 年
194	抗日戰爭研究 5	張海鵬	中日戰爭抗爭史學會	1992 年
195	抗日戰爭研究 6	張海鵬	中日戰爭抗爭史學會	1992 年
196	朱元璋與鳳陽	夏玉潤	黃山書社	2003 年
197	明史紀事本末	清 谷應泰	上海古籍出版社	1994 年
198	宋明理學史 上卷	侯外廬等	人民出版社	
199	宋明理學史 下卷	侯外廬等	人民出版社	
200	明代特務政治	丁易	群眾出版社	1983 年
201	朱熹思想研究	張立文	中國社會科學出版社	1994 年
202	神州的發現-《山海經》地理考	扶永發	雲南人民出版社	1992 年
203	古代王權與專制主義	施治生	中國社會科學出版社	1993 年
204	歷史的觀念	英.R.G.柯林武德 何兆武等譯	中國社會科學出版社	1987 年
205	明代政爭探源	鄭克晟	天津古籍出版社	1988 年

206	中國古代戰爭通覽（下卷）	張曉生等	長征出版社	1988 年
207	吳晗史學論著選集第一卷	吳晗	人民出版社	1984 年
208	盧溝橋事變與八年抗戰	張春祥	北京出版社	1990 年
209	中國通史第二冊	范文瀾	人民出版社	1986 年
210	中國通史第三冊	范文瀾	人民出版社	1986 年
211	中國通史第四冊	范文瀾	人民出版社	1986 年
212	大連歷代詩選註	吳青雲	大連出版社	1992 年
213	孟昭燕戲曲劇作選	孟昭燕	西北大學出版社	1989 年
214	李自成殉難通成資料選輯	曾步賢等	通成縣志史學會	1997 年
215	明史.日本傳	汪向榮等	巴蜀書社	1987 年
216	東北三寶經濟簡史	叢佩遠	農業出版社	1989 年
217	日本政治史（第一卷）	信夫清三郎	上海譯文出版社	1983 年
218	日本政治史（第四卷）	信夫清三郎	上海譯文出版社	1988 年
219	宋史職官志補正	龔延明	浙江古籍出版社	1991 年
220	法與中國社會	林劍鳴	吉林文史出版社	1988 年
221	中國社會科學院文學研究所藏古籍善本書目		中國社會科學院文學研究所圖書館	1993 年
222	日中兩國近代化比較研究	依田熹家	北京大學出版社	1991 年
223	日本政治史（第二卷）	（日）信夫清三郎　呂萬和等譯	上海譯文出版社	1988 年
224	日本政治史（第三卷）	（日）信夫清三郎　呂萬和等譯	上海譯文出版社	1988 年
225	史學理論與方法	王旭東	安徽大學出版社	1998 年
226	宋明理學史上卷上冊	侯外廬等	人民出版社	1984 年
227	宋明理學史上卷下冊	侯外廬等	人民出版社	1984 年
228	中國近代軍事史研究	劉子明	江西人民出版社	1993 年
229	重慶市檔案館簡明指南	陸大鉞	科學技術文獻出版社重慶分社	1989 年
230	七七事變	劉琦等編	中國文史出版社	1887 年
231	張學良傳	張魁堂	東方出版社	1991 年
232	張學良傳	張永濱	黑龍江人民出版社	1995 年
233	明史研究第 1 輯	中國明史學會	黃山書社	1991 年
234	明史研究第 1 輯	中國明史學會	黃山書社	1991 年
235	明史研究第 5 輯	中國明史學會	黃山書社	1997 年

236	明史研究論叢第六輯		黃山書社	2004 年
237	西安事變研究	叢一平	陝西人民研究所	1988 年
238	西安事變研究	楊中州	河南人民出版社	1986 年
239	四個時代的我	陳翰笙	中國文史出版社	1988 年
240	克魯泡特金傳	陳之驊	中國社會科學出版社	1986 年
214	蔣經國家事	黃龍翔	北方婦女兒童出版社	
215	第二屆明清史國際學術研討會論文集	明清史國際學術研討會論文集編輯組	天津人民出版社	1993 年
242	遣唐史	武安隆	黑龍江人民出版社	1985 年
243	中國歷史研究法	趙光賢	中國出版社	1988 年
244	理論思維概論	董英哲	西北大學出版社	1985 年
245	中國史綱要（上冊）	翦伯贊	人民出版社	1986 年
246	中國史綱要（下冊）	翦伯贊	人民出版社	1986 年
247	中國抗日戰爭史	日・石島紀之 鄭玉純等譯	吉林教育出版社	1990 年
248	中國古代史史料學	安作璋	福建人民出版社	1998 年
249	慶祝王鍾翰先生八十壽辰學術論文集		遼寧大學出版社	1993 年
250	五臺山導遊	魏國酢	中國旅遊出版社	1993 年
251	文學概論析編	章孝評	西北大學出版社	1987 年
252	中國東北史	于永玉等	吉林文史出版社	1987 年

日文圖書

序號	題　　　名	作　者	出版者	出版年
1	福澤全集 1	石河幹明記	日本東京市國民圖書株式會社	大正 15 年
2	福澤全集 2	石河幹明記	日本東京市國民圖書株式會社	大正 15 年
3	福澤全集 3	石河幹明記	日本東京市國民圖書株式會社	大正 15 年
4	福澤全集 4	石河幹明記	日本東京市國民圖書株式會社	大正 15 年
5	福澤全集 5	石河幹明記	日本東京市國民圖書株式會社	大正 15 年

6	福澤全集 6	石河幹明記	日本東京市國民圖書株式會社	大正 15 年
7	福澤全集 7	石河幹明記	日本東京市國民圖書株式會社	大正 15 年
8	福澤全集 8	石河幹明記	日本東京市國民圖書株式會社	大正 15 年
9	福澤全集 9	石河幹明記	日本東京市國民圖書株式會社	大正 15 年
10	世界の歴史第 4 卷 中華帝國	增井經夫		1977 年
11	新十八史略（地の卷）		河出書房	
12	東洋文化研究所紀要 第 52 冊	東京大學東洋文化研究所		
13	中國前近代史研究		雄山閣出版刊	1980 年
14	江戶の本屋（上）	鈴木敏夫	岩波文庫	
15	古事記大鏡		岩波文庫	
16	日本人の味覺	近藤弘	中央公論社	
17	シナ思想と日本	津田左右吉	岩波文庫	
18	德川思想小史	源 了圓	中央公論社	
19	鑑真	安藤更生	吉川弘文館	
20	中國善書の研究	酒井忠夫		民國 89 年
21	日本史の全貌	武光誠	青春出版社	2004 年
22	元寇と松浦黨第 3 集	松浦黨研究		
23	元寇と松浦黨第 5 集	松浦黨研究		
24	日本人が知らなかった「戰國地圖」	小澤源太郎	青春出版社	2005 年
25	南北朝內亂史論	佐藤和彥	東京大學出版會	1979 年
26	日本廣史の視點 2 中世	兒玉幸多 豐田武	日本書籍株式會社	
27	東アジアの中の邪馬台國	白崎昭一郎	芙蓉書房株式會社	
28	海外交涉史の視點（一）原始.古代.中世			
29	新教科書にあつたくわしい地理	森克己 田中健夫		1972 年
30	水野評論（第 14 號）	水野評論編集部	協和印刷株式會社	1983 年
31	みちのく街道史	渡邊信夫	三松堂印刷株式會社	1990 年
32	日本開國史	石井孝	吉川弘文館	
33	日本と東アジア —— 國際的サプシステムの形成	P.C.ヘルマン	三晃印製	

34	紀元前の中國人　漢民族の源流を尋ねる	楊喜松	上開印刷事業有限公司	民國 71 年
35	歷史を學ぶこと教えること	北島萬次　峰岸純夫	株式會社理想社印刷所	1987 年
36	平安の朝廷 ── その光と影	世山晴夫	吉川弘文館	
37	東洋史のおもしろさ	岩村忍	二光印刷株式會社	
38	日本文學史通說	久松潛	有斐閣株式會社	
39	異型の白晝	森村誠一	株式會社堀內社印刷所	
40	中國民族の特性	池田正之輔	日昇印刷株式會社	
41	海からの文化	渡邊信夫	河出書房新社	1992 年
42	元寇	仲小路彰	戰爭文化研究所	
43	平家物語	永積安明	日本評論社	
44	鄉土の歷史	仙台市產業局觀光課	佐佐木東北堂印刷製本所	
45	歷史に輝く人人	岡本光生	日本教文社	
46	熱帶魚の飼い方ふやし方	渡邊哲夫	日本文藝社株式會社	
47	應仁の亂	永島福太郎		
48	古代朝鮮	井上秀雄		
49	日本史	豐田武　等	中教出版	
50	日本史概說 III	北島正元　等	岩波書店	
51	戰國大名	小和田哲男	株式會社教育社	
52	孔子	貝塚茂樹		
53	六昆王山田長政	村上直次郎	朝日新聞東京本社	
54	斑鳩の白い道のうえに	上原和	圖書印刷株式會社	1978 年
55	海東諸國紀	申叔舟	岩波書店	1991 年
56	西都太宰府	藤井功　龜井明德	日本放送出版協会	
57	海に書かれた邪馬台國	田中卓	青春出版社	
58	滿學五十年	神田信夫	刀水書房	1992 年
59	豐川善曄選集		協友印刷株式會社	2001 年
60	沖繩縣史料	沖繩縣立圖書館史料編集	有限會社サン印刷	1987 年
61	沖繩近代詩集成 III　沖繩研究資料 11		法政大學沖繩文化研究所	1996 年
62	沖繩近代詩集成 IV　沖繩研究資料 12		法政大學沖繩文化研究所	1996 年
63	琉球國請願書集成　沖繩研究資料 13		法政大學沖繩文化研究所	1996 年

64	尚家本「おもうさうし」沖繩研究資料 14		法政大學沖繩文化研究所	1996 年
65	「唐旅」紀行 沖繩研究資料 15	比嘉實	法政大學沖繩文化研究所	1996 年
66	琉球の方言 沖繩研究資料 21		法政大學沖繩文化研究所	1997 年
67	琉球の方言 沖繩研究資料 22		法政大學沖繩文化研究所	1998 年
68	琉球の方言 沖繩研究資料 23		法政大學沖繩文化研究所	1998 年
69	琉球の方言 沖繩研究資料 24		法政大學沖繩文化研究所	2000 年
70	琉球の方言 沖繩研究資料 25		法政大學沖繩文化研究所	2000 年
71	琉球の方言 沖繩研究資料 26		法政大學沖繩文化研究所	2002 年
72	新琉球史 近代編（上）	琉球新報社編集		1989 年
73	新琉球史 近代編（下）	琉球新報社編集		1990 年
74	琉球王國評定所文書第一卷	琉球王國評定所文書編集委員會	南西株式會社印刷	1988 年
75	琉球史の再考察	嘉手納德	南西株式會社印刷	1987 年
76	琉中歷史關係論文集		南西株式會社印刷	1989 年
77	琉中歷史關係論文集		南西株式會社印刷	1993 年
78	**沖繩の歷史**	**北嘉春潮**		
79	**沖繩の歷史**	**東恩納寬惇**		
80	**那霸市史**	**那霸市企劃文化振興課**		
81	日本の食事樣式	兒玉定子	中央公論社	
82	秀吉と文祿の役	松田毅一	中央公論社	
83	魏志倭人傳の世界	山田宗睦	株式會社教育社	1979 年
84	寺檀の思想	大桑齊	株式會社教育社	1979 年
85	明治維新と現代	遠山茂樹	岩波書店	1968 年
86	明治維新と現代	遠山茂樹	岩波書店	1986 年
87	神戶事件	內山正雄	中央公論社	1983 年
88	蜻蛉日記			
89	日本現代化の思想	鹿野政直	講談社	
90	源賴朝	水原慶二	岩波雄二郎	
91	明治維新の舞台裡	石井孝	岩波新書	
92	天武朝	北山茂夫	中央公論社	

93	日本人と日本文化	司馬遼太郎	中央公論社	
94	日本人と近代科學	渡邊正雄	岩波書店	1981 年
95	日清戰爭	藤村道生	岩波書店	1985 年
96	江戶時代	北島正元　等	岩波書店	1987 年
97	倭の五王	藤間生大	岩波書店	1981 年
98	日本の南洋史觀	矢野暢	中央公論社	
99	西洋と日本	增田四郎	中央公論社	
100	日本文化の歷史 1	樋口陸康	株式會社小學館	
101	日本文化の歷史 2	樋口陸康	株式會社小學館	
102	日本文化の歷史 3	樋口陸康	株式會社小學館	
103	日本文化の歷史 4	樋口陸康	株式會社小學館	
104	日本文化の歷史 5	樋口陸康	株式會社小學館	
105	日本文化の歷史 6	樋口陸康	株式會社小學館	
106	日本文化の歷史 7	樋口陸康	株式會社小學館	
107	日本文化の歷史 8	樋口陸康	株式會社小學館	
108	日本文化の歷史 9	樋口陸康	株式會社小學館	
109	日本文化の歷史 10	樋口陸康	株式會社小學館	
110	日本文化の歷史 11	樋口陸康	株式會社小學館	
111	日本文化の歷史 12	樋口陸康	株式會社小學館	
112	日本文化の歷史 13	樋口陸康	株式會社小學館	
113	日本文化史大系第六卷 鎌倉時代	兒玉幸多	相賀徹夫小學館	
114	日本政治思想史研究	丸山男	東京大學出版社	1995 年
115	風濤	井上靖	豐國印刷株式會社	
116	日露關係史（1967-1875）	真鍋重忠	吉川弘文館	
117	洋學思想史論	タカハシ, シンイチ	新日本出版社	1980 年
118	日本教育史論叢	田中周二	思文閣	
119	歪んだ複寫	松本清張	光文社	
120	會社をつぶお經營者	渡邊茅幸	光文社	
121	教育の森	村松喬	每日新聞社	
122	中世倭人傳	松井章介	岩波書店	1993 年
123	古代文藝思想史の研究	今井卓爾	松崎一夫	昭和 39 年
124	日本史叢書 24 交通史	豐田武	山川出版社	昭和 45 年
125	トインビ ― 研究	トインビ著作系列 山本新譯	文弘社	昭和 50 年
126	中國、朝鮮の史籍における 日本史料集成 清實錄之部（一）	日本史料集成編纂會	圖書刊行會株式會社	昭和 51 年
127	中國、朝鮮の史籍におけ	日本史料集成編	圖書刊行會	昭和 51 年

	る 日本史料集成 清實錄之部（二）	纂會	株式會社	
128	中國、朝鮮の史籍における 日本史料集成 清實錄之部（一）	日本史料集成編纂會	圖書刊行會株式會社	昭和50年
129	中國、朝鮮の史籍における 日本史料集成 清實錄之部（二）	日本史料集成編纂會	圖書刊行會株式會社	昭和50年
130	中國、朝鮮の史籍における 日本史料集成 清實錄之部（三）	日本史料集成編纂會	圖書刊行會株式會社	昭和50年
131	中國、朝鮮の史籍における 日本史料集成 清實錄之部（七）	日本史料集成編纂會	圖書刊行會株式會社	昭和59年
132	中國、朝鮮の史籍における 日本史料集成 清實錄之部（八）	日本史料集成編纂會	圖書刊行會株式會社	昭和60年
133	中世海外交涉史の研究	田中健夫	東京大學出版社	1959年
134	倭寇	石原道博	吉川弘文館	
135	倭寇史考	呼子丈太郎	新人物往來舍株式會社	昭和46年
136	牧野 新日本植物圖鑑	牧野富太郎	北隆館株式會社	昭和41年
137	日本史要覽	日本使廣辭典編集委員會	山川出版社	
138	戰國なるほど人物事典	泉秀樹	圖書印刷株式會社	2004年
139	日本の中世社會	永原慶二	岩波書店	1968年
140	近代中國第一卷		嚴南堂書店	1977年
141	地學 I	廣瀨秀雄	東京書籍株式會社	
142	圖說日本史（なるほど事典）	川原崎剛雄	實業日本社	2002年
143	近代日本の中國認識	野村浩一	山本書店	1981年
144	禪宗の歷史	今枝愛真	至文堂	昭和41年
145	中國人の視座から	許介鱗	奧村印刷株式會社	
146	倭寇〝日本あふれ活動史〟	太田弘毅	株式會社文藝社	2004年
147	琉球處分論	金城正篤	沖繩タイムス社	1980年
148	日本の思想家	朝日ジ ― ナ	朝日新聞社	1980年

		ル編集部		
149	魏志倭人傳の世界	山尾幸久	豐國印刷株式會社	昭和 56 年
150	倭寇（海の歷史）	田中健夫	株式會社教育社	1992 年
151	中世の商業	佐佐木銀彌	致文堂	昭和 41 年
152	福澤全集第一卷	時事新報社株式會社	國民圖書株式會社	大正 15 年
153	福澤全集第二卷	時事新報社株式會社	國民圖書株式會社	大正 15 年
154	福澤全集第三卷　學問のすめ	時事新報社株式會社	國民圖書株式會社	大正 15 年
155	福澤全集第四卷　文明論之概略	時事新報社株式會社	國民圖書株式會社	大正 15 年
156	福澤全集第五卷　通貨論	時事新報社株式會社	國民圖書株式會社	大正 15 年
157	福澤全集第六卷	時事新報社株式會社	國民圖書株式會社	大正 15 年
158	福澤全集第七卷　福翁百話	時事新報社株式會社	國民圖書株式會社	大正 15 年
159	福澤全集第八卷	時事新報社株式會社	國民圖書株式會社	大正 15 年
160	福澤全集第九卷　時事論集第二卷	時事新報社株式會社	國民圖書株式會社	大正 15 年
161	福澤全集第十卷　時事論集第三卷	時事新報社株式會社	國民圖書株式會社	大正 15 年
162	京都府會上教育政策	本山幸彦	株式會社日本圖書センター	1990 年
163	倭寇-商業·軍事史的研究	太田弘毅	春風社	2002 年
164	清代中國琉球貿易史の研究	松浦章	榕樹書林發行所	2003 年
165	第三次世界大戰	ジョン.ハケット	株式會社堀内印刷所	昭和 54 年
166	中國殷商時代の武器	林巳奈夫	中西印刷株式會社	昭和 47 年
167	古代史のいぶき	上田正昭	大日本印刷株式會社	1981 年
168	忘れてならぬ歷史の一頁	大久保傳藏	大日本印刷株式會社	昭和 44 年
169	入門日本史上卷	阿部眞琴	吉川弘文館	昭和 43 年
170	入門日本史下卷	阿部眞琴	吉川弘文館	昭和 43 年
171	座右の諭吉（才能より決斷）	齊藤孝	荻原印刷	2004 年
172	最後の遣唐史	佐伯有清	凸版印刷株式會社	昭和 53 年
173	中國の傳統と現在	重澤俊郎	日中出版株式會社	1997 年

174	東洋史の散歩	岩村忍	塚田印刷株式會社	昭和58年
175	長崎のオラング商館	山脇悌二郎	中央公論社	昭和55年
176	世界歷史4古代4東アジア世界の形成I		岩波書店	1970年
177	世界歷史5古代5東アジア世界の形成II		岩波書店	1970年
178	世界歷史6古代6東アジア世界の形成III		岩波書店	1970年
179	世界歷史9中世3		岩波書店	1970年
180	世界歷史12中世6東アジア世界の展開II		岩波書店	1971年
181	清代史の研究	安部健夫	創文社	昭和46年
182	中世南島通交貿易史の研究	小葉田淳	刀江書院	昭和43年
183	江戸時代における唐船持渡書の研究	大庭脩	關西大學東西學術研究所	昭和42年
184	明史刑法志	野口鐵郎譯	風響社株式會社	2001年
185	日本學研究　元寇の役研究		帝國法規株式會社	昭和17年
186	日本古代史講座 3 倭國の形成と古文獻	井上光員等	學生社株式會社	昭和56年
187	日本古代史講座 5 隋唐帝國の出現と日本	井上光員等	學生社株式會社	昭和56年
188	球陽	球陽研究會	角川書局	
189	中國古代におけろ人間觀の展開	板野長八	岩波書局	1976年
190	明治前期政治史の研究	梅西昇	未來社株式會社	1978年
191	筑波大學十年（その成果と課題）	筑波大學史研究會	共榮出版株式會社	昭和58年
192	中國の海商と海賊	松浦章	山川出版社	
193	歷史と旅（北条時宗と蒙古襲來）		秋田書店	2001年
194	歷史讀本 決斷! 運命の關ケ原		凸版印刷株式會社	昭和56年
195	東亞香料史研究	山田憲太郎	中央公論社	昭和51年
196	太宰府小史	西高辺信貞	葦書房	昭和55年
197	倭寇と勘合貿易	田中健夫	致文堂	昭和41年
198	韓愈の生涯	前野直村緒	秋山書店	昭和51年
199	先哲叢談	原念齋等	平凡社	1984年
200	大日本史卷一-卷二十本記			
201	大日本史卷二十一-卷二十五 本記			

202	大日本史卷二十六-卷五十二本記			
203	大日本史卷五十三-卷七十三本記			
204	大日本史卷七十四-卷九十二列傳			
205	大日本史卷九十三-卷一〇五列傳			
206	大日本史卷一〇六-卷一二九列傳			
207	大日本史卷一三〇-卷一五三列傳			
208	大日本史卷一五四-卷一八四列傳			
209	大日本史卷一八五-卷二一七列傳			
210	大日本史卷二一八-卷二四三列傳			
211	第三次世界大戰-1985 年8 月	ジョン.ハケット 清木榮一譯	二見書房	昭和 54 年
212	東洋史の散布	岩村忍	新潮社	昭和 58 年
213	文選第一卷		汲古書院	昭和 49 年
214	文選第二卷		汲古書院	昭和 49 年
215	文選第三卷		汲古書院	昭和 50 年
216	文選第四卷		汲古書院	昭和 50 年
217	文選第五卷		汲古書院	昭和 50 年
218	文選第六卷		汲古書院	昭和 50 年
219	滿學五十年	神田信夫	刀水書房	1992 年
220	日本現代文章講座		厚生閣	昭和 9 年
221	筑波大學のビジョン	福田信之	普本社	
222	蹇蹇錄	陸奧宗光	岩波書店	1988 年
223	日本帝國と中國	伊田熹家	龍溪書社	1988 年
224	中世文學と漢文學 II	和漢比較文學會編	汲谷書院	

韓文圖書

序號	題　　名	作　者	出版者	出版年
1	韓中關係研究論集	高麗大學校亞細亞問題研究所		1983 年

學 經 歷

1. 楊梅公學校暨高等科
   小學：六年
   高等科 2 年
2. 台北工業學校:機械科（35 年）
   生平第一志願：機械工程師
   36 年因二二八事件　中輟
3. 私塾：位於楊梅高山頂
   研讀：論語孟子　學習未滿一年
4. 台北師範學校藝術科 36 年~38 年
   任教：台北大安國小
5. 台灣師範學院專修科（國文科）
   上課地點:苗栗縣頭份分校
   開始寫作　投稿　國語日報及出版社
   畢業後：任教楊梅初中
   　　　　授業課程：代數
   　　　　之後：轉任楊梅高中教務主任
6. 國立台灣師範大學國文系　夜間部
   53 年畢：得學士學位
7. 考取留日獎金：日本東北大學
   攻讀歷史　60 年　得碩士學位
8. 71 年：獲日本筑波教育大學博士學位
   博士論文：明、日關係史及研究
9. 74 年　服務公務員滿 30 年退休
10. 76 年~96 年任職:中央圖書館、淡江大學專任教授、系主任、
   榮譽教授